HEINRICH BUSSHOFF

Die Zeitlichkeit der Politik

ERFAHRUNG UND DENKEN

Schriften zur Förderung der Beziehungen zwischen Philosophie und Einzelwissenschaften

Band 92

Vorwort

„Es ist an der Zeit, etwas zu tun." – Dieser oder jeder ähnlich formulierte Satz erfasst offenbar, jedenfalls ohne Kontext verwendet, Unsinn. Von der Zeit zu erwarten, sie aufzufordern oder gar von ihr zu verlangen, tätig zu werden, ist absurd. Dennoch, jener Satz ist ein Gemeinplatz, also ein Satz, der relativ oft genutzt und in der Regel von jedem verstanden wird. Jeder weiß, was damit gemeint ist. Jedoch muss dazu eine Bedingung erfüllt, nämlich die Situation muss bekannt sein, woraufhin jenem Satz ein Sinn zugerechnet wird. Mit diesem Satz ist dann nicht nur eine allgemeine Aufforderung verbunden (tätig zu werden), sondern damit wird auch der Anspruch auf allgemeine Zustimmung für diese Aufforderung verknüpft. Impliziert ist die Annahme, dass die Einschätzung der Situation und die daran anknüpfende Folgerung allgemein geteilt werden bzw. eine allgemein akzeptierte Auffassung dazu unterstellt werden kann.

Typisch für die Verwendung des zitierten Satzes ist, dass er jederzeit genutzt werden kann, so dass auch dem vermeintlichen Unsinn ein jedenfalls funktionaler Sinn zugewiesen werden kann. Diese Sinnzuweisung besteht darin, den Satz (und die damit verknüpften Zuordnungen) verneinen und demnach auch dafür den betreffenden Kontext nutzen zu können. Dadurch wird die Aufmerksamkeit darauf gelenkt, dass jene Verwendbarkeit dieses Satzes eine Codefunktion anzeigt. Die Präferenz des betreffenden Codes ist damit zwar nicht zwangsläufig offensichtlich, jedoch erkennbar insofern, als auch für die Verneinung jenes Satzes der Kontext, auf den hin diesem Satz sein Sinn zugerechnet wird, zu verwenden ist. Der präferierte Codewert bzw. der mit einer Präferenz auszustattende Codewert ist daher insofern vorgegeben, als der Verneinung eine Zustimmung vorausgeht (vorausgehen muss) und diese Zustimmung (wie allgemein auch immer) im Verhältnis zur Verneinung stets eine Spezifizierung darstellt.

Diese Funktion voraussetzend, kann festgestellt werden, dass der zitierte Satz dazu genutzt werden kann, die Zeit zu markieren. Diese Markierung kennzeichnet einen Anfang (welches Geschehen auch immer vorausgegangen ist). Daher muss klargestellt werden, um welche Markierung es sich näherhin handelt und wodurch diese Markierung zustande kommt. Aufgrund der vorstehenden Bemerkungen kann angenommen werden, dass diese Markierung durch ein „Tätigwerden" gesetzt wird. Die Verneinung ist als ein „Geschehenlassen" zu qualifizieren. Diese Verneinung ist keine absolute. Da dieser Verneinung stets eine Zustimmung vorausgeht, also nur daraufhin die Verneinung erfolgt, kann zwar die angesprochene Präferenz nicht prinzipiell aufgehoben, jedoch aktuell auch als Verneinung ausgezeichnet werden. Dadurch wird möglich, die zeitliche Markierung (Setzung eines Anfangs) zu verzeitlichen, d.h. sie in der Zeit in Bewegung bringen und halten und somit ein „Herausfallen aus der Zeit" verhindern zu können. Diese Verzeitlichung der Zeit ist für die Politik von besonderem Interesse.

Politik ist aktuell – oder sie ist nicht. Demnach kann Politik begriffen werden als Aktualisierung von Auseinandersetzungen zu der Frage nach der Setzung von Anfängen und folglich auch ihren Verhinderungen. Wer einen Anfang setzen kann, kann ein davon bestimmtes Geschehen dominieren und somit auch das dieses Geschehen kennzeichnende Tätigsein. Kurzum: Politik kann – und muss – begriffen werden als eine spezifische Ausprägung von Leistungen zur Verzeitlichung der Zeit. – Damit befassen sich die nachfolgenden Überlegungen.

Zu bedanken habe ich mich bei Herrn Dr. Christian Zimmermann M.A. für die Erstellung des Literaturverzeichnisses, bei Frau Marion Nagl für die Schreibarbeiten und die Erstellung der druckfertigen Vorlage des Manuskriptes und bei Herrn Bernd Wagner für die Erstellung des Sachregisters.

Würzburg, April 2003   *Heinrich Bußhoff*

Inhaltsverzeichnis

Einleitung: Zeitpolitik als Bedingung für die Zeit der Politik	....	9
I.	Zeitverhältnisse der Politik	30
II.	Sozialoperationen der Gesellschaft als Zeitoperationen	46
	Vorbemerkung	46
	1. In unruhigen/ruhigen Zeiten	50
	2. In schwierigen/einfachen Zeiten	65
	3. In dunklen/hellen Zeiten	81
III.	Zeitoperationen der Politik als Sozialoperationen des	99
	Vorbemerkung	99
	1. Personalisierens/Anonymisierens	104
	2. Kollektivierens/Privatisierens	121
	3. Erzwingens/Tolerierens	135
IV.	Politik als Zeitmanagement – durch Politiken des	152
	Vorbemerkung	152
	1. Synchronisierens/Monochronisierens	156
	2. Progammierens/Vergleichgültigens	171
	3. Planens/Veralltäglichens	186
Nachwort		200
Literaturverzeichnis		202
Sachregister		204

Einleitung: Zeitpolitik als Bedingung für die Zeit der Politik

Politik als ein über Ereignisse organisiertes Geschehen braucht wie jedes andere Geschehen dieser Art auch: Zeit. Diese Zeit ist stets eine „Zeit in der Zeit". Somit kann jedem Geschehen das Merkmal einer „Eigenzeit" zugerechnet werden. Bedingung hierfür ist die Fähigkeit, die universelle und totale Zeitbindung *allen* Geschehens zu spezifizieren und insofern zu diversifizieren für ein *bestimmtes* Geschehen. Diese Fähigkeit zur Spezifikation und Diversifikation muss einen bestimmten Umgang mit der Zeit ermöglichen und sicherstellen, nämlich die universelle und absolute Zeitbindung nach funktionalen Erfordernissen zu differenzieren. Es geht also darum, diese Zeitbindung zu nutzen, um ein Geschehen als ein Geschehen in der Zeit zu etablieren, so dass diesem Geschehen eine – wie auch immer relative – Autonomie zugerechnet werden kann. Diese Autonomie als Ausweis eines bestimmten, eines spezifischen und differenzierten Umgangs mit der Zeit zeigt an, dass der „Allmacht der Zeit" mit der „Macht der Verhältnisse" begegnet werden kann. Darin besteht Zeitpolitik: Gegen die „Allmacht der Zeit" die „Macht der Verhältnisse" ins Spiel zu bringen.

Zeitpolitik ist Bedingung aller Politik. Politik kann nur stattfinden, wenn sie sich die „Macht der Verhältnisse" nutzbar macht, wenn sie eine „Zeit in der Zeit" einrichten kann, die als „Macht der Verhältnisse" Bestand hat, also auf diese Weise Zeit als „Zeit in der Zeit" gebunden hat und demzufolge dieser Zeit Macht über „ihre" Zeit zuerkannt werden kann. Die Politik muss Verhältnisse schaffen, die ihr ermöglichen, ein Geschehen zu konstituieren, das über eine „Eigenzeit" verfügt. Insofern nutzt die Politik die „Macht der Verhältnisse", um diesen eine Eigenzeit einzuprägen mit der Folge, dass sie eine wie auch immer begrenzte Macht über die Verhältnisse gewinnt. Aufgrund dieser Voraussetzung verbraucht Politik zwar auch weiterhin Zeit, aber sie hat sich zugleich die Möglichkeit verschafft, Zeit als *Ressource* zu nutzen. Zeitpolitik besteht dann darin, für ein bestimmtes Geschehen den Gebrauch und Verbrauch von Zeit zu regulieren. Grundsätzlich und allgemein ist festzuhalten: Alles, was geschieht, verbraucht „seine" Zeit total, aber jedes Geschehen, das sich als ein spezifisches Geschehen ausweist, nutzt Zeit als seine Ressource.

Dieser Feststellung zufolge ist Spezifizierung des Geschehens Bedingung für die Nutzung der Zeit als Ressource. Ohne eine solche Spezifizierung würde keine Zeit „verbraucht". Jedenfalls würde ein Verbrauch nicht angezeigt und somit nicht bestimmbar sein. Durch Spezifizierung wird also ein Zeitverbrauch angezeigt und insofern Knappheit ausgewiesen. Die Erzeugung von Knappheit ist andererseits Bedingung für Zeitgewinn, der wiederum durch den Verbrauch von Zeit entsteht. Dieser Verbrauch bestätigt sich als Gewinn, weil dadurch ermöglicht wird, den Verbrauch weiter zu steigern und insofern auch die Knappheit. Da diese Steigerungen an Verbrauch, Knappheit und Gewinnen eine prinzipiell unbegrenzte und unbegrenzbare Steigerung an Vielzahl und Vielfalt von Einrichtungen des Verbrauchs bedeutet, ist nicht nur kein Ende des Verbrauchs erkennbar, sondern vielmehr keine Begrenzung des Überflusses anzunehmen. Dennoch ist allenthalben vom Gegenteil die Rede, von Zeit als einer knappen Ressource und ihrem steigenden Verbrauch.

Wenn erst aufgrund von Verknappung erkennbar wird, dass ein Gut als Ressource fungiert und genutzt werden kann, und wenn aufgrund weiterer Verknappungen offenkundig wird, dass diese Ressource in einem unerschöpflichen Ausmaß, also im Überfluss, zur Verfügung steht, demnach mit steigender Verknappung der Überfluss nicht nur gemindert oder „nachgefüllt" wird, stellt sich die Frage nach dem Status dieses Gutes. Ein solches Gut hat – das sei zunächst an dieser Stelle einfach als These vorausgesetzt – einen einzigartigen, einen singulären Status und steht demzufolge außerhalb aller sonstigen Statuskategorien. Der Status als Ressource beruht auf Nutzung, die insofern einen Verbrauch darstellt, als dadurch *Irreversibilität* erzeugt wird. Insofern erfolgt ein immenser Zeitverbrauch, der wiederum den unerschöpflichen Überfluss bestätigt.

Da dieser Zeitverbrauch eine Folge der Zeitbindung allen und somit jedes einzelnen Geschehens und insofern *zwangsläufig* ist, muss mit der Nutzung von Zeit als Ressource gleichzeitig ein weiterer, aber dennoch gleichzeitiger Zeitverbrauch und folglich gleichzeitig ein *Überschuss* erzeugt werden, der ermöglicht, *Reversibilität* zu erzeugen, so dass auf diese Weise eine Teilhabe am Überfluss möglich wird. Bedingung zur Erzeugung dieses Überschusses ist demnach nicht der Zeitverbrauch aufgrund jener zwangsläufigen Zeitbindung, sondern ein Zeitverbrauch, der aufgrund einer – worauf auch immer zurückzuführenden – Zeitverknappung erzeugt wird. Diese befremdlich erscheinende Feststellung, nämlich die Erzeugung von Zeitknappheit sei Bedingung zur Erzeugung eines Zeitüberschusses für die Ermöglichung von Reversibilität, bedarf der Erläuterung.

Wegen des doppelten Zeitverbrauchs, des zwangsläufigen Zeitverbrauchs mit seiner Folge der Irreversibilität und des bedingten Zeitverbrauchs zur Nutzung und Erzeugung von Reversibilität, kann man Gleichzeitigkeit als „eine aller Zeitlichkeit vorgegebene Elementartatsache" voraussetzen. Man kann demnach feststellen, „dass *alles, was geschieht, gleichzeitig ge-*

schieht".[1] Die Frage ist allerdings dann, wie das, was geschieht, mit seinen Verschiedenheiten als Gleichzeitigkeit erfasst und begrenzt wird. Wenn gilt, dass von Gleichzeitigkeit des Geschehens zu reden nur Sinn hat „unter der Voraussetzung sachlicher *Verschiedenheit* (Hervorhebung H.B.) dessen, was geschieht"[2], ist zunächst zu fragen, wodurch sachliche Verschiedenheit ausgewiesen wird. Die Systemtheorie beansprucht, auf diese Frage mit der Differenz von System und Umwelt die grundlegende Antwort gefunden zu haben. Das „Referenzgeschehen", woraufhin Gleichzeitigkeit festgestellt werden kann, ist danach ein „Systemgeschehen", und Gleichzeitigkeit manifestiert sich als ein Systemereignis, das, indem es geschieht, schon wieder verschwindet. Daher kann man folgern, dass alles, was geschieht, deshalb gleichzeitig geschieht, weil – kurz gesagt – ansonsten nichts geschieht. Demzufolge ist Gleichzeitigkeit Bedingung dafür, dass etwas geschieht, und dass das, was geschieht, jeweils alles ist, was geschieht, das aber dennoch aufgrund sachlicher Verschiedenheit ein (durch System und Umwelt) differenziertes und voneinander unabhängiges Geschehen ist. Was heißt hier Gleichzeitigkeit?

Zunächst ist festzustellen, dass Gleichzeitigkeit keine Zeiteinheit meint. Dafür steht keine Maßeinheit zur Verfügung. Sachliche Verschiedenheit kann dazu nicht verwendet werden. Gleichzeitigkeit ist Bedingung für Verschiedenheit insofern, als dadurch ein Referenzgeschehen bzw. ein Systemgeschehen unterstellt werden kann, das eine Eigenzeit nutzen kann, und zwar die Eigenzeit des Systems. Diese Eigenzeit ist Bedingung dafür, dass das System Dauer gewinnt, eine Dauer, die – so kann man formulieren – durch laufende Gleichzeitigkeit des vielfach punktualisierten Geschehens als Netzwerk von Ereignissen ausgewiesen wird. Die Dauer des Systems besteht demnach in einer fortlaufenden Aneinanderreihung von „Endpunkten" des aktuellen Geschehens. Dazu muss das System eine *Anschlussfähigkeit* ausbilden und andauernd nutzen. Erforderlich ist daher, dass das aktuelle bzw. punktualisierte Geschehen an vergangenes (ebenfalls punktualisiertes) Geschehen anschließen kann einerseits und für ein zukünftiges (ebenfalls punktualisiertes) Geschehen Anschlussfähigkeit bereitstellt andererseits. Daher muss die Zeit in das Geschehen eingebaut werden. Dann kann sie als eine Eigenzeit des Systems fungieren. Damit ist erreicht, dass auch die Zeit den Anforderungen einer Systemtheorie genügt. – Diese Feststellung ist jedoch der entscheidende Einwand gegen eine systemtheoretische „Zurichtung" von Zeit.

Wenn man die prinzipielle Umstellung der Theorie von Prinzipien auf Paradoxien fordert und voraussetzt, „aller Anfang ist paradox"[3], so hat dies

---

[1] *Luhmann* (1990), S. 98.
[2] *Luhmann* (1990), S. 99.

auch für die Theorie der Zeit zu gelten. Daher ist zu unterstellen, dass alles, was geschieht, nicht nur *gleichzeitig,* sondern auch *ungleichzeitig* geschieht. Gemeint ist selbstverständlich nicht die alltägliche Rede von der Gleichzeitigkeit des Ungleichzeitigen. Die Paradoxie des Anfangs besteht darin, dass mit dem Anfang zugleich das Ende vollzogen wird. Das heißt, die Zeit hat keinen Anfang und auch kein Ende. Sie hat unendlich viele Anfangs- und unendlich viele Endpunkte. Zeit besteht dann – allgemein gesagt – in der Organisation von solchen Anfangs- und Endpunkten, und diese Organisation ist als eine Organisation von Gleichzeitigkeit und Ungleichzeitigkeit auszuweisen, also prinzipiell durch unterschiedliche Organisationsformen von Anfangs- und Endpunkten.

Die Rede von Zeit als Organisation jener Anfangs- und Endpunkte zeigt an, dass danach Zeit nur dann erfasst und genutzt werden kann, wenn eine Organisationsform erzeugt und zur Verfügung gestellt werden kann, die ihrer Grundstruktur nach durch eine prinzipiell flexible Ungleichheitsausprägung bestimmt ist. Mit dieser Ungleichheit ist eine doppelte Zugriffsmöglichkeit geschaffen, die zunächst besagt, dass das Verhältnis Gleichzeitigkeit/Ungleichzeitigkeit nicht als ein symmetrisches Verhältnis von Anfangs- und Endpunkten zur Verfügung steht. Damit ist durch Anfangs- und Endpunkte ein Raum eingerichtet. Gleichzeitigkeit bezeichnet dann im Verhältnis zur Ungleichzeitigkeit eine andere Organisation von Anfangs- und Endpunkten (und umgekehrt). Demzufolge kann dann Zeitlichkeit sowohl über Gleichzeitigkeit als auch Ungleichzeitigkeit zugänglich gemacht werden. Diese doppelte Zugriffsmöglichkeit auf Zeitlichkeit kann sehr unterschiedlich genutzt werden. Sie ist Bedingung und Folge von *Zeitpolitik,* also dafür, dass und wie Zeitlichkeit gefasst und genutzt wird.

Zwar bleibt unbestreitbar, dass alles, was geschieht, gleichzeitig geschieht. Aber ebenso unbestreitbar ist, dass alles, was geschieht, ungleichzeitig geschieht. Wäre die *Komplementarität* von Gleichzeitigkeit und Ungleichzeitigkeit nicht in der umschriebenen Weise unterstellbar, würde man unterstellen müssen, dass gleichzeitig *alles* und *nichts* geschieht. Würde nur gelten, dass alles, was geschieht, gleichzeitig geschieht, wäre nicht einsichtig, wieso das, was geschieht, alles ist, was geschieht. Die Voraussetzung der sachlichen Verschiedenheit dessen, was geschieht, steht der Komplementarität von Gleichzeitigkeit/Ungleichzeitigkeit nicht entgegen. Im Gegenteil, durch diese Voraussetzung wird – wie durch andere Verschiedenheiten – diese Komplementarität bestätigt. Jedoch stellt sich die Frage nach Gleichzeitigkeit erneut. Denn das, was gleichzeitig *und* ungleichzeitig geschieht, geschieht *gleichzeitig.* Diese Gleichzeitigkeit ist Bedingung dafür, dass von Komplementarität die Rede sein kann. Es ist also nach der Gleich-

---

[3] *Luhmann* (2000a), S. 460.

zeitigkeit von Gleichzeitigkeit und Ungleichzeitigkeit als Gleichzeitigkeit gefragt.

Die Theorie autopoietischer Systeme kann – jedenfalls bisher – eine solche Gleichzeitigkeit (als Einheit von Gleichzeitigkeit und Ungleichzeitigkeit) nicht einbauen. Aufgrund der vorausgesetzten Differenz von System/Umwelt und operativer Geschlossenheit ist das System unfähig, Zeit anders als ein systemeigenes Geschehen auszuweisen. Dabei bleibt ausgeblendet, dass auch das Umweltgeschehen als ein – wie auch immer ausgestaltetes – Systemgeschehen vorauszusetzen ist. Würde die Systemtheorie konsequent diese Voraussetzung thematisieren, würde sie sich – kurz gesagt – als eine *„Theorie verschränkter Systeme"* begreifen. Die Selbstthematisierung würde zwar in ihrer Ausrichtung auf die System-/Umweltgrenze erhalten bleiben, aber diese Thematisierung würde eine zweite Ebene gewinnen und diese nutzen können. Somit würde das System das System-/Umweltverhältnis kontrollieren und die Selbststeuerung des Systems jedenfalls auch als eine Steuerung ihres System/Umweltverhältnisses fassen und thematisieren können. Erst aufgrund dieser Voraussetzung – und das ist die These – ist eine Theorie sozialer Systeme in der Lage, Zeit auch systemtheoretisch stringent einbauen zu können. Dann wird einsichtig, wieso Gleichzeitigkeit und Gegenwart als Differenz von Vergangenheit und Zukunft zu den entscheidenden Theoriebausteinen auch und insbesondere der Systemtheorie gehören. Dann wird weiter einsichtig, wieso über Systemrationalität (als eine Form zur Vermeidung der Unzulänglichkeiten des klassischen Rationalitätsbegriffs) hinaus von *Intelligenz,* die die Steuerungsaktivitäten unter Einbeziehung der zweiten Ebene (also den Umgang mit verschränkten Systemen) anleitet, die Rede sein muss.

Verschränkte Systeme der Zeitlichkeit (von Gleichzeitigkeit und Ungleichzeitigkeit) kann man als Temporalsysteme begreifen, die sozialen Systemen ermöglichen, mit ihrer Umwelt (also mit anderen – und vor allem – anderen sozialen Systemen) Temporalstrukturen und Wirkmechanismen einzurichten und zu nutzen, um auf diese Weise die Gestaltung ihrer System-/Umweltverhältnisse als System/Systemverhältnisse zu ermöglichen zur Erzeugung und Regulierung sowohl von Knappheit als auch Überschuss. Die Eigenzeit eines Systems ist dann daran erkennbar, welche Zeitverhältnisse das System mit anderen Systemen seiner Umwelt unterhält und wie es diese nutzt. Die Eigenzeit ist insofern Ausweis der Fähigkeit des Systems, seine *Aktualitätskompetenz* zu nutzen. Die Nutzung dieser Kompetenz ist Ausweis von Intelligenz.

Grundsätzlich ist vorauszusetzen, dass ein System eine Vielzahl und Vielfalt an Zeitverhältnissen als System/Systemverhältnisse mit seiner Umwelt unterhält. Dabei treffen eine Vielzahl und Vielfalt an Intelligenzausprägungen aufeinander, die auf eine Vielzahl und eine Vielfalt an Anforderungen und Leistungsmuster verweisen. In jedem Falle kommt es darauf an, Gleichzeitigkeit zu erzeugen und zu organisieren durch Erzeugung und Organisation von Knappheit. Da durch Erzeugung von Knappheit ein Überschuss als Bedingung für Gleichzeitigkeit zu erzeugen ist, geht es darum, diesen Überschuss nutzen zu können, und zwar dazu, ein Zeitpotenzial zur Regulierung von Irreversibilität zur Verfügung zu haben, also Irreversibilität zu „überlisten", um *Aktualität* erzeugen und nutzen zu können, das heißt Reversibilität als Aktualitätsbedingung zu ermöglichen und zu sichern. Dadurch wird dem System ermöglicht, sein zwangsläufiges Operieren „in der Zeit" *kompensieren* zu können. Der für diese Kompensation erzeugte Überschuss entsteht – wie schon erwähnt – durch Erzeugung von Knappheit. Die Komplementarität manifestiert sich in einem Verhältnis von Knappheit und Überschuss. Durch Einflussnahme auf dieses Komplementaritätsverhältnis (entweder durch Einflussnahme auf Knappheit *oder* durch Einflussnahme auf Überschuss) wird Aktualität aktualisiert und unterschiedlich genutzt. Solche verschränkten Systeme kann man als *Aktualitätssysteme* bezeichnen; sie sind Bedingung für aktualitätsspezifische *Kommunikation* und insofern Bedingung für die Funktionstüchtigkeit und den Bestand sozialer Systeme.

Bedingung für die Einrichtung solcher Aktualitätssysteme ist – wie angedeutet – die Fähigkeit der sozialen Systeme, eine Aktualitätskompetenz zu bedienen. Diese Fähigkeit bestätigt das grundlegende Erfordernis nach einem systemtheoretischen Zugriff auf Zeitlichkeit, bestätigt andererseits aber auch, dass die Zeit nur bedingt – eben nur temporal –, also aufgrund von Eigenschaften der Zeit, sich diesem Zugriff fügt und daher immer wieder neu eingefügt werden muss. Demnach müssen Systeme über die Fähigkeit verfügen, nicht nur Komplementärsysteme der Zeit nutzen zu können, sondern auch, diese Systeme so nutzen zu können, dass sie mit deren Nutzung *gleichzeitig* die Bedingungen für deren Nutzung schaffen. Das heißt, soziale Systeme müssen dazu in der Lage sein, den *Einschluss* und den *Ausschluss* von Zeitlichkeit in Rücksicht auf die Leistungen regulieren zu können, weswegen ihre Ausdifferenzierung erfolgte. Es geht – kurz gesagt – darum, Aktualität so verfügbar zu machen, dass sie zur Erzeugung und Nutzung von Aktualität eingesetzt werden kann. Zeitlichkeit ist dann – ebenfalls kurz gesagt – Ausdruck der Fähigkeit sozialer Systeme, Aktualität zu erzeugen und mit ihr umzugehen, und zwar als Bedingung zur Bedienung ihrer Kommunikationsfunktion. Daher kann man auch sagen, Zeitpolitik sei Kommunikationspolitik (und umgekehrt).

Zeitpolitik besteht – vereinfacht formuliert – darin, wie soziale Systeme mit den Herausforderungen umgehen, mit denen sie bei der Bedienung ihrer Funktion in Rücksicht auf das System/Umweltverhältnis (bzw. System/Systemverhältnis) konfrontiert sind. Für das politische System bestehen diese Herausforderungen darin, dass es prinzipiell (nicht aktuell) mit allen gesellschaftlichen Teilsystemen Kommunikationsverhältnisse unterhält bzw. unterhalten muss, um seine Funktion, die Herstellung gesamtgesellschaftlich verbindlicher und bindender Entscheidungen, bedienen zu können.[4]

Mit dieser Feststellung ist angezeigt – was durch die vorstehenden Ausführungen schon angedeutet wurde –, dass soziale Systeme entgegen der Grundannahme der autopoitischen Systemtheorie Kommunikationsverhältnisse zur Umwelt (anderen sozialen Systemen) unterhalten, die als Störverhältnisse bzw. Irritationsverhältnisse nicht angemessen begriffen werden können. Es handelt sich um Kommunikationsverhältnisse, die darauf ausgerichtet sind, sozialen Systemen zu ermöglichen, mit den Herausforderungen von Zeitlichkeit und insbesondere des Verhältnisses von Gleichzeitigkeit/ Ungleichzeitigkeit zurecht zu kommen. Daher müssen soziale Systeme Bedingungen schaffen, die prinzipiell ermöglichen und gewährleisten: Vieles von dem, was geschieht – was aufgrund von Gleichzeitigkeit alles ist, was geschieht –, geschieht zugleich ungleichzeitig.

Durch Erzeugung von Ungleichzeitigkeit wird ermöglicht, das Geschehen zu kontrollieren und zu steuern. Alles, was geschieht, geschieht dann nicht bzw. nicht mehr „zufällig" oder „spontan". Dadurch wird erreicht, dass der Überfluss der Zeit nicht laufend weiter in Anspruch genommen und gesteigert werden muss. Denn wenn alles, was geschieht, zumindest in Teilen auch gleichzeitig geschieht, findet nicht nur ein Stopp, sondern auch eine Umkehrung statt. Das bedeutet, mit dem, was geschieht, kann die Inanspruchnahme des Überflusses der Zeit beschränkt werden, und zwar als Bedingung für Knappheit und insofern als Bedingung für die Erzeugung eines Überschusses, also insgesamt als Bedingung für eine kontrollierte Teilhabe am Überfluss.

Mit der Schaffung dieser Bedingungen und deren Ausgestaltung betreiben soziale Systeme Zeitpolitik. Eine solche Zeitpolitik ist nur möglich – worauf schon hingewiesen wurde –, wenn soziale Systeme kommunikative Verhältnisse unterhalten. Sie sind erforderlich, um einen Überschuss erzeugen zu können. Mit diesem Überschuss können soziale Systeme operieren; sie benötigen ihn, da sie mit ihren internen Operationen vorhandene Knappheiten zwar steigern, aber damit keinen Überschuss erzeugen können. Würde jedoch kein Überschuss zur Verfügung gestellt, würden die Systeme an einem „Zeittod" sterben.[5] Indem soziale Systeme untereinander Kommunikationsverhältnisse unterhalten, erzeugen sie zwar Knappheit insofern, als sie mit den kommunikativen Aktivitäten Gleichzeitigkeit erzeugen; aber sie

---

[4] Dieser Grundgedanke ist ausgeführt in *Bußhoff* (1975).
[5] Dieser Zeittod ist ein Beleg dafür, dass trotz/wegen Überflusses grundsätzlich ein Mangel herrschen kann.

können dennoch die Ungleichzeitigkeit ihrer internen Operationen aufrecht erhalten. Sie verbrauchen also den mit diesen Aktivitäten erzeugten Überschuss nicht. Ihre kommunikativen Aktivitäten beschränken sich darauf herauszufinden, welche Zeitlichkeit sie in ihre Leistungen (Produkte) einbauen sollen oder müssen, um damit ihre Umwelt (die Systeme ihrer Umwelt) kontrollieren zu können. Kontrolle der Umwelt heißt demnach, durch die Umwelt nicht in Zeitnot zu geraten bzw. Zeitnotstände zu vermeiden.

Soziale Systeme brauchen als Einrichtungen und Produzenten von Verschiedenheiten zum „Leben" und „Überleben" (also zur Vermeidung von Zeitnot und letztlich Zeittod) einen Zeitüberschuss für eine *gemeinsame* Gleichzeitigkeit, um ihre *Verschiedenheiten* und somit die Bedingungen für ihre Kapazitäten zur Produktion von Verschiedenheiten pflegen zu können. Wenn nämlich alles, was geschieht, gleichzeitig geschieht und sonst nichts, dann sind keine Verschiedenheiten erkennbar und bestimmbar. Entscheidungstheoretisch könnte man sagen, dass allem, was geschieht, von allen zugestimmt wird, und dass nichts anderes entscheidbar ist und entschieden wird. Damit also Entscheidungen möglich werden, müssen Differenzen (Verschiedenheiten) ermöglicht und gepflegt werden. Soziale Systeme müssen zur Erzeugung eines Zeitüberschusses für die Pflege von Verschiedenheiten untereinander ein zeitliches Abhängigkeitsverhältnis aufbauen und unterhalten, also im Verhältnis zueinander zeitliche Knappheit erzeugen. Mit der so erzeugten Knappheit als Bedingung für die Nutzung eines Zeitüberschusses als Gleichzeitigkeit (trotz/wegen ihres Status als Ungleichzeitigkeitsproduzenten im Verhältnis zueinander) wird ein *Zeitmechanismus* eingerichtet. Die Wirksamkeit dieses Zeitmechanismus umschreibt die Wirksamkeit verschränkter Systeme der Gleichzeitigkeit/Ungleichzeitigkeit als Gleichzeitigkeit.

Mit dieser Feststellung ist behauptet, dass sowohl die interne als auch die externe Umwelt sozialer Systeme als eine systemische Umwelt zu begreifen ist (als eine Umwelt aus *sozialen* Systemen selbstverständlich nur insoweit, als von einer sozialen Umwelt die Rede sein kann) und dass jener Zeitmechanismus in *beiden* Umwelten wirksam ist. Damit ist der Ansatzpunkt bestimmt, von dem aus die Frage nach dem Einbau von Zeitlichkeit in Systemprodukte als Leistungen für andere Systeme behandelt werden kann. Der Zeitmechanismus ermöglicht und konstituiert als Wirkmechanismus nicht nur Gleichzeitigkeit als verschränkte Systeme, sondern ermöglicht darüber hinaus, dass die beteiligten Systeme wechselseitig Zeitmarkierungen setzen können, indem sie jenen Zeitmechanismus bedienen (d.h. Zeitpolitik betreiben) in der Weise, als sie wechselseitig unter den Bedingungen dieses Mechanismus Zeitkommunikation z.B. über Fristen und Dringlichkeiten betreiben. Diese Zeitkommunikation gibt Auskunft darüber, welche Zeitkomponenten die beteiligten Systeme in ihre Produkte einbauen können, sollen oder müssen, um jeweils andere Systeme dazu veranlassen zu können, dass diese bei deren Operationen solche Anschlüsse durchführen, die über die Wirksamkeit jenes Mechanismus kontrolliert werden können. Die entscheidende Frage, die sich hier stellt, ist, wie erreichbar – und dies auch erkennbar – ist, dass eine solche Wirksamkeit tatsächlich erreicht wird und wie diese aussieht. Grundsätzlich wird man dies daran erkennen können, ob und welche systeminternen Anschlüsse zustande kommen und ggf. auch wiederum eine systemexterne Zeitkommunikation in Gang gesetzt und betrieben wird.

Besondere Auswirkungen jenes Wirkungsmechanismus werden durch Zeitnotstände angezeigt. Zeitnotstände in ihren extremsten Ausprägungen liegen vor, wenn entweder nur noch Irreversibilität oder ausschließlich Reversibilität erzeugt wird. In beiden Fällen kann man von einem „Zeittod" sprechen. Um diesen Zeittod entgegenzuwirken, müssen soziale Systeme mit ihrer Umwelt Zeitkommunikation betreiben. Die Erwartungen und Chancen zum „Leben" und „Überleben" können jedoch prinzipiell nur unter den Gefahren und Risiken des Auftretens von Zeitnotständen (in letzter Konsequenz: des Zeittodes) genutzt werden. Zwar ist die Wirksamkeit und insbesondere aktuelle Wirkungsbreite und -tiefe jenes Zeitmechanismus grundsätzlich daran ablesbar, wie Systeme mit der Zeit zur Erzeugung von Irreversibilität und Reversibilität umgehen. Jedoch ist in Rücksicht auf die Erzeugung von Zeitnotständen zwischen *extern* und *intern* induzierten Zeitnotständen zu unterscheiden. So kann – um einen nur beiläufigen Hinweis zu geben – ein System für die externe Umwelt bereits „zeittot" sein, aber dennoch weiter „existieren", indem intern z.B. verschränkte Systeme für ritualisierte Abläufe benutzt werden, also auch nach innen – und darauf kommt es an – keine Zeitpolitik mehr betrieben wird und werden kann, wenngleich dem Anschein nach das der Fall ist.

Bei der Bedienung der Zeitkompetenz unter den Bedingungen verschränkter Systeme kommt es grundsätzlich darauf an, ob und welche Zukunft (und inwiefern auch Vergangenheit) die beteiligten Systeme haben werden und sie dafür welches Aktualitätspotenzial erzeugen und bereitstellen. Prinzipiell kann man z.B. annehmen, dass, sofern eine relativ weit vorausschauende und daraufhin ausgelegte Zukunft als „Führungsgröße" vorausgesetzt wird, versucht wird, ausgeprägte und stabile Verschiedenheiten – die stabile Ungleichzeitigkeit manifestieren – durch die beteiligten Systeme einzubringen und durchzusetzen. Diese „Regel", die in mehreren Variationen vorstellbar ist, ist hier nur als ein Beispiel für viele und andere angeführt (dazu weiter unten). Da die Bedienung der Zeitkompetenz sich stets als Bedienung des kurz umschriebenen Zeitmechanismus ausweist, ist aufgrund der Bedingung der Gleichzeitigkeit zwar jeweils nur der Mechanismus eines verschränkten Systems unmittelbar bedienbar, jedoch ist wegen

Gleichzeitigkeit als Punktualisierung prinzipiell zu unterstellen, dass jeweils eine – wie auch immer gestaltete – Vielzahl an verschränkten Systemen in Frage kommt. Anders ausgedrückt heißt das, dass durch Gleichzeitigkeit prinzipiell eine Multianschlussfähigkeit für eine Bedienung jenes Zeitmechanismus bereitgestellt wird. Daher kann unterstellt werden: Verschränkte Systeme werden unter Wettbewerbsbedingungen eingerichtet (und insofern auch die Bedingungen für die Bedienung jenes Zeitmechanismus) und für Wettbewerbszwecke genutzt. Es geht also um Schaffung und Nutzung von Vorteilen und Nachteilen im Wettbewerb um „Leben" und „Überleben". Soziale Systeme sind deswegen auf Zeitpolitik verwiesen.

Grundlegende Bedingung ist in jedem Falle, Zeitknappheit als Gleichzeitigkeit mit einem anderen sozialen System als Bedingung für Zeitüberschuss herzustellen, also ein Aktualitätssystem einzurichten. Die aktualitätsspezifische Kommunikation besteht in kommunikativen Akten, die darauf ausgerichtet sind, wechselseitig die erzeugte Gemeinsamkeit der Gleichzeitigkeit in Anspruch zu nehmen, nämlich den Zeitüberschuss jeweils für den *eigenen* Zeitbedarf interner Gleichzeitigkeiten nutzen zu können. Man kann von einer Ausrichtung zur Stärkung der *eigenen* Knappheitskompetenz zur Erzeugung und Nutzung eines *eigenen* Überschusses sprechen. Die Komplementärausrichtung besteht darin, den aufgrund der gemeinsam erzeugten Knappheit bereitgestellten Überschuss so wenig wie möglich für die eigene Teilnahme am Aktualitätssystem in Anspruch zu nehmen, ihn folglich jeweils so umfassend wie möglich anderen beteiligten Systemen zur Nutzung anzudienen. Mit solchen Andienungen wird ermöglicht und bewirkt, sich andere zu „verpflichten", d.h. dass andere sich als Ressourcenlieferanten zur Verfügung stellen. Auf diese Weise wird erreicht, die eigene Aktualitätskompetenz zu steigern und so Zeitnotständen vorzubeugen bzw. diese managen zu können.

Aktualitätssysteme bestätigen in jedem Falle, dass Zeitkommunikation stattfindet. Jedoch besteht ein grundsätzlicher Unterschied zwischen extern und intern induzierter Zeitkommunikation. Dieser Unterschied ist ein Unterschied von Verschiedenheiten, die durch die beteiligten Systeme manifestiert werden und die durch die Funktionen, weswegen die Systeme ausdifferenziert wurden, ausgewiesen werden. Gesellschaftliche Teilsysteme wie Wirtschaft, Politik, Recht, Kunst, Religion, Wissenschaft usw. bedienen jeweils eine gesellschaftliche Funktion, die wegen der prinzipiellen Verschiedenheiten, die durch diese Systeme manifestiert werden, in der Regel Zeitkommunikation mit einem stark verdichteten Zeitaufwand einfordern. Die Verdichtung des Zeitaufwands muss erfolgen, damit durch die Zeitkommunikation die Verschiedenheiten der Teilsysteme nicht ihre Ausprägungen verlieren, sei es durch einen Mangel an externem Zeitüberschuss, sei es durch einen überhöhten Zeitverbrauch an internen Zeitkommunikationen wegen deren Ausrichtung auf die externe Zeitkommunikation. Es sind Aktualitätssysteme erforderlich, die extern induzierte Zeitkommunikationen auf eine – wie auch immer im einzelnen ausgeprägte – Stärkung der eigenen Knappheitskompetenz auszurichten. Insofern findet eine extern induzierte Zeitkommunikation zwangsläufig als Wettbewerbskommunikation statt. Für die unmittelbar Beteiligten fallen entweder nur Gewinne oder nur Verluste an, so dass es nur Gewinner und nur Verlierer dabei gibt.

Bei intern induzierter Zeitkommunikation ist das Verhältnis von Gewinnen und Verlusten (bzw. Gewinnern und Verlierern) ein grundsätzlich anderes. Bei dieser Zeitkommunikation erfolgt, jedenfalls unter den Bedingungen der Ausrichtung auf die Außengrenze des gesellschaftlichen Teilsystems, eine Umkehrung in der Bedienung des Zeitmechanismus. Bei dieser Ausrichtung der internen Zeitkommunikation werden Aktualitätssysteme dazu benutzt, den Zeitmechanismus zur Stützung der Verschiedenheiten des gesellschaftlichen Teilsystems zu bedienen, d.h. die internen Verschiedenheiten zugunsten einer extern gerichteten Gemeinsamkeit zurückzustellen. Es geht also darum, durch Verknappung einen Zeitüberschuss für Gleichzeitigkeit zu produzieren, der entgegen der Differenzierungslogik nicht unmittelbar zur Pflege von Verschiedenheiten genutzt wird, sondern die Gleichzeitigkeit von Aktualitätssystemen dazu einsetzt, die Wettbewerbsbedingungen (als Wettbewerb über Verschiedenheiten) des übergeordneten Teilsystems zu verbessern.

Solche intern erzeugten Aktualitätssysteme sind besonders prekär. Sie implizieren eine Tendenz zur *Entdifferenzierung*. Daher sind sie besonders anfällig für (schleichende und spontane) Auflösungen. Dabei handelt es sich – allgemein gesagt – um ein Wiederanschließen an die Differenzierungslogik und damit die Rückkehr zur unmittelbaren Bedienung des Zeitmechanismus zur Pflege der jeweils „eigenen Verschiedenheit". Der Antrieb hierzu ist genereller Art, nämlich nicht in Zeitnot zu geraten oder nicht einen schleichenden oder plötzlichen Zeittod sterben zu müssen.

Dieser Antrieb vermittelt die Einsicht, wieso soziale Systeme Zeitpolitik betreiben. Zeitpolitik ist Ausweis der jeweils spezifischen Möglichkeiten dieser Systeme, Zeit zum „Leben" und „Überleben" zu nutzen. Insofern verweisen Aktualitätssysteme nicht nur auf die Bedingungen für Zeitnot und letztlich Zeittod sozialer Systeme, sondern auch auf die Bedingungen für das Entstehen (die „Geburt") von sozialen Systemen aufgrund der Bereitstellung von Zeitüberschuss durch Verknappung. Diese Bedingungen für das Entstehen und Vergehen sozialer Systeme sind Bedingungen für die Bedienung der Differenzierungslogik, ob sie diese stärken im Sinne der Ausbildung einer eigenen Aktualitätskompetenz oder diese schwächen im Sinne einer Entdifferenzierung.

Wenn vorauszusetzen ist, soziale Systeme seien als spezifische und spezialisierte Einrichtungen zur Nutzung der fluiden und im Überfluss und grenzenlos präsenten Ressource „Zeit" auf diese Nutzung als Bedingung ihrer „Existenz" und damit der Bedienung ihrer Funktion angelegt, ist zu folgern, dass soziale Systeme mit ihren kommunikativen Aktivitäten stets auch Zeitpolitik betreiben. Zeitpolitik heißt dann – kurz gesagt –, *unter Überflussbedingungen Knappheit und unter Knappheitsbedingungen Überschuss zu produzieren.* Diese Produktionsbedingungen sind Wettbewerbsbedingungen, und zwar Wettbewerbsbedingungen für soziale Systeme als Systeme der Kommunikation. Daher müssen soziale Systeme nicht nur Zeitüberschuss zur Erhaltung und Verbesserung ihrer Wettbewerbssituation produzieren, sondern auch ihre Produkte mit solchen Zeitkomponenten ausstatten, die der eigenen Wettbewerbssituation förderlich sind. Das grundlegende Erfordernis besteht darin, zu ermöglichen und sicherzustellen, dass die eigenen *Entscheidungen* sowohl in der internen als auch der externen Umwelt Anerkennung finden und respektiert werden. Entscheidend für die Wettbewerbssituation ist, ob und inwieweit die Entscheidungen zu Kommunikationsbedingungen für diese Umwelt werden, also die (extern und intern induzierten) Aktualitätssysteme bestimmen.

Worauf es dabei ankommt, ist, ob und wie jenen Entscheidungen als Kommunikationsbedingungen *Dauerpräsenz* eingebaut werden kann und wird. Dauerpräsenz ist – was offenkundig ist – Bedingung dafür, Aktualitätssysteme unterhalten zu können. Die *Nachhaltigkeit* solcher Dauerpräsenzen ist sehr unterschiedlich ausgeprägt. Grundsätzlich kann man unterscheiden zwischen einer Nachhaltigkeit, die Dauerpräsenz dadurch bewirkt, dass sie zwar nicht permanent, sondern eher selten, aber dennoch prinzipiell zu jeder Zeit und jedenfalls mit tiefgreifender Wirkung auf die Struktur der Kommunikationsbedingungen punktualisiert werden kann und wird, und einer Nachhaltigkeit, deren Dauerpräsenz ebenfalls dadurch bewirkt wird, dass sie prinzipiell zu jeder Zeit punktualisiert werden kann, aber im Unterschied zu ersteren permanent eingefordert und auf die sich laufend wandelnde Wettbewerbssituation ausgerichtet wird. Man kann von einer *strukturorientierten Nachhaltigkeit* einerseits und *prozessorientierten Nachhaltigkeit* andererseits sprechen. Solche Ausprägungen von Nachhaltigkeit sind markante Merkmale des Verhältnisses von sozialen Systemen untereinander, beobachtbar daran, wie sie Aktualitätssysteme unterhalten.

Auch Entscheidungsprozesse vollziehen sich unter den Bedingungen von Aktualitätssystemen. Insofern sind auch Entscheidungsprozesse als Kommunikationsprozesse zu begreifen, so dass auch für diese die Bedingungen zur Nutzung von Zeit als entscheidend zu betrachten sind. Wenn Entscheidungen ein Ende von jeweiligen Entscheidungsprozessen markieren, dann ist klar, dass solche Aktualitätssysteme sich nicht nur allgemein von allen zeitnutzenden Systemen, sondern insbesondere von allen anderen Aktualitätssystemen unterscheiden. Entscheidungssysteme sind als Aktualitätssysteme auf einen Zeittod programmiert, also darauf eingerichtet, den Zeittod zu sterben. Für diese Aktualitätssysteme gilt im Unterschied zu allen anderen, dass sie *nicht* Ausgangsbedingung für das Entstehen von sozialen Systemen sein können. Zwar können Entscheidungen kommuniziert werden und somit Kommunikationsprozesse steuern, also kommunikative Aktualitätssysteme in ihrer Ausrichtung auf Entscheidungssysteme hin prägen, sie „identifizieren" jedoch „nur" Zeitpunkte, das heißt „Zeiteinheiten", die weder durch Knappheit noch Überschuss ausgezeichnet sind. Daher kann man sagen, sie würden die „Irreversibilität der Zeit" markieren. Aber diese Markierungen haben im Unterschied zu allen sonstigen Markierungen bzw. Zeitpunkten einen besonderen Status, einfach deshalb, weil sie den zwangsläufig aktuellen Zeittod eines spezialisierten Aktualitätssystems und damit auch das zwangsläufige Ende eines hochspezialisierten Sozialsystems anzeigen.

Die hochspezialisierten Aktualitäts- bzw. Entscheidungssysteme sind aufgrund ihrer besonderen Spezialisierung operativ geschlossene Systeme mit besonderen Implikationen. Unter der Prämisse des Vorrangs der Lebens- und Überlebensbedingungen des Stammsystems sind sie einerseits – wie dargelegt – zwangsläufig auf ihren Zeittod ausgerichtet, andererseits auf eine strenge und begrenzte Ressourcennutzung ihres Stammsystems festgelegt. Diese festgelegte Ressourcennutzung besteht in der strikten Anwendung vorgegebener Entscheidungs- und Abstimmungsverfahren. In besonderen Fällen, für die ebenfalls solche Festlegungen vorgegeben sind, können diese Verfahren verändert werden. Solche Fälle belegen dann den hervorragenden Status der betreffenden Entscheidungssysteme. Zudem bestätigen sie den hervorragenden Status der Entscheider. Mit diesen Hinweisen auf den Rückgriff von Entscheidungssystemen auf Ressourcen der Programmierung (Lebens- und Überlebensbedingungen des Stammsystems), der Kommunikationswege (gemäß Abstimmungs- und Entscheidungsverfahren) – die auch als Interaktionswege ausgebildet sein können – und des Personals (Entscheider) ist darauf verwiesen, dass Entscheidungssysteme auf einen Typ von Sozialsystemen verweisen, den man üblicherweise als *Organisation* bezeichnet. Das mag befremdlich erscheinen. Jedoch ist festzuhalten, dass Entscheidungssysteme nur dann ihre Funktion leisten können, wenn sie jene Organisationsressourcen einsetzen können. Allerdings ist ebenfalls festzuhalten, dass Entscheidungssysteme mit einer Entscheidung eingesetzt werden (nämlich Entscheidungen herbeizuführen), sie gleichsam sich selbst einsetzen – was die Ausrichtung auf ihren Zeittod hin bedeutet –, sie also mit ihrer jeweils aktuellen Einsetzung zugleich auch ihr Ende beschließen.

Die umschriebene operative Geschlossenheit von Entscheidungssystemen ist Bedingung dafür, dass sie mit ihren Operationen die Organisationsressourcen nicht zur Disposition stellen oder verbrauchen. Umso wichtiger wird die einzige Ressource, die sie verbrauchen und mit deren Verbrauch sie besonders sorgsam umzugehen haben: die *Zeit.* Daher ist es ausgeschlossen, dass Entscheidungssysteme von sich aus eine *gemeinsame* operative Geschlossenheit beschließen und somit die Grundlage für die Ausbildung eines neuen Stammsystem schaffen könnten. Aber ohne sie geht es auch nicht. Entscheidungen sind nämlich die Grundlagen der Organisationsressourcen von Sozialsystemen, so dass soziale Stammsysteme aus Ressourcensystemen einerseits und Aktualitätssystemen andererseits bestehen. Operative Geschlossenheit ist nicht nur Bedingung für Entscheidungssysteme, sondern auch Bedingung für die Funktionstüchtigkeit von Ressourcensystemen. Im Unterschied zu Entscheidungssystemen können Ressourcensysteme für ihre Operation sich auf die *zeitbindende* Funktion von Entscheidungen verlassen und somit über ein umfangreiches Zeitpozential verfügen. Ressourcensysteme sind im Unterschied zu Entscheidungssystemen nicht auf einen jeweils aktuellen Zeitod ausgerichtet, sie gehören im Gegenteil zu den Überlebensbedingungen des Stammsystems. Entscheidungssysteme fungieren in dieser Hinsicht – vereinfacht formuliert – als Instrumente, als Instrumente zur Erhaltung und Verbesserung von Ressourcen im Interesse des Stammsystems. Dies erklärt, wieso ein Stammsystem die Funktion eines Ressourcensystems übernehmen kann, nämlich unter den Bedingungen einer übergeordneten Funktion die Funktion eines Stammsystems zu leisten (was heißt, in der Funktion als Stammsystem unter Wettbewerbsbedingungen zu agieren).

Entscheidungssysteme können nur dann eine *gemeinsame* operative Geschlossenheit grundlegen und insofern für die Ausbildung eines neuen Stammsystems sorgen, wenn dafür ausreichende Ressourcen bereitstehen. Diese Ressourcen – allesamt auf der Grundlage von *zeitbindenden* Entscheidungen – ermöglichen erst, dass Entscheidungssysteme überhaupt die für sie entscheidende Ressource der Zeit nutzen können.

Entscheidungen können die Funktion der Zeitbindung nur unter der Bedingung leisten, dass die Entscheidungen *gelten,* sie also nicht oder noch nicht durch andere Entscheidungen außer Geltung gesetzt sind. Als ein funktionales Äquivalent zur Zeitbindung von Entscheidungen können – wenn auch aufgrund anderer Voraussetzungen und mit anderen Folgewirkungen – *Werte* und *Normen* fungieren. Somit gehören auch Werte und Normen – umfassend: Kultur – zur Ressourcenausstattung sozialer Systeme.

Die Frage, aufgrund welcher Bedingung Entscheidungssysteme eine gemeinsame operative Geschlossenheit grundlegen können, ist eine Frage nach der Ressourcenausstattung. Grundsätzlich ist zu unterstellen, dass dazu eine entscheidende Veränderung im Ressourcensystem (sei es in Rücksicht auf Programmierung, Kommunikationswege oder Personal) eintreten muss.

Solche Veränderungen können auch durch Veränderungen von Ressourcensystemen im Verhältnis zueinander eintreten (was einschließt, dass für die Bedienung einer Funktion mehrere Ressourcensysteme zur Verfügung stehen können).

In Fällen von einfachen bzw. primitiven Sozialsystemen, d.h. von Interaktionssystemen mit zwei Kommunikationspartnern unter der Bedingung der Anwesenheit, besteht die Ressourcenausstattung dieser Systeme in der Ausstattung der anwesenden Kommunikationspartner (ihrer individuellen Ausstattung mit kognitiven, psychischen und interaktiven Kompetenzen). Worauf es dabei ankommt, damit aus solchen Interaktionssystemen Stammsysteme sich entwickeln können, ist, dass *soziale* Ressourcen auf der Grundlage von Entscheidungen geschaffen werden, so dass diese Ressourcen wiederum für Entscheidungen im Interesse dieser Entscheidungen eingesetzt werden können. Insoweit sind dann die *individuellen* Entscheidungssysteme der Interaktionspartner zu einem *gemeinsamen* – also *sozialem* – Entscheidungssystem transformiert worden. Das heißt dann weiter, dass dadurch die grundlegende Bedingung geschaffen wurde, damit aus einem einfachen Interaktionssystem sich ein – komplexes – Sozialsystem entwickeln kann. Grundbedingung hierfür ist eine prinzipiell jederzeit mögliche Aktualisierung des Entscheidungssystems, was eine prinzipiell jederzeit mögliche Aktivierung eines kommunikativen Aktualitätssystems als Bedingung für die Aktivierung des Entscheidungssystems impliziert.

Im Unterschied zu Ressourcensystemen einerseits und Entscheidungssystemen andererseits sind kommunikative Aktualitätssysteme durch eine operative Offenheit ausgezeichnet. Ihre Bindungen an Ressourcensysteme und Entscheidungssysteme sichern diese Offenheit gegenüber Sogwirkungen aus der Umwelt mit der Folge von definitiven Loslösungen. Operative Offenheit heißt, soziale Stammsysteme verfügen über Möglichkeiten, sich an Kommunikationen zu beteiligen, deren Grenzen – allgemein gesagt – durch eine *Öffentlichkeit* gebildet werden. Dadurch wird grundsätzlich ermöglicht, Umweltkommunikation zu betreiben und so die Umwelt (d.h. die sozialen Systeme der Umwelt) als Kommunikationsteilnehmer einzubeziehen. In einem umfassenden Verständnis kann so die Gesellschaft für kommunikative Operationen eingesetzt werden. Generell kann man sagen, dass durch diese operative Offenheit der kommunikativen Aktualitätssysteme – also durch ihre Ausprägung als *Öffentlichkeitssysteme* – soziale Systeme (gemeint sind selbstverständlich: Stammsysteme) den Einsatz ihrer Ressourcensysteme flexibilisieren können. Das heißt unter Einbeziehung unserer bisherigen Überlegungen, die durch die Ressourcensysteme vorgegebenen Zeitbindungen können zur Disposition gestellt und aufgrund von neuen und anders gestalteten zeitlichen Hohlräumen in der Orientierung auf neue Entscheidungen mit Veränderungspotenzial versehen werden. Kommunikative Aktualitätssysteme als Öffentlichkeitssysteme sind – kurz gesagt – Bedingung dafür, dass sowohl ein Zeitüberschuss (mit Chancen und Risiken versehen) für Kommunikation genutzt werden kann, der nicht von den einzelnen Stammsystemen nach ausschließlich je eigenen Bedürfnissen erzeugt wurde, als auch die jeweilige Wettbewerbssituation besser eingeschätzt und daraufhin der Einbau von Zeitkomponenten in die Entscheidungen vorgenommen werden kann.

Seit jeher werden jedenfalls freiheitlich verfasste Gesellschaften durch einen besonderen Wettbewerb nachhaltig geprägt. Gemeint ist – wie könnte es anders sein! – der Wettbewerb zwischen den gesellschaftlichen Teilsystemen der Wirtschaft einerseits und der Politik andererseits. Gerade was die Nachhaltigkeit von Dauerpräsenz angeht, wird jener Wettbewerb so ausgerichtet, als müsse jedes der beiden Systeme im Verhältnis zum anderen seine „Unsterblichkeit" ins Spiel bringen und so seinen vorausgesetzten Ansprüchen auf Dominanz Geltung verschaffen. Die unterschiedlichen Bedingungen, über ihre Produkte (den Entscheidungen) eine Nachhaltigkeit für Dauerpräsenz zu schaffen, veranlassen Wirtschaft und Politik dazu, ihre Öffentlichkeitssysteme daraufhin auszurichten. Grundsätzlich kann man sagen, dass die Politik im Verhältnis zur Wirtschaft davon bestimmt wird, Öffentlichkeitssysteme zu unterhalten, die die Notwendigkeit von Entscheidungen im Interesse einer gesamtgesellschaftlichen Verantwortlichkeit (gegenüber einer letztlich nicht mehr steigerbaren Wertorientierung: Vorrang des Gemeinwohls vor Partikularinteressen) transportiert und einsichtig macht. Das Wirtschaftssystem dagegen unterhält Öffentlichkeitssysteme, die die Notwendigkeit von Entscheidungen im Interesse des Überlebens von Einzelunternehmen (letztlich einer dem allgemeinen Nutzen förderlichen Prozessorientierung: Vorrang des Wettbewerbs vor politischen Reglementierungen) zu vermitteln suchen. Diese Ausrichtung der Öffentlichkeitssysteme von Politik und Wirtschaft schließt eine Umkehrung ihrer Orientierungen aufgrund besonderer Konstellationen ein (Beispiele hierfür sind unter der Überschrift „Subventionspolitik" reichlich zu finden). Durch solche Umkehrungen wird deutlich, dass der Wettbewerb zwischen den gesellschaftlichen Funktionssystemen der Politik und der Wirtschaft in Rücksicht auf Nachhaltigkeit von Dauerpräsenz dazu führen kann, einen Monopolanspruch umzusetzen. Auch deswegen sind Öffentlichkeitssysteme notwendige Einrichtungen vor allem von gesellschaftlichen Teilsystemen für die Funktionstüchtigkeit insbesondere freiheitlicher Gesellschaften.

Dies wiederum ist ein Hinweis dafür, dass soziale Systeme generell und gesellschaftliche Teilsysteme in besonderer Weise auf die Einrichtung und Unterhaltung von Aktualitätssystemen als Öffentlichkeitssystemen wechselseitig aufeinander angewiesen sind. Nur so können sie herausfinden, welche Zeitkomponenten als Bedingungen des „Lebens" und „Überlebens" sie in die Entscheidungen einbauen sollen und können und mit welchen sie zurechtkommen sollen und müssen. Auf diese Weise kann Erwartungssicherheit ausgebildet werden. Sie kann entstehen und sich entwickeln aufgrund der Zwänge, die durch die Erzeugung von Knappheit und den Umgang damit manifest werden. Diese Erwartungssicherheit ist Bedingung dafür, dass Aktualitätssysteme als Entscheidungssysteme fungieren und dadurch wiederum Erwartungssicherheit begründen und steigern können.

Diese Erwartungssicherheit besteht grundsätzlich darin, *dass* Entscheidungen zu erwarten sind. Sie bestätigt die – zu Recht immer wieder betonte – Feststellung, auch das Nichtentscheiden fungiere als ein Entscheiden. Zu dieser Erwartungssicherheit gehört auch, dass soziale Systeme ihre Aktualitätssysteme nicht nur als Öffentlichkeitssysteme, sondern auch als *Schweigesysteme* bzw. *Geheimhaltungssysteme* ausbilden. Generell bestätigt diese Erwartungssicherheit die Feststellungen über das Entstehen und Vergehen von sozialen Systemen und insbesondere die Feststellungen über die Ausdifferenzierung von Aktualitätssystemen als Entscheidungssystemen. Ein soziales System, das über kein Aktualitätssystem als Entscheidungssystem mehr verfügt bzw. es nicht mehr unterhalten kann, also keine Entscheidungen mehr fällt, ist am Ende, weil ohne Entscheidungskompetenz und folglich ohne ihre Bedienung in weiterer Konsequenz auch ihre *kommunikative* Kompetenz nicht mehr bedient werden kann. Woraufhin sollte oder könnte die kommunikative Leistung eines sozialen Systems noch ausgerichtet werden? Ein solches System hat sich durch Entscheidung aufgelöst, durch eine dezidierte Entscheidung der Selbstauflösung oder einen schleichenden Prozess einer ständig nachlassenden Bedienung der Entscheidungskompetenz bis hin zur Funktionslosigkeit. Grundsätzlich kann man dazu feststellen, dass ein solches System nicht mehr in der Lage war, seinen Produkten, seinen Entscheidungen Zeitkomponenten einzubauen, die andere soziale Systeme veranlassen konnten, mit ihm Aktualitätssysteme zu unterhalten. Wenn andererseits solche Aktualitätssysteme Bedingung für das Entstehen von Entscheidungssystemen sind, so bedeutet das, dass sie mit der Ausbildung eines *gemeinsam* begründeten Entscheidungssystems hierfür auch eine operative Geschlossenheit sichern. Das bedeutet weiter, dass die *Gründungssysteme* sich als Aktualitätssysteme von ihren Stammsystemen lösen und gemeinsam ein neues Stammsystem ausbilden. Damit ist die Bedingung erfüllt, nach letztlich eigenen Überlebenskriterien für operative Geschlossenheit zu sorgen. Operative Geschlossenheit kennzeichnet also eine „paradoxe Existenzbedingung" – und insofern Anfangs- und Endbedingung – sozialer Systeme: Sie ist Bedingung sowohl für die Bedienung einer eigenen Entscheidungskompetenz als auch für die operative bzw. kommunikative Offenheit im Verhältnis von Systemen untereinander und somit mittelbar für die Bedienung fremder Entscheidungskompetenzen. – Allerdings, dieses

Komplementärverhältnis fungiert aufgrund einer Vorbedingung: Hierfür müssen Aktualitätssysteme aktiviert werden können.

Die Bedingungen zur Spezialisierung von Aktualitätssystemen zu Entscheidungssystemen werden gesetzt von ihren für ihre Umwelt bestimmten Produkten, den Entscheidungen, und zwar von deren eingebauten Zeitkomponenten. Die eingebauten Zeitkomponenten entscheiden darüber, ob und für welche Verschiedenheiten bzw. Ungleichzeitigkeiten Gleichzeitigkeit hergestellt wird, eine Gleichzeitigkeit, die darin besteht, dass ein soziales System sich in einem spezialisierten Aktualitätssystem mit den Entscheidungen anderer Systeme beschäftigt. Entscheidungen, die nicht mit der Eigenschaft ausgestattet sind, für das Entstehen von Aktualitätssystemen relevant zu sein, sind ambivalent, jedenfalls dann, wenn das Stammsystem über eine ausreichende kommunikative Kompetenz verfügt und folglich ausreichende Entscheidungskompetenz aktualisieren kann. Solchen Entscheidungen fehlt die Eigenschaft, erwartungssichere Informationen für die Bedienung des Zeitmechanismus bereitzustellen, erst recht im Sinne der Programmierung von Aktualitätssystemen bzw. Entscheidungssystemen auf den Zeittod hin. Man kann solche Entscheidungen begreifen als Entscheidungen der Neutralisierung gegenüber den Zwängen der Differenzierungslogik, also als Entscheidungen, die sowohl aus Schwäche als auch aus Stärke heraus gefällt werden können. Sie können sowohl Chancen als auch Risiken markieren; denn auch diese Entscheidungen können von anderen Systemen als relevant für ihre eigenen Entscheidungen betrachtet und berücksichtigt werden. Auch diese Entscheidungen gehören zu denen, mit denen Zeitpolitik gemacht wird.

In einem umfassenden Verständnis kann man Zeitpolitik begreifen als Ausdruck der Aktivitäten von sozialen Systemen, ihre Überlebensbedingungen im Verhältnis zueinander zu erhalten und zu verbessern, indem sie Aktualitätssysteme einrichten, um herauszufinden, mit welchen Zeitkomponenten sie ihre Entscheidungen im Interesse ihrer eigenen Überlebensstrategie ausstatten können und sollen. Wie soziale Systeme diese Herausforderung aufnehmen und sie umsetzen, ist Ausweis ihrer Intelligenz. Mangelnde und schwindende Intelligenz führt zum „Zeittod", Begabungen sind Bedingung für die „Geburt" neuer Systeme. Als Kriterium für den Gebrauch von Intelligenz kann die Fähigkeit gelten, solche Zeitkomponenten in die Produkte, die Entscheidungen, einzubauen, die geeignet sind, die Bedienung der Funktion, weswegen das System ausdifferenziert wurde, zu nutzen und zu verbessern. – Jedoch, die Funktionssysteme sind mit unterschiedlichen Funktionskompetenzen ausgestattet, so dass nicht nur ein sehr unterschiedlicher Einsatz von Intelligenz gefordert ist, sondern auch die Bedingungen für eine eigene Überlebensstrategie sehr unterschiedlich sind.

Das Funktionssystem der Politik hat einen Sonderstatus, einen einzigartigen Status, aber nur insoweit, als es als einziges gesellschaftliches Funktionssystem die Gesamtgesellschaft – also auch sich selbst – mit allgemein verbindlichen und bindenden Entscheidungen versorgt und diese Entscheidungen mit Zeitkomponenten ausstattet, die in besonderer Weise auf eine strukturorientierte Nachhaltigkeit von Dauerpräsenz ausgerichtet sind.[6] Kennzeichnend hierfür ist, dass diese Entscheidungen in Form von Rechtsvorschriften zwar jeweils einen Zeitpunkt als Anfangspunkt ausweisen, aber in der Regel durch keinen zeitlichen Endpunkt festgelegt sind. Dadurch kann die Politik die Strukturen der gesellschaftlichen Umwelt (der sozialen Systeme ihrer Umwelt) bestimmen und so Dauerpräsenz erreichen und insofern in einer umfassenden Weise Anknüpfungsbedingungen für Aktualitätssysteme schaffen und erneuern. Die Wirtschaft der Gesellschaft kann einen einzigartigen gesellschaftlichen Status beanspruchen insofern, als kein anderes Funktionssystem der Gesellschaft über die Kompetenz verfügt, die Gesamtgesellschaft mit vorherrschend prozessorientierter Nachhaltigkeit von Dauerpräsenz zu versorgen, ohne dazu eine zentrale Entscheidungsinstanz einzusetzen. Dies erfolgt intern über eine Vielzahl und Vielfalt an Märkten, extern dadurch, dass prinzipiell alle Leistungen der Umwelt in Geldeinheiten umgerechnet werden können, was in der Regel auch geschieht. Aufgrund der permanenten Bewegungen der Märkte und der laufenden Veränderungen der Preise kann das Wirtschaftssystem in Rücksicht auf seine kommunikativen Aktualitätssysteme als ein vielgestaltiger Mechanismus zur Bedienung einer Differenzierungslogik begriffen werden. Um dieses Mechanismengefüge in Gang zu halten, muss ein enormer Zeitbedarf befriedigt werden. Der durch Knappheit erzeugte Zeitüberschuss wird jedoch nur für den unmittelbar aktuellen Bedarf erzeugt und verbraucht, eben um die prozessorientierte Nachhaltigkeit von Dauerpräsenz (der Märkte und der Preise) zu sichern.[7] Dies schließt jedoch eine relativ eng umgrenzte strukturorientierte Nachhaltigkeit von Dauerpräsenz nicht aus. Dafür sind allerdings Entscheidungen erforderlich, die die betreffenden Güter jedenfalls auf Zeit aus dem Markt- und Preisgeschehen herausnehmen, also den Zwängen der Differenzierungslogik entziehen.

Sofern die Politik von ihrer dominanten strukturorientierten Nachhaltigkeit von Dauerpräsenz auf eine prozessorientierte Nachhaltigkeit umschaltet, geht es in der Regel um wichtige Entscheidungen, für die der Zeitpunkt (z. B. Wahltermine) schon festliegt (somit bezieht sich die Umschaltung z. B. auf die Zeiten von Wahlkämpfen), oder es geht um wichtige Entschei-

---

[6] Diese Feststellung kann man auch auf solche neuartigen Systeme wie z. B. das politische System der EU anwenden.
[7] Vorausgesetzt ist jedoch, dass die Politik nur Rahmenbedingungen setzt, da sie ansonsten zu stark strukturbestimmend wirken würde.

dungen, für die kein Termin festliegt und die – aus welchen Gründen und mit welchen Argumenten von wem auch immer vorgetragen – nach allgemeiner Auffassung weder durch „definitives Nichtentscheiden" noch durch eine aktuelle mehr oder weniger zufällige Mehrheit aktuell entschieden werden sollen (man denke z. B. an die Diskussionen zur Genforschung und die damit verknüpften Folgen). Das Umschalten auf prozessorientierte Nachhaltigkeit von Dauerpräsenz ist ein Beleg dafür, dass die anstehenden Entscheidungen das politische System in seinem Selbstverständnis unmittelbar treffen, aber durch diese Entscheidungen keine grundlegenden internen Strukturveränderungen erwartet werden. Dagegen benötigen die Vorbereitungen für Entscheidungen, z. B. zur Verlängerung von Legislaturperioden um nur ein Jahr oder eine geringfügige Reduzierung von Wahlkreisen, nicht notwendigerweise einen insgesamt größeren Zeitaufwand. Aber die betreffenden internen Aktualitätssysteme benötigen entschieden größere zeitliche *Hohlräume,* die sie je nach Erfordernis in vielfältiger Weise zu zeitlichen *Verdichtungsräumen* zurichten und in weiterer Folge zu *Stauräumen* komprimieren können.

Die Ausrichtung auf prozessorientierte Nachhaltigkeit von Dauerpräsenz durch Politik ist kennzeichnend dafür, dass zwar laufend Vorentscheidungen in Form von Meinungsäußerungen, Feststellungen von Gemeinsamkeiten und Auffassungsunterschieden, von Verlautbarungen, Memoranden, Stellungnahmen, Pressemitteilungen usw. erfolgen – und diese insofern die Differenzierungslogik im Sinne einer prozessorientierten Nachhaltigkeit von Dauerpräsenz bedienen –, aber die „definitiven Entscheidungen" als Produkte des politischen Systems für die Gesamtgesellschaft, demnach auch für die Politik selbst, sind auf eine strukturorientierte Nachhaltigkeit gerichtet, können also sowohl auf externe als auch interne Strukturen gerichtet sein. Die dafür eingerichteten Aktualitätssysteme unterscheiden sich vom Ansatz her. Für die Ausrichtung auf eine interne strukturorientierte Nachhaltigkeit von Dauerpräsenz ist die Politik – wie angedeutet – auf Aktualitätssysteme verwiesen, die mit zeitlichen Hohlräumen ausgestattet sind. Dadurch werden Bedingungen für relativ eng begrenzte prozessorientierte Nachhaltigkeiten von Dauerpräsenz geschaffen. Für die Ausrichtung auf externe strukturorientierte Nachhaltigkeiten von Dauerpräsenz ist die Politik auf Aktualitätssysteme verwiesen, die sich durch zeitliche Stauräume auszeichnen. Diese Entwicklung verschärft sich zunehmend. Erkennbar ist das allgemein an der Tendenz zur Entpolitisierung (gemeint ist die Tendenz zum Nichtentscheiden und der Rückzug des politischen Systems auf eine reduzierte Entscheidungsverantwortlichkeit), im einzelnen daran, dass die Politik in Gestalt der Regierenden zunehmend als Moderator oder Mediator fungiert. Dieser Funktionsverlust bzw. Funktionswandel ist Indiz dafür, dass das politische System sich zunehmend außer Stande sieht, den beschleunigten und sich weiter beschleunigenden gesellschaftlichen Wandlungsprozess aufgrund von eigenen Entscheidungen steuern zu können oder zu sollen. Das politische System betreibt somit – mit welchen Folgen auch immer für sich und die Umwelt – Zeitpolitik. Diesem Zwang zur Zeitpolitik kann es sich nicht entziehen, um unter den Bedingungen – Wettbewerbsbedingungen – gesellschaftlicher Verschiedenheiten „seine" Zeit, eine Eigenzeit – die Zeit der Politik –, bestimmen und nutzen zu können.

I. Zeitverhältnisse der Politik

Die Zeit der Politik ist die Zeit, die die Politik nutzt bzw. nutzen kann, um Politik zu betreiben. Politik als ein ereignisbestimmtes Geschehen braucht – wie in der Einleitung erläutert – ebenso wie jedes andere Geschehen dieser Art Zeit. Also: ohne Zeit keine Politik! Diese einfache Formel ist von umfassender und tiefgreifender Bedeutung; sie erfasst einen hochkomplexen Zusammenhang. Sie ist nicht nur Ausdruck der Überlegungen zur Zeitpolitik und insofern zur Zeit der Politik (umfassend: zur Zeit sozialer Systeme), sondern auch der Überlegungen, die sich mit der Frage der autopoietischen Organisation sozialer Systeme – somit auch und insbesondere: des politischen Systems – zu beschäftigen haben.

Wird im Anschluss an Maturana/Varela[1] *Autopoiese als Mechanismus* begriffen, der Systeme als *autonom* kennzeichnet, stellt sich die Frage, wodurch die Autonomie sozialer Systeme gekennzeichnet wird. Wird im Anschluss an Luhmann unterstellt, soziale Systeme würden durch Operationen der Kommunikation und ihren rekursiven Vernetzungen ihre Autonomie ausweisen, also dadurch, dass kommunikative Operationen den Mechanismus der Autopoiese bedienen würden, ist zu fragen, wie durch die Bedienung dieses Mechanismus, also durch Kommunikationen, Zeit involviert ist. Man könnte auch fragen, wie soziale Systeme durch die Bedienung des Zeitmechanismus ihre Autonomie ermöglichen und sichern. Die grundsätzliche Antwort auf diese Frage lautet: durch Bedienung eines *Sozialmechanismus*. Dabei handelt es sich um einen besonderen Sozialmechanismus insofern, als er nicht nur *universell* bedienbar ist bzw. bedient wird, also von *allen* sozialen Systemen, sondern auch *speziell,* also von jedem einzelnen sozialen System gesondert. Damit ist das wechselseitige Bedingungsverhältnis der Bedienung des Zeitmechanismus und des Sozialmechanismus vorausgesetzt. Diese Voraussetzung impliziert eine weitere, nämlich dass dieses Bedingungsverhältnis „von Beginn an" wirksam ist. Das heißt zunächst einmal, dass Bedingung für eine Bedienung des Zeitmechanismus eine Bedienung des Sozialmechanismus ist, und dass umgekehrt eine Bedienung des Sozialmechanismus eine Bedienung des Zeitmechanismus impliziert. Insofern ist die Anfangsbedingung (Gründungsbedingung) für soziale Systeme eine doppelte. Zum einen erfolgt eine „Verzeitlichung der Zeit", die aber nur möglich wird, wenn *zugleich* eine „Versozialisierung des Sozialen"

---

[1] *Maturana/Varela* (1987), S. 55 ff.

I. Zeitverhältnisse der Politik   31

(eine Systemisierung des Sozialen) stattfindet. Zum anderen erfolgt eine „Versozialisierung des Sozialen", die aber nur möglich ist, wenn *zugleich* eine „Verzeitlichung der Zeit" stattfindet.

Dieses wechselseitige Bedingungsverhältnis funktioniert insoweit, als eine Gleichzeitigkeit konstituiert wird. Mit der „Verzeitlichung der Zeit" wird Zeit nutzbar gemacht, das heißt, einen durch Verknappung erzeugten Überschuss nutzen, also Zeit als Ressource einsetzen zu können. Jene Gleichzeitigkeit kennzeichnet eine Nutzung bzw. einen Verbrauch der Zeit durch Zeit, so dass über die Nutzung des Sozialen eine Nutzung der Zeit möglich und erreichbar wird. Somit wird auch das Soziale als Ressource nutzbar, das heißt, das Soziale wird ebenfalls aufgrund von Verknappung als Überschuss nutzbar. Diese Ressource soll heißen: *Gemeinsinn*. Mit dieser Bezeichnung ist angezeigt, dass diese Ressource nur als eine *bestimmte* nutzbar ist, und zwar insofern, als sie eine Eingrenzung verlangt. Mit anderen Worten: Gemeinsinn wird fassbar als „Versozialisierung des Sozialen" durch Systemisierung des Sozialen. Im Gegensatz zur Zeit steht der Gemeinsinn nicht im Überfluss zur Verfügung; er ist prinzipiell eine knappe Ressource. Durch Systemisierung und insofern durch Verzeitlichung der Zeit kann Gemeinsinn jedoch auch als Überschuss erzeugt werden, das heißt, die Verzeitlichung der Zeit ist Bedingung dafür, dass die Zeit bindende Funktion von Entscheidungen wirksam und dadurch der Gemeinsinn auf Dauer gestellt und aktiviert werden kann.

Diese Systemisierung des Sozialen ist Bedingung für eine Gleichzeitigkeit, die Verschiedenheit ausweist. Diese durch Systemisierung erzeugte und aufrecht erhaltene Verschiedenheit als Bedingung für Gleichzeitigkeit erfordert eine Autonomie, die Dauer erzeugt und aufrecht erhält. Wenn das durch Entscheidungen mit ihrer zeitbindenden Funktion geschieht, dann kommt dafür – wie in der Einleitung erläutert – das für Entscheidungen zuständige Aktualitätssystem zum Einsatz. Demnach manifestiert sich die Autonomie eines sozialen Systems in der Ausbildung und Bedienung einer eigenen Entscheidungskompetenz und die Autopoiese des sozialen Systems in der Bedienung dieses Mechanismus aufgrund einer operativen Geschlossenheit. Es handelt sich dabei um eine operative Geschlossenheit mit unterschiedlichen Kohärenzen und Stringenzen gegenüber der *externen* Umwelt und der *internen* Umwelt (dazu weiter unten).

Die „Identität der Referenz" für diese operative Geschlossenheit wird zwar durch Ausbildung und Bedienung einer Entscheidungskompetenz unter Nutzung der systemischen Ressourcen ermöglicht und gesichert, jedoch ist grundsätzlich zwischen zwei Operationsmodi zu unterscheiden, die auch unterschiedliche Modi in der Nutzung der Zeit ausweisen. Entscheidungssysteme müssen, da sie selbst aufgrund ihrer Produkte (den Entscheidungen) die Dauer der Ressourcen (und damit die Dauer des betreffenden sozialen Systems) ermöglichen und sichern, die anerkannt fraglose Verfügbarkeit dieser Ressourcen voraussetzen und diese nutzen können. Für diese Nutzung, also die Herstellung von Entscheidungen nach einem festgelegten Verfahren (man könnte auch von einem eng umgrenzten, dichten und strikten Konditionalprogramm sprechen) ist *kein* unmittelbarer *sozialer Reflexionseinsatz* erforderlich. Der unmittelbare Ressourcenverbrauch ist daher vergleichsweise gering. Weil die Aktivitäten von Entscheidungssystemen keinen unmittelbaren Reflexionseinsatz erfordern, kann von ihnen gesagt werden, dass sie in einem strikten Sinne operativ geschlossene Systeme seien. Das entscheidende Merkmal dieser operativen Geschlossenheit ist demnach, dass jede Reflexion bezüglich der Entscheidungen in der Umwelt (ob soziale und/oder personale) der betreffenden Entscheidungssysteme stattfindet. Das heißt weiter, dass die Entscheidungssysteme selbst *keine interne soziale Umwelt* kennen[2], wenngleich sie stets zur internen Umwelt eines Stammsystems gehören; sie sind durch eine strikte Abfolge von Ereignissen bestimmt.

Dokumentiert wird diese operative Geschlossenheit durch strikte Exklusionsregeln bezüglich der Teilnahmerechte an den Entscheidungsverfahren und den Entscheidungsgegenständen. Diese Regeln ermöglichen und sichern einen Operationsmodus, der eine Geheimhaltung des Entscheidens impliziert, die auch dann erhalten bleibt, wenn das Entscheidungsverfahren öffentlich und somit öffentlich kontrollierbar ist und die einzelnen Entscheider ihre Entscheidung (ja/neinEntscheidung) öffentlich abgeben. Diese Implikation der Geheimhaltung wird bestätigt insofern, als die Aktualitätssysteme bei Anwendung identischer Exklusionsregeln denselben Operationsmodus ausweisen, und zwar dadurch, als sich jedenfalls kein für ihre soziale Umwelt bestimmbarer Reflexionseinsatz nachweisen lässt bzw. nachweisen lassen darf. Ansonsten würde offenbar, dass die strikte operative Geschlossenheit nicht eingehalten werden würde bzw. könnte. Ein solches Aktualitätssystem kann man zwar als ein Entscheidungssystem des fortdauernden Nichtentscheidens oder als ein Reflexionssystem des fortdauernden Nichtreflektierens bezeichnen, was heißt, dass es sich für die Umwelt um ein „Leersystem" handelt, das deshalb „leer" bzw. „geschlossen" ist, weil *kein sozialer* Operationsmodus in Gang gesetzt und in Gang gehalten wird. Es handelt sich um ein Aktualitätssystem, das zwar grundsätzlich aktivierbar ist, aber nicht als ein *soziales* aktiviert wird, und das insofern auf einen Stillstand verweist, als eine *soziale* Bedienung des Zeitmechanismus nicht erfolgt.

Ein solches „stillstehendes Aktualitätssystem" steht nur in Bezug auf sich selbst still, weil es kein Geschehen (keine Aktivitäten) ausweist; für die

---

[2] Das schließt selbstverständlich nicht aus, dass eine Person als Entscheidungssystem eine interne Umwelt kennt.

Umwelt jedoch ist der Stillstand aufgrund eigener Operationen (Aktivitäten) bestimmbar, und die Dauer dieses Stillstands kann danach sehr unterschiedlich ausfallen, je nach dem welche Relevanz die Bearbeitung der Referenz, an der das stillstehende System orientiert ist, hat. Jenes „stillstehende Aktualitätssystem" kann man als ein Potenzialsystem mit grundsätzlich zwei Ausprägungsmöglichkeiten auffassen; zum einen als Entscheidungssystem und zum anderen als Reflexionssystem. Auch wenn zu unterstellen ist, dass für jedes dieser *bivalenten* Potenzialsysteme prinzipiell eine Vielzahl an Ausprägungen sowohl an Entscheidungs- als auch Reflexionssystemen in Frage kommen kann, so bleibt doch festzuhalten: Der Operationsmodus von Entscheidungssystemen ist stets derselbe, nämlich strikt geschlossen und insofern Geheimhaltung implizierend; der Operationsmodus von Reflexionssystemen ist in hohem Maße variabel und flexibel, somit unterschiedlich ausgeprägt und Offenheit einfordernd, ohne deswegen die „Identität der Referenz" aufzugeben und ohne deswegen die Systemgrenzen aufzuweichen oder gar aufzuheben.

Ein Parlament z.B. fungiert als ein besonders exponiertes Deliberations- *und* Entscheidungssystems des gesellschaftlichen Teilsystems der Politik. Was auch immer auf der Tagesordnung zur Behandlung ansteht und abgearbeitet wird, das Parlament operiert stets *entweder* als ein Deliberations- *oder* als ein Entscheidungssystem, *niemals gleichzeitig* als Deliberations- *und* Entscheidungssystem. Wie auch immer das Entscheidungsverfahren im einzelnen geregelt ist und dementsprechend abläuft, der Operationsmodus des Entscheidungssystems fordert strikte operative Geschlossenheit ein und impliziert daraufhin Geheimhaltung, und zwar deshalb, weil zum einen die erwähnten strikten Exklusionsregeln gelten und weil zum anderen das Entscheiden als ein Entscheiden der je einzelnen Entscheider abläuft. Zusatzregeln, die zur Steuerung sozialer Mechanismen eingesetzt werden, etwa um den Fraktionszwang zu sichern, sind zwar förderlich für eine Steigerung der *sozialen Transparenz,* bestätigen aber andererseits das „Geheimnis" des Entscheidens. Wäre das nicht der Fall, wären das freie Mandat und letztlich die üblichen Entscheidungsverfahren aufgrund der erwähnten Exklusionsregeln nicht zu rechtfertigen. Entscheiden als „soziales Geheimnis" ist demnach – was überraschen mag – nicht nur Bedingung dafür, dass kollektive Entscheidungen überhaupt herbeigeführt werden können und müssen, sondern auch dafür, dass mit der zeitbindenden Funktion von Entscheidungen die Ressource „Gemeinsinn" referentiell reflektiert und genutzt werden kann.

Die wenigen Überlegungen zum Parlament als Reflexions- und Entscheidungssystem sollen zunächst nur darauf aufmerksam machen, dass ein Parlament als „Institution" ein Ressourcensystem darstellt, das sowohl für ein Entscheidungssystem (mit der Bezeichnung „Parlament") als auch für ein

Reflexionssystem (ebenfalls mit der Bezeichnung „Parlament") genutzt werden kann, und dass der Operationsmodus dieses Entscheidungssystems von dem des Reflexionssystems zu unterscheiden ist. Der entscheidende Unterschied besteht darin, dass der Operationsmodus des Entscheidungssystems eine strikte operative Geschlossenheit voraussetzt, während der Operationsmodus des Reflektierens eine operative Offenheit voraussetzt insofern, als es grundsätzlich darum geht, das vorhin erwähnte „soziale Geheimnis" des Entscheidens (Entscheidungsgeheimnis) aufzuhellen, zu kontrollieren und damit systemrational umgehen zu können. Diese operative Offenheit muss ermöglichen, die soziale Umwelt in der Weise in das jeweilige Reflexionssystem zu „integrieren", dass eine operative Einheit möglich wird, die die Systemreferenz des jeweiligen Stammsystems nicht aufhebt, sondern transformiert derart, dass diese operative Einheit als ein *verschränktes System* fungiert.

Verschränkte Systeme sind als „zusammengesetzte" Systeme zu denken, wenngleich die Teilsysteme keine ontischen Zustände ausweisen und keine ontischen Beschreibungen zulassen.[3] Solche verschränkten Systeme werden vorausgesetzt, um – ganz allgemein gesagt – die Unterscheidung zwischen dem potenziell Möglichen und dem zu einem *Zeitpunkt* Aktualisierbaren zu fassen. Im physikalischen Sinne (im Sinne der Quantenphysik) handelt es sich um Ganzheitssysteme, deren beide Teilsysteme aufgrund einer *komplementären* Wechselwirkung als miteinander verknüpft betrachtet werden. In diesem physikalischen Sinne kann man daher verschränkte Systeme als *bipotente* Systeme denken. Im Falle unserer Überlegungen zu sozialen Reflexionssystemen kann man – was zunächst einfach vorausgesetzt und im laufe der weiteren Überlegungen nach und nach expliziert wird – diese Systeme als *multipotente* Systeme denken, die durch die verschiedenen aktuellen Ausprägungen des Komplementaritätsverhältnisses der Teilsysteme ausgewiesen werden. Ohne nähere Erläuterungen kann man, weil unmittelbar einsichtig, voraussetzen, dass diese Auffassung verschränkter Systeme eine Orientierung am Input-/Outputmodell ausschließt. Weiterhin kann man voraussetzen, dass die Auffassung, nach der Reflexionssysteme als verschränkte Systeme zu betrachten seien, sich nicht der Figur des re-entry im Anschluss an Spencer Brown in der Fassung von Niklas Luhmann bedient.

Jene Auffassung verschränkter Systeme impliziert eine operative Einheit der jeweils beteiligten Teilsysteme, und zwar unter den Bedingungen einer *dreifachen* Referenz: der Referenz der jeweiligen Teilsysteme, der Referenz des betreffenden verschränkten Systems und der der Umwelt dieser Systeme. In allen Fällen handelt es sich – und das ist der entscheidende Punkt – um eine *Selbstreferenz*. Diese Selbstreferenz differenziert sich jedoch

---

[3] Vgl. dazu *Primas* (1984); *Bußhoff* (1990), S. 9–44.

nach Reflexionsebenen aufgrund systemischer Funktionen und insofern temporaler Bedingungen.

Verschränkte Systeme manifestieren sich – wie erwähnt – zum Zeitpunkt ihrer Aktualisierung. Ansonsten sind diese Systeme nicht fassbar. Ihre Aktualisierung ist zwar eine Aktualisierung einer Einheit von Teilsystemen, sie ist aber nur als Aktualisierung jeweils eines der Teilsysteme fassbar, wenngleich nicht grundsätzlich festgelegt ist, für welches das jeweils zutrifft. Die jeweilige Aktualisierung wird in Gang gesetzt durch Operationen in Systemen, für die die beteiligten Teilsysteme (der verschränkten Systeme) zur internen Umwelt gehören. Durch eine solche Aktualisierung wird erreicht, dass eine Gemeinsamkeit der Teilsysteme *gleichzeitig* aktualisiert wird. Diese Gemeinsamkeit aufgrund von Gleichzeitigkeit ist nicht nur Bedingung für eine wechselseitig Aktualisierung, also Bedingung dafür, dass die verschränkten Systeme ihre *Multipotenz* ausweisen können, sondern auch Bedingung dafür, dass diese Systeme Gemeinsamkeiten in der Zeitdimension, also eine *Multivalenz* in der Aktualisierung von Vergangenheit und Zukunft ausweisen können. Die besondere Problematik besteht darin, dass verschränkte Systeme selbst keinen Zeitüberschuss erzeugen und demnach auch nicht verbrauchen können. Daher können verschränkte Systeme nur insoweit aktualisiert werden, als Teilsysteme dafür Zeit zur Verfügung stellen. Insofern nutzen Teilsysteme jeweils die Zeit der anderen Teilsysteme (und umgekehrt), um über Teilsysteme verschränkte Systeme zu aktualisieren.

Diese Besonderheit der Aktualisierung von verschränkten Systemen durch deren Teilsysteme sichert die „Identität der Referenz" als Selbstreferenz, erfordert jedoch die erwähnte dreifache Ebenendifferenz. Die Referenz des Teilsystems eines verschränkten Systems ist und bleibt die Referenz des Stammsystems, wird aber aufgrund der Verschränkung ausgerichtet auf ein anderes Teilsystem. Insofern wird eine spezifizierte Reflexionsebene generiert. Aufgrund dieser Spezifizierung wird eine weitere möglich und eingefordert, nämlich die des verschränkten Systems als eine Einheit von Teilsystemen in der Perspektive jeweils eines der betreffenden Teilsysteme. Diese zweite Spezifizierung aktiviert über die Referenz des verschränkten Systems wieder die Referenz der beteiligten Stammsysteme, und insofern wird die Referenz der beteiligten Teilsysteme als interne Umwelt jener Stammsysteme reflektiert. Bei dieser internen Umwelt handelt es sich um deren Ressourcensysteme einerseits und deren Entscheidungssysteme andererseits.

Verschränkte Systeme im aufgezeigten Verständnis ermöglichen und fordern dazu heraus, das operative Geschehen eines sozialen Systems (eines Stammsystems) so auszurichten und zu gestalten, dass über die erwähnten Spezifizierungen solche Operationsbedingungen geschaffen werden, die für seine Reflexionssysteme die operative bzw. kommunikative Erreichbarkeit der externen Umwelt ermöglichen und sichern. Operative bzw. kommunikative Erreichbarkeit meint, anhand der Spezifizierungen der Referenz den Operationsraum von Reflexionssystemen so zu strukturieren und zu flexibilisieren, dass in einem jeweils spezifizierten Verständnis und insoweit eng umgrenzten Umfang und in zeitlich engen Grenzen die externe Umwelt „integriert" wird, also die externe Umwelt internalisiert wird, indem aufgrund von Verschiedenheiten eine gemeinsame Referenz vorausgesetzt wird. Grundsätzlich geht es um eine Einbeziehung der externen Umwelt durch Spezialisierung, so dass zwar grundsätzlich eine Ausdehnung des Operationsraumes erfolgt, dass aber die jeweiligen Operationen nur aufgrund und im Rahmen von Spezialisierungen geschehen. Der auf diese Weise zu erreichende Gewinn besteht daher in einer Vielzahl von solchen Spezialisierungen.

Ein Parlament – um das bereits benutzte Beispiel wieder zu verwenden – ist mit einer Vielzahl an institutionellen Vorkehrungen versorgt (Ausschüssen, Unterausschüssen, Spezialausschüssen, gemeinsame Sitzungen von Ausschüssen, Anhörungen usw.), um die Reflexionskapazität zu steigern[4]. Die betreffenden Aktivitäten sind dadurch gekennzeichnet, dass sie – wie verschieden auch immer ausgeprägt – eine allein schon durch die genutzte Zeit ausgewiesene Gemeinsamkeit hinsichtlich des Reflexionsgegenstandes und insbesondere des operativen bzw. kommunikativen Geschehens organisieren, die durch einen jeweiligen Beginn und ein jeweiliges Ende klar eingegrenzt wird. Bedingung hierfür ist Öffentlichkeit, und zwar eine *gemeinsame* Öffentlichkeit, die aufgrund von Verschränkungen hergestellt wird. Dadurch werden – und darauf kommt es an – die kommunikativen Beiträge der Teilnehmer wechselseitig wahrnehmbar, anschlussfähig und selektiv. Dabei kann es, wie z. B. Anhörungen des Parlaments bzw. von Parlamentsausschüssen belegen, zu einer Vielzahl und Vielfalt von verschränkten Systemen kommen. Ohne solche, durch Öffentlichkeit konstituierte Verschränkungen als Bedingung für soziale Reflexion müsste man das Parlament als ein soziales Reflexionssystem des „fortdauernden Nichtreflektierens" bezeichnen. Man könnte auch – analog zum Nichtentscheiden als ein Entscheiden – die Nichtöffentlichkeit (Ausschluss von Öffentlichkeit) als „Öffentlichkeit des Geheimen" kennzeichnen. Soziale Reflexion, insbesondere politische Reflexion ist also derart auf Öffentlichkeit angelegt, dass auch das Geheime öffentlich ausgelegt wird.

Dies gilt selbstverständlich auch dann, wenn z. B. ein Parlamentsausschuss „hinter verschlossenen Türen" tagt. Die durch Öffentlichkeit konsti-

---

[4] Für die Wählerschaft können eine entsprechende Spezialisierung und dementsprechende Bedingungen zur Steigerung einer umfassenden Reflexionskapazität nicht unterstellt werden.

I. Zeitverhältnisse der Politik

tuierte Verschränkung manifestiert sich nicht nur durch die Mitgliedschaften in verschiedenen Parteien und Fraktionen, sondern auch dadurch, dass über die durch die Mitgliedschaften eingegrenzte Öffentlichkeit hinaus diese in Rücksicht auf eine allgemeine Öffentlichkeit reflektiert und somit begrenzt wird. Als Konstitutionsgrenze für diese Öffentlichkeit kann man in Rücksicht auf Mitgliedschaften ganz allgemein die Mitgliedschaft in einer Gesellschaft annehmen. In Rücksicht auf eine allgemeine Öffentlichkeit bestehen die Verschränkungen darin, dass für diese Öffentlichkeit über die erwähnte allgemeine Mitgliedschaft hinaus keine konkreten Mitgliedschaften vorausgesetzt werden, was aktuelle Orientierungen auf konkrete Mitgliedschaften nicht nur nicht ausschließt, sondern vielfach impliziert.

Eine besondere Problematik stellt sich ein, wenn es darum geht, die Mitgliedschaft in einer Gesellschaft vorauszusetzen und daraufhin Reflexions- *und* Entscheidungssysteme zu aktualisieren. Zur Vereinfachung sei angenommen, dass die Mitgliedschaft durch die Exklusionsregeln für den Status des Wahlbürgers und für das Entscheidungsverfahren des Plebiszits gemäß den Exklusionsregeln der einfachen Mehrheitswahl (und der üblichen sonstigen Verfahrensregeln) bestimmt sei. In solchen Fällen kann zwar von Entscheidungssystemen mit strikter operativer Geschlossenheit die Rede sein. Fraglich ist jedoch, wie für diese Entscheidungssysteme operative Offenheit im Sinne verschränkter Systeme als möglich und gesichert vorausgesetzt werden kann. Die Grundfrage in diesem Zusammenhang ist die nach dem Verhältnis von allgemeiner Öffentlichkeit zu einer Vielzahl partikulärer und somit spezifischer Öffentlichkeiten. Diese Frage stellt sich deshalb, weil nach den bisherigen Überlegungen *alle* verschränkten Systeme, die sich auf der Grundlage von Mitgliedschaften der Wähler konstituieren (welche Wählerkonstellationen sich dabei auch immer ausbilden mögen), eine externe Umwelt „integrieren" (internalisieren) müssten, die entweder als eine interne Umwelt vorauszusetzen wäre (demnach Verschränkungen gar nicht ermöglichen würden) oder als eine externe Umwelt, die nicht „integriert" (internalisiert) werden könnte (demnach ebenfalls Verschränkungen auszuschließen wären). Demzufolge könnte auch keine Selbstreferenz durch Verschränkungen im vorhin aufgezeigten Verständnis bedient werden. Damit ist aufgezeigt, aufgrund welcher Bedingungen *Fremdreferenzen* bedient werden.

Wie erwähnt, geht es um das Verhältnis von allgemeiner Öffentlichkeit und partikulären Öffentlichkeiten. Wenn Öffentlichkeit, d.h. partikuläre und insofern spezifische Öffentlichkeit, Bedingung für die Konstitution verschränkter Systeme ist (also Bedingung dafür, dass trotz Verschränkung Selbstreferenz und nur Selbstreferenz bedient werden kann bzw. wird), dann ist allgemeine Öffentlichkeit Bedingung dafür – so die These –, dass auch Fremdreferenzen bedient werden können bzw. werden. Aufgrund von allgemeiner Öffentlichkeit wird eine externe Umwelt beobachtbar und insofern selektiv, und daraufhin kann ein soziales System Reflexivität ausbilden, und zwar unter der Bedingung strikter operativer Geschlossenheit, also unter der Bedingung, entscheiden zu müssen, ohne dazu eine Selbstreferenz ausbilden bzw. bedienen zu können. Im Falle unseres Beispiels (Entscheiden der Wähler durch ein Plebiszit) heißt das, dass zwar alle Wählerinitiativen und Wählerbündnisse je für sich als Stammsysteme fungieren könnten (also auch eigene Entscheidungs- und Reflexionssysteme unter der Bedingung verschränkter Systeme zur Bedienung von Selbstreferenz ausbilden könnten), aber in Rücksicht auf das Entscheidungssystem des Plebiszits alle Wählerkonstellationen stets „nur" Fremdreferenzen bedienen könnten bzw. bedienen.

Die Bedienung dieser Fremdreferenzen beschränkt sich, da verschränkte Systeme dafür nicht konstituiert werden können, auf zwei Reflexionsebenen. Sofern Wählerkonstellationen als Wählerinitiativen und Wählerbündnisse auch eine Selbstreferenz bedienen, also verschränkte Systeme als Reflexionssysteme einsetzen können, verfügen sie über eigene Ressourcensysteme. Dies ist ein Beleg dafür, dass sie als Stammsysteme fungieren und dass ihr Verhältnis zueinander durch Konkurrenz gekennzeichnet ist. Wählerkonstellationen *ohne* eigene Ressourcensysteme entstehen und vergehen spontan *und* zufällig, aber nicht beliebig. Sie nutzen die allgemeine Öffentlichkeit (als umfassende Systemgrenze) als Ressource zur Orientierung, um auf diese Weise die Zeitdimension einfangen zu können. Dadurch gerät Umwelt als Fremdreferenz in das Beobachtungsfeld. Ein solches Beobachtungsfeld ist und bleibt für Wählerkonstellationen ohne Ressourcen unübersichtlich und diffus. Insofern handelt es sich um eine Reflexionsebene, woraufhin keine operativen Grenzen ausgemacht werden können. Sie ist aber Bedingung dafür, dass Aktualisierungen von Wählerkonstellationen aufgrund von partikulären Öffentlichkeiten Fremdreferenzen überhaupt wahrnehmen und reflektieren können. Das heißt, auf diese Weise können jene Wählerkonstellationen ihre Umwelt – es kann sich nur um eine externe Umwelt handeln – wahrnehmen und dadurch unterstellen, dass sie für ihre Umwelt (Regierungen, Parteien, Interessenverbände, Medien usw., aber auch Freundeskreise, Arbeitskollegen usw.) als relevante Orientierungen in Betracht kommen. Die Reflexivität solcher Wählerkonstellationen besteht darin, dass ihre Mitglieder je für sich unterstellen können, aufgrund ihrer eigenen Orientierungen von der Umwelt als eine Einheit – allgemein: als ein jeweils einheitliches Stimmenpotenzial – zugerechnet zu werden.

Diese Art von *sozialer* Reflexivität verweist auf einen Operationsmodus, der wegen seiner *ausschließlichen* Öffentlichkeitsorientierung eine hermetische Geschlossenheit voraussetzt. Demnach handelt es sich um eine Reflexivität, die sich *außerhalb* der jeweiligen Wählerkonstellationen abspielt.

Daraus folgt, dass solche Wählerkonstellationen selbst in keiner Weise eine eigene soziale Reflexivität ausbilden, sie also im strikten Sinne als *außengeleitet* zu kennzeichnen sind. Die „Operationen" solcher Wählerkonstellationen bleiben verborgen; sie sind ein striktes soziales Geheimnis. Solche Wählerkonstellationen sind dennoch unterstellbar, allein schon deshalb, weil sich für das Entscheidungs- bzw. Stimmverhalten der Mitglieder der Wählerschaft eine Differenzierung in verschiedene Teileinheiten nachweisen lässt. Wenn sich deswegen nun doch für solche Wählerkonstellationen eine eigene Reflexivität und folglich ein darauf ausgerichteter Opperationsmodus unterstellen lässt, so ist sie – wie angedeutet – als eine zufällige und spontane zu unterstellen, die deshalb möglich wird, weil die „Mitglieder" solcher Wählerkonstellationen ein einheitliches Entscheidungs- bzw. Stimmverhalten zeigen. Die Reflexivität, die dabei vorauszusetzen ist, ist als eine ausschließlich *individuelle* Reflexivität der betreffenden „Mitglieder" zuzurechnen, die zufälligerweise und spontan eine einheitliche *soziale* Aktivität (nämlich ein einheitliches Entscheidungs- bzw. Stimmverhalten) bewirkt. Wahlforscher versuchen diesem „sozialen Geheimnis" auf die Spur zu kommen, indem sie etwa einen radikal reduktionistischen Ansatz mit universellem Anspruch auf der Grundlage strikter individueller Rationalitätskalküle zugrunde legen und strikt anwenden.[5]

Die soziale Gleichzeitigkeit, die durch Wählerkonstellationen erzeugt wird, ist eine Gleichzeitigkeit, die sich ausschließlich durch das einheitliche Entscheidungs- bzw. Stimmverhalten ausdrückt. Das ist aber nichts Spezifisches, da diese Gleichzeitigkeit wegen des Abstimmungsverfahrens für das Entscheidungs- bzw. Stimmverhalten *aller* Mitglieder der Wählerschaft zutrifft. Demzufolge ist eine *soziale* Gleichzeitigkeit im Sinne einer *gemeinsamen* Nutzung von Zeit für Reflexionen nicht unterstellbar. Da es sich – wie erwähnt – um eine Reflexivität außerhalb solcher Wählerkonstellationen handelt, also um eine solche *über* solche Wählerkonstellationen, kann auch dafür keine eigene Gleichzeitigkeit unterstellt werden. In formelhafter Verkürzung kann daher festgehalten werden: Soziale Systeme können Zeit nur dann im Modus der Gleichzeitigkeit nutzen, wenn sie Reflexionssysteme als verschränkte Systeme ausbilden, also eine operative Offenheit unter der Bedingung einer strikten Bedienung der Selbstreferenz pflegen. Diese Gleichzeitigkeit ist Bestandsbedingung. Wählerkonstellationen im aufgezeigten Verständnis erfüllen diese Bestandsbedingung nicht.

Werden solche Wählerkonstellationen als soziale Systeme besonderer Art aufgefasst, nämlich als soziale Systeme, die durch Zufälligkeit, Spontaneität und Fluidizität gekennzeichnet sind und die über keine eigenen Ressourcen-

---

[5] Diese Betrachtungsweise verweist auch auf eine operative Geschlossenheit der Wissenschaft.

und Reflexionssysteme verfügen, aber dennoch über Fremdreferenzen (also von außerhalb zugeschriebenen Referenzen) Gegenstand von Reflexionssystemen sein können, stellt sich die Frage nach den Reflexionssystemen erneut. Da die Bedienung jener Fremdreferenzen nur über Bedienungen von Selbstreferenzen unter der Voraussetzung verschränkter Systeme möglich sein kann, kann zwar über die Wahrnehmung und Zurechnung von Fremdreferenzen eine Gemeinsamkeit hergestellt werden, jedoch gibt es wegen der Verschränkung der beteiligten Systeme in jedem Falle zwei Versionen der Fremdreferenzen durch die Bedienungen. Das ist deshalb der Fall, weil die Umwelt, die durch die Fremdreferenzen ausgewiesen wird, durch verschränkte Systeme prinzipiell nicht „integriert" (internalisiert) werden kann. Die Bedienung der Fremdreferenzen wird dann dadurch ausgewiesen, dass die Gleichzeitigkeit, die durch verschränkte Systeme hergestellt und genutzt werden kann bzw. wird, ausgeschaltet (also Ungleichzeitigkeit eingeführt) und dadurch jeweils wechselseitig operativ nicht zugänglich wird. Das vorhin kurz umschriebene „operative Geheimnis" wird auf diese Weise „internalisiert", was Bedingung dafür ist, dass verschränkte Systeme sich in der erwähnten Begrenzung überhaupt operativ mit Fremdreferenzen beschäftigen können.

Diese Begrenzung einer operativen Beschäftigung mit Fremdreferenzen durch verschränkte Systeme verweist darauf, dass auch die komplementäre operative Offenheit einer Begrenzung unterliegt, der Begrenzung durch die betreffende Komplementarität. Das heißt, die durch Verschränkung erzeugte operative Offenheit kennzeichnet zugleich ihre Geschlossenheit. Das gilt auch unter der Voraussetzung, dass ein Stammsystem mit einer Vielzahl anderer Stammsysteme solche Verschränkungen eingeht und unterhält. Der durch Verschränkungen erzeugte und begrenzte Operationsraum, der über den Operationsmodus der komplementären Offenheit genutzt wird, kann die Umwelt jeweils nur aufgrund der betreffenden Komplementarität „integrieren", und somit kann wechselseitig eine Fremdreferenz als Selbstreferenz bedient werden. Autopoiese als Mechanismus der Autonomie sozialer Systeme setzt genau hier an.

Wie bereits kurz dargelegt, ist Verschränkung sozialer Systeme (als Reflexionssysteme) Bedingung für das Entstehen sozialer Systeme (Stammsysteme). Die Autonomie dieser sozialen Systeme ist dadurch gekennzeichnet, dass verschränkte Systeme über verschiedene, je eigene Entscheidungs- und Ressourcensysteme ihrer Stammsysteme verfügen. Ihre Autonomie besteht darin, die Einheit von Stammsystemen unterhalten und aufrecht erhalten zu können. Der Mechanismus der Autopoiese leistet genau dies. Wenn generell gilt, dass die autopoietische Organisation durch „viele verschiedene Klassen von Bestandteilen verwirklicht werden" kann[6], so gilt speziell für soziale Systeme, dass sich ihre Autonomie in der Reproduktion von Aktualitätssystemen der Reflexion und Entscheidung manifestiert. Diese Reproduktionsfähigkeit ist Bedingung für Verschränkungen und somit auch Bedingung für das Entstehen sozialer Systeme. Die Frage, die sich hier anschließt, ist, welche weiteren, d.h. spezifischen Bedingungen gegeben sein müssen, damit jenes auch geschieht.

Auf eine besondere Problematik im Zusammenhang der Frage nach der Autonomie sozialer Systeme verweist wiederum das Beispiel des Plebiszits als Entscheidungssystem. Diese Problematik stellt sich, weil – ungeachtet der Problematik der Altersgrenzen – die Mitgliedschaft total ist, also die Exklusionsregel als eine allumfassende Inklusionsregel fungiert. Weil keine „Integration" (Internalisierung) mit einer externen Umwelt aufgrund verschränkter Systeme möglich ist, kann die Wählerschaft nicht als ein soziales Stammsystem fungieren. Ihr fehlt die Fähigkeit zur Ausbildung eigener Reflexionssysteme. Folglich kann ihr auch das Entscheidungssystem des Plebiszits nicht zugerechnet werden. Der Wählerschaft fehlt die Autonomie bzw. Reproduktionsfähigkeit eines sozialen Systems. Das Entscheidungssystem des Plebiszit muss dennoch zurechenbar sein. Als ein Entscheidungssystem des politischen Systems kann es sehr wohl Reflexionssysteme orientieren, insbesondere solche, die wie Wählerinitiativen und Wählerbündnisse über eigene Organisationen verfügen. Die Tatsache jedoch, dass Wählerkonstellationen *ausschließlich* über Fremdreferenzen fassbar sind, belegt, wieso die Wählerschaft als Entscheidungssystem des politischen Systems im Unterschied zum Parlament nicht als ein Stammsystem fungieren kann. Der Wählerschaft mangelt es im Unterschied zum Parlament nicht nur an der Fähigkeit zur Reproduktion, sondern auch der Fähigkeit zur Selbstbeschreibung.

Die entscheidende Differenz hierfür ist die zwischen operativer Geschlossenheit und operativer Offenheit (unter der Bedingung von Verschränkungen). Etwa „Volk" als Selbstbeschreibung der Wählerschaft zu unterstellen, um so die operative Offenheit und in Konsequenz die Fähigkeit zur Reproduktion und Selbstbeschreibung, also die Eigenschaft eines Stammsystems, behaupten zu können, ist abwegig. Allerdings wird „Volk" als Fremdreferenz genutzt, was Verschränkungen voraussetzt; dabei bleibt jedoch ausgeschlossen, dass Selbstreferenz und Selbstbeschreibung der Wählerschaft fassbar werden. Wenn daher die Referenz „Volk" genutzt wird, so geschieht das mit der Implikation, *Verschiedenheiten* auszuweisen in Rücksicht auf die allgemeine Öffentlichkeit. Insofern werden mit solchen Nutzungen auch unterschiedliche Ansprüche reklamiert, z.B. von Parteien und Parlamenten, die Wählerschaft zu repräsentieren. Durch solche Nutzungen jener Referenz wird belegt, dass die Ansprüche von Parteien und auch von Parlamenten

---

[6] *Maturana/Varela* (1987), S. 56.

auf Repräsentanz schon von der zeitlichen Dimension her als höchst fragwürdig zu kennzeichnen sind.

Solche Referenznutzungen belegen auch, dass Selbstbeschreibungen nur dann und nur insofern gelingen können, als – verkürzt gesagt – operative Offenheit durch Verschränkung gelingt. Das impliziert, dass, da ein Stammsystem stets mehrere solcher Verschränkungen unterhält, wenn jene Offenheit als Fähigkeit Bestand haben soll, ein Stammsystem wegen der Verschiedenheiten zwangsläufig auch seine Selbstbeschreibungen jeweils überprüft, neu bestimmt und insofern auch verändert bzw. *variiert*. Das politische System als *gesellschaftliches Teilsystem* verfügt zwar über Entscheidungssysteme (so über Parlamente als Entscheidungssysteme und über Plebiszite) zur Bedienung seiner Funktion, nämlich der Herstellung gesamtgesellschaftlich verbindlicher und bindender Entscheidungen, aber nicht über ein Reflexionssystem, das über alle Variationen hinweg eine *einheitliche* Selbstbeschreibung des politischen Systems sichert. Insofern unterscheiden sich jene Entscheidungssysteme grundlegend in ihrer Zuordnung zu Stammsystemen. Während ein Parlament als Entscheidungssystem dem Parlament als Institution – wie erläutert – als einem besonderen und spezifischen und insofern bestimmten Stammsystem zugeordnet ist, gibt es für Plebiszite als Entscheidungssysteme keine derartigen Zuordnungen. Das heißt nicht nur, für die Bedienung der gesamtgesellschaftlichen Entscheidungsfunktion können verschiedene Systeme ausgebildet werden, sondern auch, die Zuordnungen von Reflexionssystemen zu den Entscheidungssystemen können sehr verschieden sein und damit insgesamt die Verteilungen von Stammsystemen mit deren Ressourcenausstattungen. Im Falle des Entscheidungssystems „Plebiszit" heißt das, die Zuordnung bezieht sich, da dieses Entscheidungssystem als ein gesamtgesellschaftliches Entscheidungssystem über *kein eigenes* Reflexions- und Ressourcenssytem verfügt, auf die Gesamtgesellschaft. Da die Ebene der gesellschaftlichen Reflexions- und Ressourcensysteme mit der Ebene der gesellschaftlichen Teilsysteme „beginnt" und „endet", werden also zunächst für diese Ebene Stammsysteme unterstellt werden können. Das heißt nicht, die gesellschaftlichen Teilsysteme würden dennoch in der Zuordnung zum Entscheidungssystem des Plebiszits als Stammsysteme fungieren können. Das gilt auch für das politische System.

Damit ist zunächst gesagt, dass in allen gesellschaftlichen Teilsystemen Reflexionssysteme mit entsprechenden Ressourcensystemen und mit ausschließlicher Ausrichtung auf das Entscheidungssystem „Plebiszit" ausgebildet werden können, also dadurch dieses Entscheidungssystem als ein gesamtgesellschaftliches Entscheidungssystem mit einer Vielzahl und Vielfalt an gesellschaftlichen Stammsystemen ausgewiesen wird. Insofern wird dadurch auch ein Sonderstatus des politischen Systems ausgewiesen. Dieser besteht darin, dass *ausschließlich* das politische System jene gesamtgesellschaftliche Entscheidungsfunktion auch über andere Entscheidungssysteme (z. B. Parlamente) bedienen kann und dafür eigene Stammsysteme ausbildet. Insofern markiert das politische System eine klare Grenze gegenüber der Gesamtgesellschaft.[7]

Dieser Sonderstatus des politischen Systems belegt, dass nur dem gesellschaftlichen Teilsystem der Politik die Kompetenz zugerechnet wird, das gesamtgesellschaftliche Wohl (das Gemeinwohl) adäquat zu thematisieren und zu reflektieren und diese Kompetenz mit einer eigenen Entscheidungskompetenz auszustatten.[8] Dieser Sonderstatus schließt nicht aus, sondern impliziert, dass in *allen* gesellschaftlichen Teilsystemen Gemeinwohl Gegenstand von Reflexionen sein kann (was in der Regel auch der Fall ist), dies aber aufgrund von Verschränkungen zwangsläufig jeweils nur als ein partikuläres Gemeinwohl fassbar ist. Damit ist weiterhin impliziert, dass *alle* derartigen Thematisierungen bzw. Ausrichtungen von Reflexionssystemen auf das Entscheidungssystem „Plebiszit" das „allgemeine Gemeinwohl" nicht reflektieren können. Der Sonderstatus des politischen Systems äußert sich also in der Funktionszuweisung an das politische System, nicht nur das „allgemeine Gemeinwohl", sondern wie jedes andere gesellschaftliche Teilsystem auch zwangsläufig partikuläre Gemeinwohlauffassungen zu thematisieren und zu reflektieren.[9]

Für diesen Sonderstatus des politischen Systems gilt in besonderer Weise die in der Einleitung zitierte Feststellung „Aller Anfang ist paradox". Mit diesem Anfang ist hier die funktionale Differenzierung der Gesellschaft gemeint.[10] Das Paradoxon besteht in einer *Politisierung* der Gesellschaft durch *Entpolitisierung,* nämlich durch die Etablierung eines Funktionssystems der Politik in einer Ursprungsgesellschaft als einer politischen Gesellschaft. Bedingung hierfür ist insofern Gesellschaft als eine bestimmte und insofern reflektierbare Gesellschaft. Jede Gesellschaft war von Anfang an und wird es als eine Gesellschaft „in der Zeit" durchgehend bleiben eine *politische* – und insofern bestimmte – Gesellschaft.[11] Die Erläuterungen zum Entscheidungssystem des Plebiszits sollen lediglich illustrieren, dass Gesellschaften mit parlamentarischen Demokratien ohne solche Entscheidungssysteme einen Status der Entpolitisierung pflegen, der dazu zwingt,

---

[7] Damit wird auf die Unterscheidung Politik/Antipolitik verwiesen.

[8] Inwiefern z. B. das Bundesverfassungsgericht ein hiervon zu unterscheidendes, ausschließlich juristisch bestimmtes Gemeinwohl unterstellt, muss hier offen bleiben.

[9] Vgl. dazu *Bußhoff* (2001).

[10] Ob allerdings *Luhmann* diese Zuordnung akzeptieren könnte, ist höchst fragwürdig.

[11] Vgl. dazu *Bußhoff* (1993).

44   I. Zeitverhältnisse der Politik

den einzelnen Entscheidern des politischen Systems die Verantwortung für das Gemeinwohl zuzurechnen. Der einzelne Bürger jedoch ist in Rücksicht auf das Gemeinwohl für seine Beteiligung am Entscheidungssystem des Plebiszits prinzipiell „verantwortungslos". Darauf läuft letztlich die Argumentation hinaus, die die Einrichtung von Plebisziten verwirft.[12]

Eine solche Argumentation kann das Paradoxon Politisierung/Entpolitisierung als Anfangsbedingung – und somit Bestandsbedingung – der funktionalen Ausdifferenzierung der gesellschaftlichen Disziplin der Politik jedoch nicht fassen. Sie fundiert das Soziale als individuell-persönliche Umwelt der Gesellschaft und insofern auch der Umwelt aller sozialen Systeme der Gesellschaft. Dies impliziert, anthropologische Grundkonstanten vorauszusetzen, nämlich, dass die Menschen, jedenfalls was ihr Entscheidungsverhalten bei Plebisziten anlangt, sich von ihren schlechten Eigenschaften leiten lassen. So ist z. B. nach Offe das „wichtigste Argument" gegen eine plebiszitär-demokratische Öffnung der repräsentativen Demokratie „deren demoralisierende Wirkung auf die Wahlbürger", so dass jedenfalls bei Sachreferenden das „jeweils ‚schlechtere Ich' des Bürgers" hervorgekehrt werde.[13] Wenn – so Offe – letztlich die „Geheimsphäre der Wahlkabine" Bedingung für die „unwiderstehliche Versuchung" ist, dass das „schlechtere Ich" des Bürgers sich durchsetzt, muss man Politikern als Entscheidern den Status von Bürgern mit besonderen moralischen Fähigkeiten zuerkennen. Ansonsten wäre zu unterstellen, Politiker würden bei offener Stimmabgabe ein noch „besseres Ich" als bei geheimer Stimmabgabe hervorkehren. Die naheliegende Frage wäre dann, ob diese Differenz nicht auch auf ein „schlechteres Ich" des Politikers verweisen würde.[14] Als großes Rätsel bleibt jedenfalls: Wie ist es möglich, dass aus der Masse der Bürger stets die hervortreten, die sich als Politiker mit jenen besonderen moralischen Fähigkeiten, einem „besseren Ich", auszeichnen?

Unterstellt man jene Anfangsbedingung der funktionalen Ausdifferenzierung der gesellschaftlichen Disziplin der Politik, hat man implizit mit unterstellt, dass diese Anfangsbedingung auch Anfangsbedingung für die funktionale Ausdifferenzierung *aller* anderen gesellschaftlichen Teildisziplinen ist.[15] Generell heißt das: Diese Anfangsbedingung ist Anfangs- und Bestandsbedingung für die Versozialisierung der Sozialressource *Gemeinsinn* als Ressource aller sozialen Systeme. Speziell heißt das: Sie ist Anfangs-

---

[12] Vgl. dazu *Rüther* (1996) (insbesondere Einführung); *Offe* (1998).
[13] *Offe* (1998), S. 87.
[14] Ansonsten könnte unterstellt werden, Politiker würden bei „offener Stimmabgabe" ein noch „besseres Ich" als bei geheimer Stimmabgabe einsetzen.
[15] Damit ist unterstellt, dass von „Anfang an" eine entsprechende Funktion bedient wird. Insofern ist auch klargestellt, dass die übliche Unterscheidung zwischen segmentärer und funktionaler Differenzierung hier nicht greift.

und Bestandsbedingung für die Ausprägung der Ressource Gemeinsinn als *Bürgersinn*. Jedoch, dieser Bürgersinn muss gepflegt werden.

Grundlegend hierfür ist, den Bürger – im Unterschied zum Politiker – nicht unter einen Generalverdacht zu stellen, nämlich dass er sich in seinem Entscheidungsverhalten von seinen schlechten Eigenschaften leiten lasse. Die Voraussetzung einer Verleitbarkeit von ausschließlich schlechten *oder* ausschließlich guten Eigenschaften von Menschen hat stets in die Irre geführt. Wenn es um die Qualität bzw. Substanz politischer Entscheidungen geht, muss für unsere Überlegungen unter der Voraussetzung einer prinzipiell *gleichen* Kompetenz *aller* Bürger auf die Bedingungen besonders geachtet werden, die den Sozialmechanismus des Entscheidens als Nutzung des Zeitmechanismus ausweisen. In diesem Kontext stellt sich die Frage nach den Bedingungen für die Teilnahme an politischen Entscheidungen. Dabei geht es zunächst darum, sich mit der Frage nach dem Umgang von Gesellschaft und Politik mit der Zeit näher zu befassen: Wie operieren Gesellschaft und Politik, wenn sie die Zeit als Ressource nutzen?

II. Sozialoperationen der Gesellschaft als Zeitoperationen

Vorbemerkung

Ansatzpunkt für unsere weiteren Überlegungen ist die bereits kurz umschriebene Spezifizierung des Satzes: „Aller Anfang ist paradox". Die Spezifizierung besteht in der Feststellung, dass dieser Anfang Bestandsbedingung der funktionalen Differenzierung der Gesellschaft ist und sich durch den Mechanismus Entpolitisierung/Politisierung auszeichnet. Dieser Sozialmechanismus wirkt zugleich als ein Zeitmechanismus. Die Wechselwirkung der Systemisierung von Sozial- und Zeitmechanismus ermöglicht, die Sozialressource „Gemeinsinn" zu versozialisieren, die Zeitressource „Zeit" zu verzeitlichen und aufgrund ihrer wechselwirkenden Systemisierung zu nutzen und dadurch eine Nachhaltigkeit an Dauerpräsenz einzurichten und zu etablieren.

Diese Nachhaltigkeit ist grundsätzlich durch zwei Ausprägungen gekennzeichnet, nämlich durch eine strukturorientierte einerseits und eine prozessorientierte andererseits. Als typische Ausprägungen können die Politik der Gesellschaft einerseits und die Wirtschaft der Gesellschaft andererseits gelten. Insofern ist die Ausdifferenzierung von Politik *und* Wirtschaft als funktionale gesellschaftliche Teilsysteme als eine Folge der Etablierung des erwähnten Sozialmechanismus und seiner Wechselwirkung „mit sich selbst" als ein Zeitmechanismus zu begreifen. Dabei ist eine Priorität der Politik zu unterstellen insoweit, dass als Bedingung für die Ausdifferenzierung eine „politische Gesellschaft" vorauszusetzen ist, und zwar deshalb, weil nur dann von einer Gesellschaft die Rede sein kann, einer Gesellschaft, die dadurch bestimmt ist, dass die Sozialressource „Gemeinsinn" genutzt wird und genutzt werden kann, *ohne* deswegen auf eine *Systemreferenz* rekurrieren bzw. einen *Systemzwang* voraussetzten zu müssen. Diese Feststellung ist von entscheidender Bedeutung. Mit ihr ist ein Ansatz für eine Erklärung gefunden, wieso soziale Systeme (also auch die Gesellschaft) – zur Verwirrung vieler – nicht aus Individuen bestehen, sondern aufgrund *evolutionärer* Bedingungen Individuen zwingend zur Umwelt, zur *externen* Umwelt sozialer Systeme gehören.[1]

---

[1] Genau diesen Sachverhalt hat *Luhmann* nicht überzeugend thematisiert.

Versozialisierung der Sozialressource „Gemeinsinn" bedeutet eine Entindividualisierung des Individuums (bzw. seine Versozialisierung) im Sinne einer Abstraktion und Verallgemeinerung, so dass das Individuum stets gefordert ist, sich auf soziale Systeme zu orientieren, *ohne* je als Individuum Teil eines dieser Systeme sein zu können. Diese Entindividualisierung bzw. Versozialisierung des Individuums steht in Wechselwirkung mit einer Entzeitlichung des Individuums im Sinne der Zurechnung von *allgemeinen* (universellen) Individualrechten, so dass das Individuum als Träger von Individualrechten „über die Zeit hinweg" sich gegenüber sozialen Systemen orientieren und daraufhin handeln kann, *ohne* je als Individuum Teil der Eigenzeiten sozialer Systeme sein zu können. Insofern erfasst die Entzeitlichung des Individuums aufgrund seiner Versozialisierung zugleich auch eine Verzeitlichung.

Jene Entindividualisierung (bzw. Versozialisierung und Verzeitlichung) des Individuums bedeutet zugleich eine Individualisierung (Entsozialisierung und Entzeitlichung) in dem Sinne, dass das Individuum als Träger von Individualrechten individuell in freier Eigenverantwortung diese Rechte nutzen kann und nutzt, also auf diese Weise sich als Individuum erlebt und entsprechend handelt. Bedingung für diese Individualisierung des Individuums ist eine Verzeitlichung der „Zeit des Individuums" im Sinne einer „je eigenen Eigenzeit", einer Entzeitlichung der „sozialen Zeit" bzw. einer Entsozialisierung der versozialisierten Zeit des Individuums. Was gegenwärtig unter den Stichworten der Individualisierung und Eigenverantwortung des Bürgers diskutiert und empfohlen wird, ignoriert – von marginalen Überlegungen abgesehen – die Zeitdimension.

Ebenfalls vernachlässigt wird die Zeitdimension im Zusammenhang der Erörterungen zum Ehrenamt und gemeinwohldienlichen Aktivitäten der Bürger. Typischerweise werden entsprechende Erwartungen und Anforderungen an die Bürger von Politikern vorgetragen, insbesondere von solchen Politikern, die herausragende Ämter innehaben. Ebenso typisch ist, dass dabei die Frage der Anerkennung der Leistungen des Ehrenamtes bzw. gemeinwohldienlicher Aktivitäten – von Auszeichnungen wie Bundesverdienstkreuz und verschiedenen Verdienstmedaillen abgesehen – sehr rasch auf die Frage reduziert wird, wie eine materielle Honorierung den Anreiz für solche Tätigkeiten fördern könne. Vorausgesetzt wird, dass solche Tätigkeiten in der *Freizeit* ausgeführt werden und es demzufolge ausreiche, wenn das Entgelt als eine eher symbolische Anerkennung fungiert. Politiker als Politiker sind dagegen „von Beruf" dem Gemeinwohl verpflichtet. Demnach ist es für Politiker – und auch weithin für die Öffentlichkeit – selbstverständlich, dass Politik als *Beruf* aufgefasst und demzufolge eine angemessene Bezahlung (als Gehalt) einzufordern ist. Ein Teil der Politiker ist ohnehin „stets im Dienst".

Die zunehmende Hinwendung zum und die zunehmende Inanspruchnahme des Ehrenamtes und die zunehmenden Forderungen zur Wahrnehmung von Eigenverantwortung des Bürgers kann man unterschiedlich auffassen und interpretieren. Man kann z. B. von einer Überforderung von Politik und Politikern oder/und einer Stärkung des Bürgerstatus sprechen. Entscheidend für unsere Überlegungen ist, dass der Mechanismus der Entpolitisierung/Politisierung wirksam ist. Die erwähnten Veränderungen sind dann – allgemein gesagt – zu beschreiben als eine Entpolitisierung der Politik und eine Politisierung der Gesellschaft als einer Politisierung des Bürgers (der „Gesellschaftsform des Individuums").[2] In einem noch umfassenderen Verständnis könnte man sagen, dass es um die Ausgestaltung des Verhältnisses von Politik und Antipolitik geht.[3] Dieses Verhältnis kennzeichnet eine weitere zu der bereits kurz umschriebenen (nämlich der Differenz von sozialem System und Umwelt) evolutionären Grundbedingung einer Gesellschaft. Das heißt – was mit anderen Worten bereits ebenfalls kurz umschrieben wurde –, dass eine Gesellschaft erst dann den Anfang einer funktionalen Ausdifferenzierung setzen kann, wenn sie über den Mechanismus der Entpolitisierung/Politisierung die Politik der Gesellschaft systemisiert, und dass die Wirksamkeit dieses Mechanismus Bestandsbedingung der Gesellschaft, also auch des politischen Systems und anderer gesellschaftlicher Teilsysteme ist.

Der Sozialmechanismus der Entpolitisierung/Politisierung wirkt zwangsläufig auch als ein Zeitmechanismus. Gemeint ist diesmal der Mechanismus, der für das Umstellen und Umschalten von einer strukturorientierten Nachhaltigkeit von Dauerpräsenz auf eine prozessorientierte (und umgekehrt) sorgt. Dieser Mechanismus ist seiner Grundtendenz nach auf eine *Dominanz* einer strukturorientierten Nachhaltigkeit von Dauerpräsenz ausgerichtet. Wenngleich diese Ausrichtung Anfangs- und Bestandbedingung ist, so ist nicht ausgeschlossen, sondern impliziert, dass die aktuelle Dominanz eine prozessorientierte Nachhaltigkeit von Dauerpräsenz ausweisen kann.

Die Wechselwirkung des Sozialmechanismus Entpolitisierung/Politisierung „mit sich selbst" als Zeitmechanismus weist ihn als Mechanismus der Autopoiese aus, der bewirkt, dass mit dem Anfang dieses Mechanismus ein für Wandlung sorgender *Bewegungsmechanismus* in Gang gesetzt wird, der logischerweise als eine Bestandsbedingung der Gesellschaft fungiert, und der seiner Tendenz nach ebenfalls durch die vorhin umschriebene Dominanz gekennzeichnet ist. Es handelt sich um den Mechanismus soziale Evo-

---

[2] Dadurch wird die „Kollektivität" des Individuums bestätigt, hier: in seiner Wirkungsform als Öffentlichkeitsform.
[3] Vgl. dazu *Bußhoff* (2001), S. 71–79.

lution/politische Steuerung.[4] Typischerweise ist dieser Mechanismus aufgrund seiner Tendenz ebenfalls jeweils dominant entweder auf eine strukturorientierte oder auf eine prozessorientierte Nachhaltigkeit von Dauerpräsenz ausgerichtet, ohne dass die jeweils dominante Tendenz die andere auszuschalten vermag. Deswegen bleibt festzustellen, dass politische Steuerung und soziale Evolution nicht jeweils getrennt angemessen begriffen werden können, und dass die Übertragung naturwissenschaftlicher Modelle auf gesellschaftliche Wandlungsprozesse bzw. Entwicklung letztlich nicht überzeugen kann.

Zwar ist jenen Wandlungsprozessen generell ihre Begrenzung inhärent (eben weil sie durch jene Mechanismen in Gang gesetzt und in Gang gehalten werden), jedoch „läuft" ein Wandlungsprozess all diesen Prozessen „voraus" bzw. liegt ihnen zugrunde, nämlich der der Konstituierung und Bestandserhaltung der Gesellschaft. Dieser Prozess, der vom Mechanismus der Entpolitisierung/Politisierung bestimmt wird, ist – wie bereits oben erwähnt – auf eine Dominanz der strukturorientierten Nachhaltigkeit von Dauerpräsenz ausgerichtet. Dadurch wird ermöglicht, „gesellschaftliche Zukunft" zu entwerfen und zu kontrollieren, also gesellschaftliche Steuerungsprozesse zu betreiben. Diese Dominanzausrichtung ist Bedingung dafür, die Steuerung von jenen Steuerungsprozessen selbst als einen Steuerungsprozess zu gestalten, nämlich – kurz gesagt – als Politik. Politische Steuerung als Steuerung der Gesellschaft heißt dann nichts anderes – wiederum kurz gesagt – als Steuerung von Steuerung durch Politik, d.h. durch Politik/Antipolitik.[5]

Wenn gelten soll, dass der Mensch (als ein soziales Wesen) „bereits gesellschaftliches Wesen" war, „bevor er Mensch wurde",[6] dann gilt jedoch nicht, dass die Gesellschaft aus Menschen besteht. Insofern kann die Systemtheorie mit gutem Grund von der Grundannahme ausgehen, dass Menschen stets zur Umwelt sozialer Systeme (also auch der Gesellschaft als sozialem System) gehören. Diese Annahme ist höchst beunruhigend; zumindest sind mit ihr erhebliche Zweifel angemeldet gegenüber einer Auffassung, die jene „Gesellschaftlichkeit des Menschen" voraussetzt und gegen „alle neuen und alten Versuche, den Menschen biologisch, anthropologisch, politisch, pädagogisch etc. zu bestimmen", unbeirrt daran festhält, „dass der Mensch zuallererst ein Wesen ist, das in Beziehung zu anderen seine Bestimmung und seine Grenzen erfährt".[7]

---

[4] Vgl. dazu *Bußhoff* (1980).
[5] Vgl. dazu *Bußhoff* (1993) und *Bußhoff* (2001).
[6] Hondrich (2001), S. 9.
[7] Hondrich (2001), S. 9.

II. Sozialoperationen der Gesellschaft als Zeitoperationen

Gegenüber jener Grundannahme der Systemtheorie kann man zwar einwenden, soziale Systeme seien ohne die Umwelt der Menschen nicht vorstellbar. Dieser Einwand ist jedoch nicht durchschlagend. Denn die Umwelteigenschaft der Menschen verhindert nicht – was laufend der Fall war und ist –, dass Menschen, Menschen in großer Zahl, *allen möglichen Experimenten* (bis hin zu ihrem Tod) unterworfen wurden und werden. Den Menschen als soziales Wesen zu bestimmen, impliziert, seiner „Gesellschaftlichkeit" Grenzen zu setzen, die seinem Status als sozialem Wesen entsprechen, also – entgegen der vorausgesetzten Annahme – die Grenzen *nicht* in den Sozialprozessen zu finden. Die Hoffnung, des Menschen „Allmacht- und Ohnmachtphantasien" würden „durch seine Gesellschaftlichkeit" gebrochen, kann man haben, aber entscheidend bleibt die Antwort auf die Frage, inwiefern diese Gesellschaftlichkeit des Menschen Grenzen „in den Prozessen selbst" setzt, damit die Menschen in ihrer *Gesamtheit,* also prinzipiell *alle* Menschen, auch trotz der Hinnahme von Ungleichheiten zwangsläufig von diesen Grenzen profitieren. Festzustellen ist, dass jene Gesellschaftlichkeit des Menschen den Menschen eben nicht daran hindert, seinesgleichen zu benachteiligen und auch zu vernichten. Zwar sind „in den Prozessen selbst" Grenzen eingebaut, eben Grenzen des Prozessablaufs, aber nicht Grenzen, die ermöglichen, die Prozesse auf Entscheidungen mit *bestimmten* Inhalten hin zu steuern. Selbstbestimmung z. B. schafft als Prozess – entgegen der Annahme von Hondrich – eben nicht seine Grenzen selbst, sondern erst unter der Voraussetzung, dass dieser Prozess selbst begrenzt, also dieser Prozess eingegrenzt wird. Dies geschieht durch: *Systemisierung*.

Der systemtheoretische Ansatz zeichnet sich durch den Vorzug aus, dass er das Individuum *weder* vergesellschaften *noch* mit der anthropologischen Grundkonstante des sozialen Wesens ausstatten muss. Somit ermöglicht dieser Ansatz, „von Anfang an" die Zeit als „soziale Zeit" als Bedingung von Systemisierung einzubeziehen. Das Individuum ist und bleibt über die Systemgrenzen hinweg *stets* und *universell* als Bedingung von Systemisierung vorausgesetzt. Deshalb ist und bleibt das Individuum als Individuum mit seinem je eigenen Lebenszentrum und seiner je individuellen Eigenzeit auf sich selbst verwiesen. Daher werden dem Individuum durch die Gesellschaft – und ihrer funktionalen Differenzierung – Grenzen gesetzt, aber auch Orientierungen und Hilfen angeboten. Wie dieses „Angebot" in einer Gesellschaft ausgestaltet ist, darüber wird entschieden durch: *Politik*.

1. In unruhigen/ruhigen Zeiten

Grundlegendes Merkmal einer Gesellschaft ist, dass sie eine *Überlebensgesellschaft* ist. Das bedeutet, Konstitutions- und Bestandsbedingung einer Gesellschaft ist die Fähigkeit, auf Herausforderungen der (externen und internen) Umwelt mit der Ausbildung und dem Einsatz der Sozialressource „*Gemeinsinn*" zu antworten und aufgrund dieser Antwort sich auf *Dauer* behaupten zu können. Das bedeutet weiterhin, eine Gesellschaft ist auf Dauer auf vielfache und vielfältige Auseinandersetzungen mit ihrer Umwelt angelegt und ausgerichtet. Damit ist festgestellt – was oben schon angesprochen wurde –, dass eine Gesellschaft als Überlebensgesellschaft eine *politische* Gesellschaft ist. Politik bedeutet dann – kurz gesagt –, die Sozialressource Gemeinsinn auf Dauer auf *Gemeinwohl* zu orientieren und zu organisieren.

Mit der Ausbildung und dem Einsatz der Ressource Gemeinsinn verfügt die Gesellschaft auch über die Ressource Zeit als *soziale Zeit*. Auf diese Weise verschafft sie sich die Voraussetzung dafür, den Mitgliedern der Gesellschaft über die Generationen hinweg eine gemeinsame, also eine soziale Zeitdimension zu erschließen und zu sichern, jedoch – und das ist entscheidend – als Überlebensbedingung ihrer selbst. Dazu hat die Gesellschaft z. B. vielfache und vielfältige Einrichtungen zur Förderung des Nachwuchses geschaffen, aber auch dazu, was pauschal als innere und äußere Sicherheit bezeichnet wird. Um für die Gestaltung der Überlebensbedingungen allgemeine Orientierungen zur Verfügung zu haben, bildet die Gesellschaft *Werte* aus und etabliert diese *dauerhaft*. Insofern fungierten Werte als Einrichtungen, die Zeit als soziale Zeit binden und somit über Zeitläufe hinweg als Sozialressource bereitstellen.

Als Überlebens- bzw. politische Gesellschaft ist und bleibt eine Gesellschaft herausgefordert, in den Auseinandersetzungen mit ihrer Umwelt evolutionäre Vorteile zu suchen und dafür die entsprechenden Voraussetzungen zu schaffen. Sozialmechanismen – wie sie oben angesprochen wurden – können dazu als Instrumente genutzt werden. Sozialmechanismen sind keine selbsttätigen Mechanismen im Sinne einer Eigenversorgung mit Bewegungsenergie. Es handelt sich um Mechanismen, die zwar vorgegeben sind, die aber in Gang gesetzt und gehalten werden, indem sie bedient bzw. genutzt werden. Bedingung dafür ist, dass die Nutzung der Sozialmechanismen *zugleich* eine Nutzung als Zeitmechanismen darstellt.

Funktionale Differenzierung der Gesellschaft ist – ebenfalls kurz gesagt – die grundlegende Antwort der Gesellschaft auf die Herausforderungen durch ihre Umwelt und somit die Schaffung und Ausgestaltung der Bedingungen für evolutionäre Entwicklung. Funktionale Differenzierung schafft *zugleich* die Bedingungen für *politische Steuerung*. Insofern fungieren jene Sozialmechanismen als Bedingungen sowohl für soziale Evolution *als auch* politische Steuerung. Daher ist grundsätzlich zu unterstellen, dass sowohl die Nutzung als auch die Nichtnutzung dieser Sozialmechanismen jeweils sowohl zu Vorteilen als auch zu Nachteilen führen kann. Man kann auch sagen, dass die Nutzung dieser Sozialmechanismen sowohl Stärkung als auch Schwächung gesellschaftlicher Effizienz bewirken kann.

Wenn – wie oben kurz erläutert – zu unterstellen ist, dass der „Anfang" der funktionalen Differenzierung einer Gesellschaft durch die Bedienung des Mechanismus der Entpolitisierung/Politisierung markiert und in Bewegung gehalten wird, dann ist implizit mit unterstellt, dass über diesen Mechanismus die Sozialressource des Gemeinsinns in ihrer Effizienz auf *Gemeinwohl* hin orientiert und organisiert wird. Insofern ist „von Anfang an" der funktionalen Differenzierung der Gesellschaft inhärent, dass *Effizienz* jedenfalls in Rücksicht auf Gemeinwohl „nur" eine sekundäre Wertorientierung sein kann. Damit ist jedoch nicht ausgeschlossen (ebensowenig wie trotz primärer Dominanz einer strukturorientierten Nachhaltigkeit auf Dauerpräsenz aktuell eine prozessorientierte Dominanz vorherrschen kann), dass Effizienz aktuell als eine primäre Wertorientierung fungieren kann und fungiert. Dies wird vorherrschend sein, wenn diffuse oder entgegengesetzte Gemeinwohlorientierungen unterstellt werden.

Wenn also zu unterstellen ist, dass Prozesse der funktionalen Differenzierung der und in der Gesellschaft über Bedienungen des Mechanismus Entpolitisierung/Politisierung ablaufen, sind grundsätzlich zwei nach Status und Funktion verschiedene *Erregungszustände* zu unterscheiden. Zum einen handelt es sich um Erregungszustände, die die funktionale Differenzierung der Gesellschaft in gesellschaftliche Teilsysteme, zum anderen um solche, die die funktionale Differenzierung dieser Teilsysteme in weitere Subsysteme zum Gegenstand haben. In Fällen der Subdifferenzierung wird jener Mechanismus spezialisiert zu jeweils systemspezifischen Mechanismen. Das gilt auch für das politische System, jedoch mit dem Zusatz, dass diese Spezialisierungen den gesamtgesellschaftlichen Mechanismus der Entpolitisierung/Politisierung mitlaufen lassen in der Weise, als jederzeit ein *unmittelbares* Umschalten bzw. Hochschalten auf den gesamtgesellschaftlichen Mechanismus möglich ist. In allen Fällen gilt, dass die Dominanz in der Bedienung der jeweiligen Mechanismen sich jederzeit umkehren kann. Somit ist vorauszusetzen, dass auch im Verhältnis der gesellschaftlichen Teilsysteme zueinander der Mechanismus der Entpolitisierung/Politisierung in seiner Umkehrung zum Zuge kommt, was eine entsprechende Bedienung durch das politische System einschließt.

Wenn Politisierung durch Entpolitisierung als Prozess zur Steigerung bzw. Stärkung gesellschaftlicher Effizienz zu unterstellen ist, dann ist ebenfalls zu unterstellen, dieser Prozess sei auf eine Systemisierung gesellschaftlicher Politik bzw. eine Stärkung der gesellschaftlichen Leistungen des politischen Systems ausgerichtet. Solche Prozesse kennzeichnen *unruhige Zeiten* insofern, als diese Prozesse zwangsläufig eine entgegengesetzte Bewegung bewirken, also Prozesse der Entpolitisierung durch Politisierung in Gang setzen und insofern Erregungszustände erzeugen. Da es sich in allen diesen Fällen um Politisierungsprozesse handelt (auf der gesamtgesellschaftlichen Ebene um solche der Politik und der Antipolitik), sind Bedienungen jenes Mechanismus impliziert, die im Widerstreit liegen, indem sie sich wechselseitig die Dominanz in der Bedienung streitig machen. Insofern ist offenkundig, dass es sich um *Verschränkungen* von Bedienungen jenes Sozialmechanismus handelt. Das bedeutet, die Bedienungen differieren danach, welche Seite des Mechanismus sie unter den Bedingungen der Verschränkung bedienen. Die Verschränkung besteht dann darin, dass vorausgesetzt ist, mit jeweils dominant *entgegengesetzten* Bedienungsausrichtungen bei *gemeinsamer* Inanspruchnahme der Sozialressource „Gemeinsinn" Effizienzsteigerungen zu bewirken. Da aufgrund dieser Voraussetzung die Sozialressource „nur" systemisch begrenzt zur Verfügung steht, bewirken jene Sozialoperationen zwangsläufig Verwirrungen; sie sind kennzeichnend für unruhige Zeiten. Ob man solche Zeiten als unübersichtlich bezeichnet, ist von untergeordneter Bedeutung.

Jene verwirrenden Bedienugsverschränkungen bzw. Sozialoperationen sind möglich, weil es sich – wie erwähnt – in allen diesen Fällen um Politisierungsprozesse handelt und weil allen Sozialmechanismen Grenzen – wenn auch nicht genau festgelegte – der Anwendbarkeit inhärent sind. Somit handelt es sich um eine grundsätzlich zweifache Verunsicherung. Nicht nur die inhärenten und bisher als gültig akzeptierten Grenzen der Anwendbarkeit sind unsicher geworden, sondern darüber hinaus auch die vorausgesetzten Wertorientierungen (vorrangig die des Gemeinwohls). Diese Verunsicherungen reflektieren Verunsicherungen bezüglich der Auffassungen über Politik und das Politische.

Jene Verunsicherungen stellen Herausforderungen dar, nämlich ein Wissen über die Zukunft bereitzustellen. Obgleich jene Verunsicherungen Ausdruck dafür sind, noch weniger als in der Vergangenheit, also als in ruhigen Zeiten, Sicheres über die Zukunft zu wissen und das vorhandene bzw. akzeptierte Zukunftswissen anwenden zu können, muss dennoch in irgendeiner Weise für die Sicherheit – oder das, was man dafür hält bzw. halten soll – gesorgt werden. Üblicherweise ist in solchen Fällen von Chancen und Risiken die Rede. Was darunter zu verstehen ist, ist jedoch in der Regel ebenfalls unsicher. Es geht nicht einfach darum, in unruhigen Zeiten nach bewährtem Muster für Ruhe zu sorgen (wie das vielfach der Fall ist), sondern zunächst darum, Ansatzpunkte zu finden dafür, welche Sozialoperationen unruhige Zeiten anzeigen. Die grundlegende Antwort ist, dass unruhige Zeiten dann zu unterstellen sind, wenn Sozialoperationen das Geschehen dominieren und dabei solche System-/Umweltverhältnisse thematisieren, die Veränderungen von Funktionsgrenzen betreffen.

Als ein typisches Beispiel für solche unruhigen Zeiten kann der Wahlkampf zum hessischen Landtag gelten, in dem das Thema der doppelten Staatsbürgerschaft vorherrschend war und der weit über die Bedeutung von Landtagswahlen hinaus für Aufmerksamkeit gesorgt hat. Es geht nicht einfach darum, einer Bevölkerungsgruppe schlagartig durch gesetzgeberische Maßnahmen eine bestimmte Mitgliedschaft zuzuerkennen und somit diese insbesondere mit dem Wahlrecht auszustatten, also die Funktionsgrenzen des Wählens drastisch zu verändern, sondern auch und vor allem darum, auf unbestimmbare Zeit für die Bedienungen dieser Funktion zwangsläufig Wertorientierungen zuzulassen, die – um es pauschal zu sagen – als fremd betrachtet werden und insofern Unsicherheit erzeugen. Insofern entsteht der unabweisbare Zwang, sich damit vertraut zu machen, für eine zeitlich nicht bestimmbare Zukunft Integrationsleistungen in bisher nicht gekannter Weise zu erbringen.

Das Bemühen, mit jener Unruhe bzw. Unsicherheit zu Rande zu kommen, sie zu steuern, ist ebenfalls typisch. Grundsätzlich gilt, für *Vertrautheit* zu sorgen, eine Vertrautheit, die an unmittelbar aktualisierbare Erfahrungen anknüpfen kann. Das Naheliegendste ist, Verfahren und Prozeduren vorzusehen und einzurichten. Jeder hat damit Erfahrungen gesammelt und weiß daher, dass eine solche Vorgehensweise Zeit beansprucht, dass dadurch Sicherheit produziert werden kann, indem nur schrittweise vorgegangen wird und so eine laufende Kontrolle möglich bleibt. Es wäre sicherlich aufschlussreich, in dieser Hinsicht unter Berücksichtigung des politischen Entscheidungsprozesses die Rechts- und Verfahrensvorschriften zur doppelten Staatsbürgerschaft näher zu untersuchen.

Diese Problematik, nämlich Zeit als Regelungsressource einzusetzen, kann im Anschluss an Überlegungen, die weiter oben angestellt wurden, in ihrer grundlegenden Bedeutung verdeutlicht werden. Die entscheidende Frage ist, mit welcher Entscheidungskompetenz eine Einrichtung ausgestattet wurde bzw. ist. Gemeint ist hier eine Kompetenz, die darüber befinden kann, ob, in welcher Weise und in welchem Umfange sie die Zeitressource ihrer Umwelt für die Erbringung ihrer eigenen Leistungen nutzen kann. Worauf es zunächst ankommt, ist, festzustellen, ob überhaupt eine Verschränkung (wie sie oben erläutert wurde) im Sinne der Ausbildung einer gemeinsamen – wie auch immer im einzelnen ausgestalteten – Entscheidungskompetenz möglich ist. Ist diese Möglichkeit ausgeschlossen, liegt ein System-/Umweltverhältnis vor, demzufolge das System den betreffenden Umweltbezug *nicht* als ein System/Systemverhältnis (im Sinne *sozialer* Systeme) behandelt. Das ist generell der Fall, wenn es um das Verhältnis von sozialen Systemen zu ihrer Umwelt in Gestalt von Individuen (Menschen) geht. Wenn aber dennoch Individuen als Umwelt sozialer Systeme (insbesondere solcher Systeme, die mit der bezeichneten Entscheidungskompetenz ausgestattet sind) die Zeitressource des betreffenden Systems nutzen wollen, dann müssen sie die Umwelt dieses Systems aktualisieren können in der Weise, dass dadurch (also über ein soziales System der betreffenden Umwelt) ein System/Systemverhältnis aktiviert wird.[8] Der Regelfall im Sinne von Regelungsprozessen ist hierfür die Aktivierung von Instanzen der Rechtssprechung, also ebenfalls die Ausgestaltung als eine vertraute Angelegenheit, wie sie im Falle der doppelten Staatsbürgerschaft vorgestellt und ausgeführt wurde.

Wenn kennzeichnend für unruhige Zeiten ist, dass – wie erwähnt – bisherige gesellschaftliche Funktionsgrenzen in Frage gestellt werden, dann bedeutet das, dass es darum geht, die Ressource „Gemeinsinn" gesamtgesellschaftlich neu zu bestimmen und zu organisieren, sie systemisch neu zu justieren. Dazu stehen grundsätzlich zwei Ansatzpunkte zur Verfügung, nämlich Bedienungen der beiden Seiten des Mechanismus Entpolitisierung/Politisierung (bzw. umgekehrt). Entscheidend ist auch hier die Frage, ob und ggf. welche Verschränkungen mit welchen Resultaten zustande kommen. Ablesbar ist das im Ergebnis daran, welche Orientierungen sich in welcher Weise und in welchem Ausmaß durchsetzen und in Nachhaltigkeit von Dauerpräsenz umgesetzt werden. Das Beispiel der doppelten Staatsbürgerschaft bekräftigt nicht nur den Primat der Politik insbesondere dann, wenn Veränderungen von Kompetenzgrenzen über eine rechtliche Regelung eine strukturorientierte Nachhaltigkeit von Dauerpräsenz eingeprägt werden soll oder muss, sondern auch dadurch, dass in solchen Fällen alle Sozialoperationen der Umwelt des politischen Systems zwangsläufig auf eine solche Nachhaltigkeit von Dauerpräsenz ausgerichtet sind. Die Frage ist, ob so ausgerichtet Sozialoperationen auch zwangsläufig ausschließlich eine Seite des Sozialmechanismus Politisierung/Entpolitisierung, nämlich die der Politisierung bedienen. Eine uneingeschränkt bejahende Antwort bedeutet, dass eine Veränderung von Funktionsgrenzen im Sinne einer strukturorientierten Nachhaltigkeit von Dauerpräsenz als Ausdruck von Entpolitisierung nur dann möglich ist, wenn das politische System selbst eine vorrangige Bedienung der anderen Seite des Sozialmechanismus, nämlich die der Entpolitisierung betreibt.[9] Dies wiederum bedeutet, dass auch eine prozessorientierte Nachhaltigkeit von Dauerpräsenz nur dann erreichbar ist, wenn das politische System selbst Politisierung als Entpolitisierung (und umgekehrt) betreibt. Insofern ist die Frage nach dem Verhältnis des politischen Systems

---

[8] Damit ist wiederum ein Beleg dafür bezeichnet, dass Menschen stets zur Umwelt sozialer Systeme gehören.
[9] In den Auseinandersetzungen zum Zuwanderungsgesetz ist gerade auch von Seiten der Politik das Bemühen zu sehen, unter Einbeziehung von Kirchen, Gewerkschaften, Arbeitgeberverbänden usw. eine „aktuelle" Versozialisierung von Gemeinsinn zu erreichen.

56   II. Sozialoperationen der Gesellschaft als Zeitoperationen

mit seiner gesellschaftlichen Umwelt beunruhigend genug. Verschränkungen mit dieser Umwelt sind zwingend; sie sind aber ebenso zwingend ausgeschlossen. Solche Verschränkungen sind zwingend, sofern Politik – verkürzt gesagt – als eine *öffentliche* Angelegenheit gelten soll, demnach Verschränkungen über Ausgestaltungen von kommunikativen Aktualitätssystemen zu erfolgen haben; sie sind zwingend ausgeschlossen, sofern gesamtgesellschaftlich verbindlich und bindend entschieden werden soll, demnach Verschränkungen nicht als gemeinsame Entscheidungssysteme fungieren können. Demzufolge sind gesamtgesellschaftlich verbindliche und bindende Veränderungen von gesellschaftlichen Funktionsgrenzen nicht so sehr deshalb beunruhigend, weil letztlich das politische System aufgrund seiner Entscheidungskompetenz darüber befindet, sondern vor allem deshalb, weil Bedienungen sowohl der einen als auch der anderen Seite des Sozialmechanismus Entpolitisierung/Politisierung (bzw. umgekehrt) funktional für das politische System sein können und sind, aber die strikte operative Geschlossenheit des Entscheidungssystems der Politik nicht ermöglicht, klar zu erkennen, welche funktionalen Erfordernisse für das politische System bestimmend sind, die betreffenden Bedienungen vorzunehmen.

Wird diese Unsicherheit durch z.B. Fremdheit und Ängste wie im Falle der doppelten Staatsbürgerschaft weiter gesteigert, sind unruhige Zeiten zwangsläufig. Es handelt sich nicht deshalb um unruhige Zeiten, weil das politische System „borniert" seinen funktionalen Erfordernissen folgt, sondern deshalb, weil das politische System über die Zeitressourcen seiner gesellschaftlichen Umwelt in Gestalt des Bürgers (als Gesellschaftsform des Individuums) mit seinem je eigenen Zeitressourcen verfügt, ohne dass der einzelne Bürger die Möglichkeit hat, mit dem politischen System ein Aktualitätssystem zu begründen und zu nutzen. Die Unruhe „unruhige Zeiten" besteht dann darin, dass das politische System zwar über die Zeitressourcen seiner Umwelt verfügt, aber dafür eigene Zeitressourcen einsetzen muss, und dass die gesellschaftliche Umwelt die Verfügbarkeit über ihre Zeitressourcen hinnehmen muss, aber nicht erkennen und somit nicht einschätzen kann, wie sich das auf das eigene Zeitmanagement auswirken wird. Die Unruhe „unruhige Zeiten" besteht demnach darin: Dass Funktionssysteme aufgrund ihrer besonderen Entscheidungskompetenzen keine Aktualitätssysteme mit ihrer *externen* Umwelt aufbauen und unterhalten, wenngleich sowohl diese Systeme als auch ihre (externe) Umwelt aufgrund des Umgangs mit ihren je eigenen Zeitressourcen einen Zwang für Verschränkungen bzw. Aktualitätssysteme aufbauen. Die Unruhe „unruhige Zeiten" ist dann – allgemein gesagt – Ausdruck der Inkommensurabilität sozialer Zeiten bzw. verzeitlichter Zeiten „in der Zeit". Man könnte auch sagen, die Unruhe „unruhiger Zeiten" weist sich dadurch aus, dass aufgrund von System-/Umweltverhältnissen für die Organisation der Sozialressource des Gemeinsinns keine gemeinsame Orientierung genutzt wird bzw. genutzt werden kann, also Versozialisierungen der Ressource „Gemeinsinn" keine Operationen ermöglichen, die eine gemeinsame Verzeitlichung der Zeit zumindest erwarten lassen.

Unruhige Zeiten sind in der Regel auch aufgeregte Zeiten. Kennzeichnend für aufgeregte Zeiten sind Operationen, die ebenfalls auf Veränderungen von Funktionsgrenzen ausgerichtet sind, also ebenfalls System-/Umweltverhältnisse, aber – und darauf kommt es an – die *interne* Umwelt betreffend. Das bedeutet zunächst einmal, dass die betreffenden Operationen eine Grundbedingung zur Voraussetzung haben; sie können nämlich auf eine gemeinsame Orientierung für die Nutzung der Ressource „Gemeinsinn" rekurrieren, und insofern können sie eine gemeinsam nutzbare Verzeitlichung der Zeit unterstellen. Unruhige Zeiten sind insofern auch aufgeregte Zeiten, als Veränderungen von gesellschaftlichen Funktionsgrenzen zwangsläufig auch interne Funktionsgrenzen betreffen.

Aufgeregte Zeiten sind jedoch nicht zwangsläufig auch unruhige Zeiten. Typische Bespiele für aufgeregte Zeiten sind die verschiedenen – auch dem Grad der Aufgeregtheit nach verschiedenen – Parteispendenaffären. Dieser Typ aufgeregter Zeiten kann als Beleg für Feststellungen dienen wie die, dass die Zeitverhältnisse (und insofern die Sozialverhältnisse) als stabil betrachtet werden können. Die Vertrautheit mit solchen Affären ist relativ hoch, ebenso die Vertrautheit damit, wie solche Affären erledigt werden können. Solche Affären haben einen relativ hohen Unterhaltungswert, womit bestätigt wird, dass solche Affären eben *nicht* entscheidende Veränderungen bewirken und dass dies auch nicht erwartet wird, sondern sie als Episoden betrachtet werden, denen man in Abständen mit Genugtuung oder Empörung Aufmerksamkeit schenkt, sich aber jeweils relativ rasch wieder abwendet.[10] Aufgeregte Zeiten sind manchmal geradezu notwendig, weil ansonsten nicht ausreichend deutlich wahrnehmbar würde, worin die Funktionalität von Subsystemen bestünde. Es können auch, ohne dass genauere Auslöser identifizierbar wären, unruhige Zeiten entstehen, und zwar deshalb, weil aufgrund mangelnder Operationen bzw. Ereignisse ein schleichender oder diffuser Erwartungsdruck nach Veränderung aufgebaut wird, der auf „große Gesten" oder „große Ereignisse" setzt, der aber nicht erkennen lässt, dass damit Aktivitäten ausgelöst werden können bzw. werden, die gesellschaftliche Funktionsgrenzen verändern. Die Aufgeregtheiten der Parteispendenaffären waren jedenfalls insofern funktional, als deutlich wurde, dass die Wähler keine Veränderungen von Funktionsgrenzen erwarteten – was Enttäuschungen und deren Umsetzungen z.B. in Wahlverweigerungen nicht ausschließt –, und dass Politiker und Parteien erkannt haben, dass sie

---

[10] Skandale (und somit Skandalisierungen) haben die Funktion, eine „aktuelle" Versozialisierung von Gemeinsinn zu bewirken.

mit solchen Affären zumindest „schleichende" Veränderungen von Funktionsgrenzen bewirken und insofern ihre eigenen Bestands- und Überlebensbedingungen gefährden können.

Ob bewegte Zeiten sich als unruhige und/oder aufgeregte Zeiten profilieren, kann beobachtet werden z.B. während der Regierungszeit von Koalitionen, jedenfalls dann, wenn Krisen eintreten und unsicher ist, ob man von einer Krise der beteiligten Parteien oder/und einer Krise des Parteiensystems, einer Regierungskrise oder gar des Regierungssystems sprechen kann bzw. muss. Zunächst ist vorauszusetzen, was auch immer wieder betont wird, dass Koalitionsregierungen als Zweckbündnisse auf Zeit gelten. Das heißt im Kontext unserer bisherigen Überlegungen, dass die Sozialressource „Gemeinsinn" hierfür versozialisiert bzw. systemisiert und somit eine Verzeitlichung der Zeit eingerichtet wurde.[11] Dass dies der Fall ist, wird bestätigt durch die Einrichtung eines Koalitionsausschusses als eines *gemeinsamen* Entscheidungssystems, und dass mit der Einrichtung dieses gemeinsamen Entscheidungssystems eine von „Anfang an" zeitliche Begrenzung vorgegeben wird, wird dadurch bestätigt, dass damit *nicht* die Bedingungen für ein weiteres Stammsystem grundgelegt werden.

Das entscheidende Kriterium für die Zuordnung einer Koalitionskrise als einer Parteien-, Regierungs- usw. Krise ist durch die erwähnte Versozialisierung bzw. Systemisierung von Gemeinsinn vorgegeben. Danach ist entscheidend die Antwort auf die Frage, ob und ggf. wie Koalitionskrisen genau das entweder behindern oder verhindern oder problemlos zulassen, was grundlegende Funktionsbedingung von Koalitionen ist, nämlich Zweck und Regierungsbündnis auf Zeit zu sein. Insofern ist eine Koalitonskrise z.B. schon dann mehr als eine übliche Koalitionskrise und somit Merkmal für unruhige Zeiten, wenn sie dazu herausfordert, über das Ende einer vorgegebenen Legislaturperiode hinaus eine neue Koalition zu begründen und entsprechend sozial und zeitlich auszustatten (und sei es an Stelle eines förmlichen Koalitionsvertrages nur in Form von Absprachen zwischen Parteivorständen). Ohne darauf näher einzugehen, kann auch hier festgestellt werden, dass unruhige Zeiten angezeigt sind, wenn Funktionsgrenzen zur Disposition stehen, und zwar dadurch, dass Funktionsgrenzen über herkömmliche Zeitgrenzen hinaus neu justiert werden müssen oder sollen, ohne dafür klare und vertraute Regeln präsent zu haben. Insofern sind unruhige Zeiten stets auch riskante Zeiten.[12] Insofern sind Fähigkeiten zum Risikomanagement gefordert, um unruhige Zeiten bzw. Krisen in ruhige Zeiten zu überführen.

---

[11] Die Rede vom „Vorrat an Gemeinsamkeiten" verweist darauf.
[12] Von „riskanten" Zeiten ist deshalb die Rede, weil neu justiert wird. Jedoch ist jeweils deswegen auch ein Ansatz für die Frage gegeben, mit welchen „gefährlichen" Zeiten ab „jetzt" zu rechnen ist.

1. In unruhigen/ruhigen Zeiten

Wenn das Management unruhiger Zeiten durch Politik darin besteht, diese wieder ruhig zu stellen, gehört zum Politikmanagement auch, ruhige Zeiten in Unruhe zu versetzen, um Ansatzpunkte dafür zu finden, ob und wie Funktionsgrenzen sich verändern bzw. verändert werden können. Es geht also um unruhige Zeiten, die – kurz gesagt – Bedingung dafür sind, dass der Politisierungsprozess sowohl als Entpolitisierung als auch als Politisierung betrieben werden kann, und zwar als Bedingung dafür, die Erzeugung von Unruhe und Beseitigung von Unruhe als Bewegungsmechanismen nutzen zu können für Veränderungen und Sicherungen von Funktionsgrenzen. Insofern sind Zeiten politischen Geschehens häufig unruhige Zeiten. Sie unterscheiden sich bzw. können unterschieden werden in vergleichsweise dominant unruhige oder dominant ruhige Zeiten danach, welche Tendenz identifizierbar ist bzw. identifiziert wird und jeweils für Orientierungen grundgelegt wird. Unsicher ist daher in der Regel jeweils, ob sie zur Entpolitisierung oder Politisierung genutzt werden können oder sollen – und mit welchen Aussichten auf Erfolg. Ungeachtet der Frage, welche Tendenzausrichtung erkannt und unterstellt wird, gilt in jedem Falle, dass ihre jeweilige Nutzung die Bestimmung von Zeitgrenzen impliziert. Dies ist deshalb der Fall, weil die Nutzung des Mediums „Zeit" Bedingung dafür ist, Gemeinsinn neu bzw. anders zu organisieren oder zu stabilisieren, also für die Nutzung jenes Sozialmechanismus, um dieses zu erreichen.

Als ein herausragendes Beispiel für die Nutzung der Zeit als Medium kann für die Bundesrepublik Deutschland der Zeitraum zwischen dem 11. September und dem 16. November 2001 gelten. Unbestreitbar haben mit dem 11. September schlagartig unruhige Zeiten eingesetzt. Das muss nicht näher ausgeführt werden. Es bedarf ebenfalls nicht näherer Ausführungen, um festzustellen, dass die mit dem 11. September einsetzende Unruhe für Politik und Wirtschaft sehr unterschiedlich ausgeprägt war und folglich auch das Medium „Zeit" für Operationen, die von diesem Datum bestimmt waren, sehr unterschiedlich wahrgenommen und genutzt wurde. Dass dies grundsätzlich auch für die verschiedenen Subsysteme von Wirtschaft und Politik festzustellen ist, sei nur nebenbei bemerkt. Für unsere Überlegungen ist die Frage von besonderem Interesse, welche Sozialoperationen eingesetzt wurden, um die Zeit für eine Neuorganisation von Gemeinsinn zu nutzen.[13]

Mit dem Antrag des Bundeskanzlers, ihm nach Artikel 68 GG das Vertrauen auszusprechen, wurde vor aller Welt deutlich, dass ein Neujustieren von Gemeinsinn anstand und eingefordert wurde. Zwar stand dabei zunächst die Stabilität von Koalition und Koalitionsregierung zur Neubestimmung an, jedoch wurde davon auch der Zusammenhalt der Opposition auf die Probe

---

[13] Hingewiesen sei z. B. auf die Feststellung des Bündnisfalles durch die Nato.

60   II. Sozialoperationen der Gesellschaft als Zeitoperationen

gestellt und davon bestimmt. Wie auch immer das Abstimmungsergebnis interpretiert werden mag – als Pyrrhussieg bzw. Anfang vom Ende der Koalition einerseits oder als Bestätigung bzw. Stärkung von Koalition und Regierung (insbesondere Kanzler) andererseits –, sicher ist, dass mit jenem Antrag und dem Abstimmungsergebnis ein Davor und ein Danach für die Funktionstüchtigkeit von Koalition und Regierung – und nicht nur für diese – markiert wurde. Es ging darum, diese Funktionstüchtigkeit gegen eine schleichende Erosion bis zur Neuwahl im Jahre 2002 zu sichern. Der 16. November 2001 (Abstimmung über Vertrauensfrage) hat ermöglicht, zwischen (relativ) unruhigen und (relativ) ruhigen Zeiten zu unterscheiden, und zwar in dem Sinne, dass jedenfalls für die Koalitionsregierung ein Umschalten von Operationen der Politisierung zu solchen der Entpolitisierung erfolgte.

Typischerweise wurden die Argumentationen bzw. kommunikativen Operationen zur Herbeiführung der Entscheidung (Abstimmung über den Antrag zur Vertrauensfrage) mit der Ausrichtung auf die Umsetzung von *Werten* (Solidarität, Glaubwürdigkeit, Berechenbarkeit, Bündnistreue usw.) geführt. Also auch in diesem Falle wurden Werte, die *keine* Zeitgrenzen, Zeitschranken oder auch nur Hinweise auf die Festsetzung von Terminen mitführen, genutzt bzw. instrumentalisiert, um ein durch die Entscheidung markiertes Davor und Danach zu unterscheiden. Dabei ging es zwar um eine Aktualisierung und Neubestimmung sowohl einer Versozialisierung von Gemeinsinn als auch einer Verzeitlichung von Zeit, jedoch kommt durch eine solche Entscheidung etwas hinzu. Eine solche Entscheidung gibt Hinweise dazu, welche Modi zur Einrichtung nachhaltiger Dauerpräsenz wie genutzt werden. Insofern vermitteln sie nicht nur deutliche Anhaltspunkte dazu, mit welchen Zeiten, sondern auch dazu, mit welchen Stabilitätsverhältnissen wir es zu tun haben.

Das Beispiel einer bestimmten Zeit, nämlich vom 11. September (Terrorakte in New York und Washington) und 16. November (Entscheidung über die Vertrauensfrage) ist zwar ein Beispiel für eine unruhige Zeit, es ist aber auch ein Beispiel (was durch das Abstimmungsergebnis angezeigt wird) für eine Zeit, in der die Sozialverhältnisse als Bedingungen für politisches Entscheiden stabil geblieben sind. Es wurde kein neues Entscheidungssystem (und somit auch kein neues Stammsystem) etabliert, das den durch die bestehende Koalition organisierten bzw. versozialisierten Gemeinsinn entscheidend im Sinne einer neustrukturierten Nachhaltigkeit von Dauerpräsenz verändert hätte. Dies lässt darauf schließen, dass die betreffende aufgeregte Zeit nicht nur weiterhin eine „nur" aufgeregte Zeit war, sondern auch, dass die Sozialoperationen so ausgerichtet und gesteuert wurden, dass jene oben angeführten Wertorientierungen nicht dazu benutzt wurden, über eine verzeitlichte Zeit hinaus den versozialisierten Gemeinsinn zu binden. Fixpunkt war das Ende der Legislaturperiode.

Solche Sozialoperationen verweisen auf eine Wertorientierung, die ermöglicht, zwischen den Modi zur Einrichtung strukturorientierter und prozessorientierter Nachhaltigkeit von Dauerpräsenz hin und her zu schalten. Es handelt sich um den „Wert" der *Effektivität*. Häufig wird versucht, sich darüber zu vergewissern, indem gefragt wird, ob die betreffenden Operationen zielführend seien. Zunächst ist zu fragen, ob eine prozessorientierte Nachhaltigkeit von Dauerpräsenz überhaupt zielführend sein könnte. Prozessorientierte Nachhaltigkeit von Dauerpräsenz habe „nur" – so wäre festzustellen – ein „Ziel", nämlich kein Ziel zu haben, also nur das „Ziel", das darin besteht, Bewegung so zu disponieren, dass sie jederzeit neu ausgerichtet werden kann. Das heißt, die Ausrichtung von Sozialoperationen auf Effektivität ist Bedingung dafür, dass überhaupt kommunikative Prozesse ablaufen können. Demnach ist die Ausrichtung auf den Wert der Effektivität auch „nur" Bedingung für die Ausrichtung sowohl auf eine strukturorientierte als auch eine prozessorientierte Nachhaltigkeit von Dauerpräsenz. Demnach stellt sich weiterhin die Frage, ob auch die Ausrichtung auf eine prozessorientierte Nachhaltigkeit von Dauerpräsenz ebenfalls eine Wertorientierung voraussetzt wie die auf eine strukturorientierte Nachhaltigkeit.

Ohne eine Wertorientierung wäre eine Ausrichtung auf prozessorientierte Nachhaltigkeit von Dauerpräsenz nicht möglich; möglich wäre eine „Ausrichtung", die man als zufällig oder chaotisch bezeichnen könnte. Damit wäre aber vorausgesetzt, dass der durch Sozialoperationen der Politisierung/Entpolitisierung (bzw. umgekehrt) zu bedienende Sozialmechanismus nicht genutzt werden könnte, um einen Prozess zu steuern. Steuerung eines Sozialprozesses heißt demnach, nicht nur diesen Prozess in Gang zu halten, sondern auch – und darauf kommt es entscheidend an – zu ermöglichen, dass jederzeit, also permanent, punktualisierte Abkopplungen stattfinden können, also der Prozess wegen solcher Abkopplungen nicht zufällig bzw. chaotisch wird, demnach solche Abkopplungen als Bedingungen seiner Logik genutzt werden können. Man kann sagen, dass es darauf ankomme, Aktualisierungen und insofern Konkretisierungen (man könnte auch von „Individualisierungen" sprechen) einer *universellen* Wertorientierung zu ermöglichen. Gemeint ist, was aufgrund vorausgehender Erläuterungen auf der Hand liegt, die Wertorientierung der *Effizienz*. Darauf wird noch wiederholt zurückzukommen sein.

Diese Wertorientierung ermöglicht Aktualisierungen bzw. „Individualisierungen"; sie sind – wie auch immer sie im Einzelfalle ausfallen mögen (einschließlich der Fälle von Ineffizienz) – Bedingung dafür, dass der Prozess als Prozess seine Wertorientierung behält, jeweils erneut bestätigt und insofern selbst die Bedingungen für jene Abkopplungen schafft: ein Musterfall für die Autologik von *Selbstorganisation*. Dazu gehört selbstverständlich auch, dass die Bedingungen für das Abkoppeln für Aktualisierungen bzw. Individualisierungen ebenfalls als Bedingungen für deren Ankopplungen fungieren. Dieser Prozess mit der Wertorientierung der Effizienz ist nur möglich – um es noch einmal zu betonen – auf der Grundlage einer „Wertorientierung" der Effektivität und ist auch Bedingung für das Umschalten bzw. Hin- und Herschalten der Bedienungen des Sozialmechanismus Politisierung/Entpolitisierung (bzw. umgekehrt) durch Sozialoperationen, also dafür, dass auch ein Prozess der Entpolitisierung als ein Politisierungsprozess abläuft. Dieser Prozess mit der Wertorientierung der Effizienz ist zudem Bedingung dafür, dass einerseits der auf eine strukturorientierte Nachhaltigkeit von Dauerpräsenz ausgerichtete Politisierungsprozess über die „Wertorientierung" der Effektivität jedenfalls auch eine „überlagernde" Wertorientierung der Effizienz und andererseits der auf eine prozessorientierte Nachhaltigkeit ausgerichtete Politisierungsprozess über die „Wertorientierung" der Effektivität „überlagernde" Wertorientierungen wie Gerechtigkeit, Frieden, Sicherheit usw. ausweisen kann bzw. ausweist. Demnach können über solche „Überlagerungen" von Wertorientierungen Aufprägungen jeweiliger Gegentendenzen auf Ausrichtungen zur Nachhaltigkeit von Dauerpräsenz zustande kommen.

Die Hinweise zu „Überlagerungen" von Politisierungsprozessen durch Wertorientierungen wurden eingeschoben (auf diesen Zusammenhang wird wiederholt zurückzukommen sein), um die Differenz zwischen unruhigen und aufgeregten Zeiten der Politik weiter verdeutlichen zu können. Zunächst ist darauf zu verweisen, dass die Aufprägbarkeit jeweiliger Gegentendenzen auf Ausrichtungen auf Nachhaltigkeit von Dauerpräsenz durch Überlagerungen von Wertorientierungen durch eine ausgeprägte Asymmetrie bestimmt ist. Strukturorientierte Ausrichtungen auf Nachhaltigkeit von Dauerpräsenz können nur von der Wertorientierung der Effizienz überlagert werden, so dass alle aufgeprägten Gegentendenzen – offenbar paradox – nur die eine Tendenz haben, die Wertorientierungen erster Ordnung zu begrenzen, und zwar auf systemische Erfordernisse hin, also wegen der jeweils begrenzten Verfügbarkeit von Gemeinsinn die Zeitlosigkeit der Wertorientierungen erster Ordnung in Rücksicht auf vorgegebene und projektierte Strukturen hin die Ausrichtungen der Sozialoperationen auf Nachhaltigkeit von Dauerpräsenz mit Zeitbindungen zu versorgen. Vereinfacht ausgedrückt heißt das, die Wertorientierungen erster Ordnung werden sozial begrenzbar und insofern konkretisierbar, indem sie durch die Wertorientierung der Effizienz (als Wertorientierung zweiter Ordnung) verzeitlicht werden. Sozialoperationen mit prozessorientierter Ausrichtung auf Nachhaltigkeit von Dauerpräsenz dagegen kennen als Wertorientierung erster Ordnung nur die der Effizienz. Deren Überlagerungen mit Wertorientierungen zweiter Ordnung (also mit den Wertorientierungen erster Ordnung von Sozialoperationen mit strukturorientierter Ausrichtung auf Nachhaltigkeit von Dauerpräsenz) versorgen die Sozialoperationen mit prozessorientierter Ausrichtung auf Nachhaltigkeit von Dauerpräsenz mit zeitlichen Begrenzungen, indem sie die Wertorientierungen der Effizienz versozialisieren.

Die Asymmetrie der Überlagerungen bzw. Ausprägungen von Wertorientierungen ist Bedingung dafür, dass die Zeit der Politik normalerweise – wie bereits angedeutet – eine aufgeregte Zeit ist. „Normalerweise" heißt, dass bestehende Entscheidungsverfahren für die anstehenden Entscheidungen nicht in Frage stehen, dass aufgrund der Entscheidungen das Gefüge der Entscheidungskompetenzen nicht gravierend verändert wird und dass der Mehrheit eine in Rücksicht auf die anstehenden Entscheidungen relevante Minderheit gegenüber steht. Für Aufregung und somit für Aufmerksamkeit der Öffentlichkeit ist insofern gesorgt, als die Minderheit ihre Relevanz im politischen Kräftespiel belegen muss. Bei *stabilen* Mehrheitsverhältnissen sind daher in der Regel nichts anderes als aufgeregte Zeiten zu erwarten, verknüpft mit der Erwartung auf mögliche unruhige Zeiten als Bedingung für Veränderungen der Mehrheitsverhältnisse. Um aufgeregte Zeiten in jedem Fall in potenziell unruhige Zeiten zu transformieren als Bedingung dafür, zum Beispiel die Regierung abzulösen und selbst die Regierungsmacht übernehmen zu können, müssen Oppositionsparteien etwa in Wahlkampfzeiten, also vor Terminen mit Veränderungschancen, in besonderer Weise dafür sorgen, Aufmerksamkeit für bestimmte Wertorientierungen zu erzeugen und sich selbst als Garanten dieser Wertorientierungen zu profilieren. Es handelt sich um Wertorientierungen, für die in normalen bzw. aufgeregten Zeiten keine besondere Aufmerksamkeit erzeugt werden muss und auch nicht erzeugt werden sollte. Dagegen ist angezeigt, für diese Zeiten Aufmerksamkeit für *eine* Wertorientierung zu erzeugen, nämlich die der Effizienz, um sich dadurch als die kompetentere Partei und somit als bessere Regierungspartei zu profilieren.

In den Fällen, in den eine Wertorientierung nicht auf einen Termin bezogen oder nicht klar erkennbar ist, werden Sozialoperationen mit Ausrichtungen auf prozessorientierte Nachhaltigkeit von Dauerpräsenz mit einer besonderen Unsicherheit versorgt. Solche Fälle sind durchaus typisch für aufgeregte Zeiten; sie können jedoch auch kennzeichnend sein für unruhige Zeiten, jedenfalls dann, wenn Erwartungen verbreitet sind, nach denen ein Umschalten auf andere Wertorientierungen angebracht sei. Die Unruhe dieser Zeiten ist Ausdruck von Beunruhigung über ein Geschehen, das Unsicherheit erzeugt, weil aufgrund diffuser Wertorientierungen die Bedingungen für das Setzen von Zeitmarkierungen durch Entscheidungen unsicher geworden sind.

Bedingung dafür, die durch Sozialoperationen ausgewiesene und ausgeprägte Unruhe wahrnehmen zu können, ist Öffentlichkeit (wie spezifisch bzw. allgemein auch immer). Trotz aller Unsicherheiten verschafft Öffentlichkeit Sicherheit insofern, als sie Überraschungen einigermaßen in Grenzen hält, also jeweils für eine allgemeine Enttäuschungssicherheit sorgt. Somit übt Öffentlichkeit eine Kontrolle über Sozialoperationen und ihre Folgen aus. Beunruhigend ist die Unruhe unruhiger Zeiten allerdings dann, wenn – kurz gesagt – die auf Entscheidungen ausgerichteten Sozialoperationen der Kontrolle durch die Öffentlichkeit entzogen werden, wenn also eine *Entöffentlichung* stattfindet, die als ein Schleier fungiert, der vor Aufmerksamkeit schützt. Diese Entöffentlichung mag bestenfalls ein Misstrauen erzeugen, ein Misstrauen, das sich verselbstständigt und folglich nicht komplementär wirken kann zu einem Vertrauen, das wirksam sein muss, wenn unter den Bedingungen von Öffentlichkeit das Misstrauen auf Grenzen stoßen soll. Man kann sagen, jene Entöffentlichung sorge dafür, dass dem Misstrauen unter den Bedingungen von Öffentlichkeit deshalb keine Grenzen gesetzt würden, weil die Öffentlichkeit keine Wertorientierungen anwenden könne, um aufgrund beobachtbarer Sozialoperationen Verzeitlichungen bestimmen zu können, das heißt Verzeitlichungen, die der Öffentlichkeit für Wertorientierungen dienen könnten, so dass Ab- bzw. Ankopplungen erfolgen könnten.

Seit Jahren haben sich Geschehensabläufe etabliert, die die Ausrichtung von Politik auf Entscheidungen hin bestimmen. Dieses Geschehen kann man pauschal unter der Überschrift „Verhandlungsdemokratie" zusammenfassen. Dazu liegt eine umfangreiche wissenschaftliche Literatur vor, worauf hier nur aufmerksam gemacht und nicht weiter eingegangen wird. Für unsere Überlegungen sind zwei Feststellungen grundlegend. Dieses Geschehen ist durchgehend durch das Merkmal der Entöffentlichung gekennzeichnet. Dadurch wird dieses Geschehen zwangsläufig in einem erheblichen Umfange jedenfalls für die allgemeine Öffentlichkeit inkommunikabel. Man könnte auch sagen, die Kommunikation über politische Entscheidungsmaterien habe sich zunehmend und dauerhaft „partialisiert" im Sinne des Ausschlusses von allgemeiner Öffentlichkeit. Das zweite, zunehmend und dauerhaft ausgeprägte Merkmal dieses Geschehens ist – weiterhin pauschal verstanden – die Verflechtung von Politik und Gesellschaft im Sinne einer Systemisierung von Politik und Antipolitik, so dass damit für „die Politik der Gesellschaft" beträchtlich veränderte Bedingungen für Verzeitlichungen geschaffen wurden.

Diese Veränderungen sind verknüpft mit Folgen für die Inhalte von Politik und deren Behandlung. Offenkundig wird dies dadurch, dass ein erheblicher Teil der öffentlichen politischen Auseinandersetzungen sich in ihren inhaltlichen Umschreibungen mit den Überschriften der „Privatisierung" und „Individualisierung" zusammenfassen lässt. Die für dieses Geschehen kennzeichnenden „beunruhigend unruhigen" Zeiten verweisen auf zwei sich auseinander entwickelnde Verzeitlichungen der Zeit durch Politik: zum einen auf eine neuere Ausprägung von „Formaldemokratie" im Sinne der

Einhaltung und Veränderung von Regeln und darauf orientierten Auseinandersetzungen, die Merkmal von öffentlich aufgeregten Zeiten sind; zum anderen auf eine „Verhandlungsdemokratie" im Sinne der Veränderungen und des Justierens der Grenze Gesellschaft/Politik bzw. Politik/Antipolitik und darauf orientierten Auseinandersetzungen (Verhandlungen), die Merkmal von öffentlich beruhigten Zeiten sind.

Dass die Ausprägung der Demokratie als Verhandlungsdemokratie und über ihre Politisierungsprozesse und deren Resultate jene Grenze (Gesellschaft/Politik bzw. Politik/Antipolitik) beträchtlich verändert hat bzw. noch verändert, d.h. „die Politik der Gesellschaft" sich als eine neue Gesellschaftspolitik ausweist, wird durch die Vielzahl der Verhandlungssysteme von Politik und Interessenverbänden belegt. Diese Entwicklung und dieser Zustand sind durch die Arbeiten zum Neokorporatismus im einzelnen dargelegt. Was bei diesen Arbeiten durchweg fehlt, ist die Einbeziehung der Zeitdimension. Daher können sie auch nicht die Frage thematisieren, warum das Konzept des Neokorporatismus nicht weiter führt und insbesondere nicht berücksichtigen kann, dass die Politisierungsprozesse der Politik der Gesellschaft (der Politik und Antipolitik) auf eine Entpolitisierung im Sinne einer Politisierung von Segmenten der Gesellschaft hinauslaufen und dass das entscheidende Merkmal diese Entpolitisierungs- bzw. Politisierungsprozesses ist, die Bedingungen für eine prozessorientierte Nachhaltigkeit an Dauerpräsenz im Verhältnis von Politik und Gesellschaft zu etablieren.

Solche Politisierungsprozesse schaffen Bedingungen, die für eine Aktivierung der Unruhe unruhiger Zeiten der Politik immer weniger Ansatzpunkte zur Verfügung stellen. Es geht nicht mehr so sehr um Konsens und Kompromiss oder Dissens und Konflikt, sondern vielmehr um eine neue Beweglichkeit, die auf Wertorientierungen verzichten kann, mit Ausnahme der Wertorientierung der Effizienz. Demnach kann Unruhe und ihre Verstärkung erwartet werden, wenn wieder Wertorientierungen zur Ausrichtung von Politisierungsprozessen genutzt werden. Dazu sind Verzeitlichungen von Zeit und somit Systemisierungen erforderlich. Somit werden dann aus ruhigen bzw. beruhigten – folgerichtig paradox – wieder unruhige Zeiten. Das bedeutet dann auch, aus (relativ) einfachen Zeiten werden wieder (relativ) schwierige Zeiten der „Politik der Gesellschaft".

2. In schwierigen/einfachen Zeiten

Unruhige Zeiten sind Zeiten, die die Stabilität von Zeitverhältnissen zur Disposition stellen durch Politisierungsprozesse (Sozialoperationen zur Bedienung des Mechanismus der Entpolitisierung/Politisierung bzw. umgekehrt), indem sie Funktionsgrenzen und die dafür systemisierten Entscheidungskompetenzen explizit oder implizit auf ihre Veränderbarkeit hin thematisieren. *Schwierige* Zeiten sind Zeiten, die ebenfalls die Stabilität von Zeitverhältnissen explizit oder implizit zum Gegenstand von Politisierungsprozessen machen. Das Schwierige schwieriger Zeiten besteht darin, trotz/ wegen vorgegebenen *divergierenden* Verzeitlichungen eine *gemeinsame* Ausrichtung der Bedienungen des Mechanismus Politisierung/Entpolitisierung auf eine gemeinsame Entscheidung hin zu bewirken. Schwierige Zeiten stellen Funktionsgrenzen und die durch sie systemisierten Verzeitlichungen weder explizit noch implizit in Frage; sie setzen die Stabilität von Zeitverhältnissen voraus, sind aber dennoch dadurch gekennzeichnet, diese Stabilität durch eine *gemeinsame* und *umfassende* Verzeitlichung zu überlagern.

Diese Art von Verzeitlichung ist gekennzeichnet durch eine bestimmte Ausrichtung von Politisierungsprozessen. Sie besteht darin, den durch Systemisierungen bzw. Verzeitlichungen *pluralisierten Gemeinsinn zu monopolisieren* in der Weise, dass es in Rücksicht auf die inhaltliche Ausrichtung letztlich belanglos ist, welche der vorgegebenen Entscheidungskompetenzen mit der Setzung der Entscheidung betraut würde bzw. ist oder wird. Diese Entscheidung ist eine Entscheidung, die als Ausdruck eines *allgemeinen und umfassenden Gemeinsinns* verstanden werden kann. Die durch diese Entscheidung dokumentierte Gemeinsamkeit kann als *Konsens,* aber auch als *Kompromiss* in Erscheinung treten. Mit der Differenz von Konsens und Kompromiss ist angezeigt, dass eine Monopolisierung des Gemeinsinns in Form allgemeiner und umfassender Entscheidungen auf grundsätzlich unterschiedlich schwierige Zeiten verweist, wenngleich die Zeitverhältnisse grundsätzlich stabil sind und diese Stabilität aller Voraussicht nach auch erhalten bleibt.

Jedoch können allgemeine und umfassende *Konsense* unter den Bedingungen eines *durch Verzeitlichungen systemisch pluralisierten Gemeinsinns* die Stabilität von Zeitverhältnissen jedenfalls gefährden, weil/obwohl dabei nur *eine* Wertorientierung, nämlich im Falle der Gesellschaft die des *Gemeinwohls* (bzw. was man dafür hält), „umgesetzt" wird. Die Schwierigkeit schwieriger Zeiten besteht in solchen Fällen dann darin, dass die Pluralität von Wertorientierungen überlagert und dass dadurch eine Verzeitlichung etabliert wird, die keine klaren Konturen ausweist und insofern dazu führen kann, dass überlagerte Verzeitlichungen sich kurzfristig als vordringliche und dominante durchsetzen und damit die überlagernde Verzeitlichung verdrängen und somit auch der Pluralität der überlagerten Wertorientierungen wieder Geltung verschaffen. *Kompromisse* unter den Bedingungen eines durch Verzeitlichungen systemisch pluralisierten Gemeinsinns gefährden die Stabilität von Zeitverhältnissen, obwohl/weil dabei eine *Pluralität* an Wertorientierungen „umgesetzt" wird. Die Schwierigkeit schwieriger Zeiten besteht dann in solchen Fällen darin, dass die gegebene Pluralität von Verzeit-

2. In schwierigen/einfachen Zeiten   67

lichungen überlagert und dass dadurch eine weitere Pluralität von Verzeitlichungen etabliert wird, die die jeweils eine Wertorientierung in ihrer „überzeitlichen" bzw. überlagernden Geltung in Frage stellt.

Das Schwierige schwieriger Zeiten ist also – kurz gesagt – Ausdruck von Überlagerungen von Verzeitlichungen. Das Besondere, das die Schwierigkeiten jeder dieser Überlagerungen ausmacht, besteht darin, dass es sich um *Gleichzeitigkeiten* handelt, die man als *unechte Verschränkungen* bezeichnen kann. Davon kann deshalb die Rede sein, weil wegen der „Umsetzung" nur *einer* Wertorientierung grundsätzlich Fusionen zu neuen Stammsystemen ausgeschlossen sind, andererseits aber eine Vielzahl von gemeinsamen Aktualisierungen stattfindet, also eine *allgemeine und umfassende* (wenn auch sektoral unterschiedliche) *Aktualität* erfolgt und insofern eine allgemeine und umfassende Öffentlichkeit hergestellt und genutzt wird. Während für *unruhige* Zeiten kennzeichnend ist, dass sie offen sind für *Fusionen* von Aktualitätssystemen und dadurch neue Verzeitlichungen begründen, zeichnen sich *schwierige Zeiten* dadurch aus, dass sie ein *Monopol* für Aktualisierungen unterstellen und insofern eine Monopol für neue Verzeitlichungen.

Die Funktion diese Monopols besteht also darin, durch Systemisierungen von Gemeinsinn erzeugte Pluralität an Verzeitlichungen in ihrer evolutiven Entfaltung jedenfalls *vorübergehend* zu hemmen bzw. auszuschalten. Das heißt zunächst, dass ein Politisierungsprozess sich ausbreitet und einen monopolisierten und systemisch vorübergehenden Verzeitlichungsanspruch etabliert. Dieser Politisierungsprozess muss demnach durch einen umfassend *herrschenden* Positionsanspruch bestimmt sein, und zwar in der Weise, dass es in Rücksicht auf seine inhaltliche Ausrichtung letztlich belanglos ist, wer ihn artikuliert. Insofern ist dieser Positionsanspruch auch systemisch universell geltend. Unterschiede in Rücksicht auf die Erzeugung von Aufmerksamkeit sind dadurch nicht ausgeschlossen. Im Gegenteil, beträchtliche Unterschiede sind zu erwarten danach, ob z. B. ein Bundeskanzler, ein Parteiführer, ein Kirchenführer, ein Gewerkschaftsvorsitzender oder der einfache Bürger auf der Straße, im Restaurant, in der Straßenbahn usw. diesen Standpunkt äußert. Dass dieser Standpunkt allgemein ist und somit über die vorgegebenen Verzeitlichungen hinaus gilt, ist daran zu erkennen, dass damit im Grundsatz auch die Antwort auf das Schwierige schwieriger Zeiten im Ansatz mitartikuliert wird: *Vereinfachung*.

Bei dieser Art von Vereinfachung geht es nicht, jedenfalls nicht generell darum, vorgegebene Verzeitlichungen zu reduzieren, sondern – wie angedeutet – zunächst darum, vorgegebene Verzeitlichungen in ihrer evolutiven Offenheit und Potenzialität für eine Pluralität von Aktualitätssystemen zu hemmen. Diese Hemmung bzw. vorübergehende Blockade aufgrund eines vorübergehenden Verzeitlichungsmonopols ist Bedingung dafür, dass Ver-

5*

einfachungen als „Umsetzungen" der Wertorientierungen des Gemeinwohls (bzw. was man dafür hält) möglich werden. Als Hinweis hierzu mag vorerst die Debatte nach dem „11. September" (Wort des Jahres 2001) zum Verhältnis von Sicherheit und Freiheit genügen. Mit diesem Hinweis ist implizit mitgeteilt – was ebenfalls schon angedeutet wurde –, dass die gesellschaftliche Bedingung für eine systemisch reduzierte Vereinfachung von Verzeitlichungen im Sinne der Konstitution eines umfassenden Aktualitätssystems mit einem allgemein geltenden Positionsanspruch ein durchgehend herrschender Politisierungsprozess ist. Dieser Politisierungsprozess ist als Verzeitlichungsprozess aufgrund des mit ihm transportierten umfassend herrschenden Positionsanspruch ein Prozess der *Entzeitlichung* im Sinne der Überlagerung einer vorgegebenen Pluralität an Verzeitlichungen. Dieser Politisierungsprozess ist ein Prozess der *Entöffentlichung* im Sinne der Überlagerung einer vorgegebenen Pluralität an Teil- bzw. Bereichsöffentlichkeiten. Zusammenfassend lässt sich feststellen, dass dieser Politisierungsprozess als ein Prozess, der auf Vereinfachung ausgerichtet ist, eine Spezifizierung – die allgemein genutzt werden kann und wird – der Bedienungen des Sozialmechanismus der Politisierung/Entpolitisierung erfordert, nämlich das Bedienungsparadox durch eine vorübergehende „Aufhebung" auszuschalten. Das heißt im Falle der Gesellschaft, dass die Grenze Politik/Antipolitik als Thematisierungsgegenstand nicht in Betracht kommt.

In solchen Fällen wird eine Gesellschaft darauf verwiesen bzw. dazu aktualisiert, dass sie eine Überlebensgesellschaft ist. Durch solche Aktualisierungen wird eine Gesellschaft daran erinnert bzw. sie erinnert sich daran, dass sie eine *politische* Gesellschaft ist. Mit solchen Erinnerungen aktualisiert eine Gesellschaft als Überlebensgesellschaft ihre Anfangsbedingungen und damit *zugleich* ihre Bestandsbedingungen. Insofern sind solche Aktualisierungen Ausdruck von Bewährungsproben. Die Gesellschaften des real existierenden Sozialismus sind Beispiele für Gesellschaften, die ihre Anfangsbedingungen als Überlebensbedingungen nicht durchhalten konnten. Das heißt – kurz gesagt –, dass diese Gesellschaften immer weniger dazu in der Lage waren (bis hin zu umfassender Unfähigkeit), jene vorhin angesprochenen Überlagerungen (der Politisierung/Entpolitisierung, der Verzeitlichung/Entzeitlichung, der Veröffentlichung/Entöffentlichung) zu aktualisieren und zu organisieren. Der entscheidende Grund für das Versagen dieser Gesellschaften war in ihren Anfangsbedingungen angelegt insofern, als sie die Grenze Gesellschaft/Politik bzw. Politik/Antipolitik eben *nicht* als Überlebensbedingung erkannt und gepflegt, sondern systematisch versucht haben, diese Grenze dauerhaft zu beseitigen. Sie waren daher logischerweise immer weniger dazu in der Lage, die für sie schwierigen Zeiten zu erkennen und im Sinne von Vereinfachungen zu organisieren. Solche Vereinfachungen waren also nicht möglich, weil es – salopp formuliert – nichts mehr zu überlagern gab.

Im Falle solcher Gesellschaften sind die Anfangsbedingungen – so kann man allgemein sagen – derart ausgerichtet, dass diese Gesellschaften für ihre gesellschaftlichen Teilsysteme (und folglich deren Subsysteme) und deren Bedingungen nicht auf das Erkennen und Nutzen evolutionärer Vorteile verweisen, die durch politische Steuerung optimiert werden könnten. Solche Gesellschaften sind von ihren Anfangsbedingungen her auf eine strikte und umfassend dominante Entscheidungskompetenz ausgerichtet und mit einer operativen Geschlossenheit „vorprogrammiert", so dass die autopoietische Leistungsfähigkeit dieser Gesellschaften im Laufe der Zeit durch die Aktualisierungen ihrer Verzeitlichungen des Gemeinsinns im Zuge einer stetig sich verengenden und strikteren operativen Geschlossenheit zwangsläufig verbraucht bzw. aufgebraucht wird. Man könnte – noch allgemeiner formuliert – auch sagen, dass solche Gesellschaften aufgrund ihrer Anfangsbedingungen auf ein Versagen „vorprogrammiert" sind, so dass sie schwierige Zeiten auf Dauer durch Vereinfachungen nicht bewältigen können. Damit ist implizit ausgesagt, dass zu den Überlebensbedingungen von Gesellschaften gehört, „Vereinfachungen mit ihren inhärenten Schwierigkeiten" bewältigen zu können, sie nämlich als Pluralität an Versozialisierungen bzw. Verzeitlichungen zu integrieren. Das heißt also, Vereinfachungen sind nur dann und insofern einfach, als Gesellschaften dazu fähig sind, jene Aktualisierungen, die Merkmale schwieriger Zeiten sind, als Erneuerung und Bekräftigung ihrer Bestandsbedingungen auf Dauer zu stellen und zu halten.

Hinweise dazu, ob für eine Gesellschaft schwierige Zeiten angezeigt sind, sind beobachtbar, wenn – was aufgrund der vorstehenden Überlegungen sich aufdrängt – in der Öffentlichkeit in zunehmenden Maße von Werten die Rede ist. Diese Rede ist geprägt von Klagen über den Werteverfall einerseits und von Forderungen über die Wiederbesinnung auf Werte andererseits. Solche Thematisierungen erfassen explizit oder implizit die Gesellschaft als *politische* Gesellschaft und insofern die Grenze Gesellschaft/Politik bzw. Politik/Antipolitik. Wenngleich solche Thematisierungen diese Grenze nicht grundsätzlich zur Disposition stellen, so sind sie dennoch Merkmale schwieriger Zeiten insofern, als sie Vereinfachungen bzw. Überlagerungen im erläuterten Verständnis einfordern. Jedoch ist hier ein entscheidender Unterschied festzustellen. Weil jene Grenze nicht grundsätzlich zur Disposition gestellt wird, werden „nur" Grenzveränderungen thematisiert. Vereinfachungen bzw. Überlagerungen stehen nur als Tendenzen, die Grenzveränderungen umschreiben, zur Diskussion. Aktualisierungen von Gemeinsinn divergieren, da sie nicht zu Überlagerungen von Verzeitlichungen führen, zwangsläufig sowohl in ihren Voraussetzungen als auch in ihren Folgen. Dennoch kommt es laufend zu Vereinbarungen, zu Übereinkünften. Bei solchen Übereinkünften handelt es sich um *Kompromisse*.

Um solche Kompromisse zu erreichen, werden Werte eingesetzt. Werte sind in solchen Fällen zur Rechtfertigung von Überlagerungstendenzen erforderlich. Werte können wegen/aufgrund ihrer Funktion, dass sie gelten, dazu verwendet werden, vorhandene Verzeitlichungen mit einem *Überschuss* zu versorgen. Das heißt, Werte können dazu benutzt werden, Geltungsansprüche über gegebene Verzeitlichungen bzw. Versozialisierungen von Gemeinsinn hinaus auszuweiten. Da in den in Frage stehenden Fällen tatsächliche Überlagerungen ausgeschlossen sind, muss jedenfalls *ein gemeinsames Interesse* vorhanden sein, damit Übereinkünfte, Kompromisse, zustande kommen können. Werte werden in solchen Fällen dazu genutzt, den Anteil der jeweils partikulären Interessen am jeweils gemeinsamen Interesse hervorzuheben und möglichst weitgehend umzusetzen. Werte werden also eingesetzt, um partikuläre Interessen unter den Bedingungen gegebener Verzeitlichungen und ihres Bestandes und somit unter Konkurrenzbedingungen durchzusetzen. Diese Funktion können Werte leisten, weil sie generell ermöglichen, Geltungsansprüche über vorgegebene Verzeitlichungen hinweg zu rechtfertigen, also vorhandene Verzeitlichungen jedenfalls mit Geltungsansprüchen zu überlagern, ohne dass solche Überlagerungen gegebene Verzeitlichungen bzw. Versozialisierungen von Gemeinsinn aus systemisierten Justierungen herauslösen, also die Konkurrenzbedingungen erhalten. Subtile Beispiele hierfür bieten humanitäre Hilfsorganisationen in ihrem Verhältnis zueinander.

Der Einsatz von Werten ist auch dann zu erwarten, wenn die Umsetzung eines gemeinsamen Interesses Überlagerungen jeglicher Art ausschließt, also sowohl ein Konsens als auch ein Kompromiss nicht in Betracht kommt. Gemeint sind demnach die Fälle, in denen weder eine Monopolisierung noch eine Konkurrenz eines pluralisierten Gemeinsinns in Frage kommt. Solche Fälle wurden bereits als Fusionen angesprochen. Die Orientierung auf Werte ist in solchen Fällen gefordert, um die Gemeinsamkeit des gemeinsamen Interesses über die Unterschiede partikulärer Interessen hinweg durch eine neue und insofern gemeinsame Verzeitlichung bzw. Versozialisierung von Gemeinsinn zu ermöglichen und zu sichern. Ein Wert, der häufig und vorrangig hier eingesetzt wird, ist der der Solidarität. Damit wird versucht, über die unterschiedlichen Auffassungen über Solidarität, die aufgrund unterschiedlicher vorgegebener Verzeitlichungen bzw. Versozialisierungen von Gemeinsinn zwangsläufig vorhanden sind, eine für eine Fusion notwendige *gemeinsame* Wertorientierung der Solidarität zu begründen und so die Konkurrenzbedingungen unter Ausschaltung bisheriger partikulärer Interessenverfolgung zu verbessern. Als ein typisches Beispiel für eine solche Verbesserung von Konkurrenzbedingungen in Rücksicht auf spezifische Interessenverfolgung ohne Veränderung der Grenze Gesellschaft/Politik bzw. Politik/Antipolitik kann der Zusammenschluss von fünf Einzelgewerkschaften zur neuen Dienstleistungsgewerkschaft Ver.di angesehen werden.

Solche Fusionen können nur gelingen – das ist die These –, wenn die Aktualisierungen von Gemeinsinn eine jeweils für die fusionierten Systeme spezifische und somit sie kennzeichnende Nutzung von Wertorientierungen manifestieren. Damit dokumentieren sie, dass es nicht darum geht, Schwierigkeiten durch Vereinfachungen zu bewältigen, sondern darum, unruhige Zeiten von Unruhe zu entlasten, nämlich über gemeinsame Wertorientierungen und davon bestimmten Verzeitlichungen bzw. Versozialisierungen von Gemeinsinn Stabilität von Zeitverhältnissen zu bewirken. Im Unterschied zu Monopolisierungen geht es Fusionen nicht um Überlagerungen; Fusionen heben nicht die Konkurrenz auf, sondern verändern die Konkurrenzbedingungen. Insofern können sie zur Stabilität von Zeitverhältnissen und damit der Grenze Politik/Gesellschaft bzw. Politik/Antipolitik beitragen. Daher kann unterstellt werden, dass Fusionen über jene Grenze hinweg jedenfalls in offenen freiheitlichen Gesellschaften auszuschließen sind. Andererseits ist jene Grenze – und deshalb war es wichtig, auf die Bedingungen für Fusionen aufmerksam zu machen – Operationen ausgesetzt, die den Bestand jener Grenze gefährden.[14]

Wenn vorausgesetzt wird, dass einerseits Fusionen keine „zulässigen" Vereinfachungen für gesamtgesellschaftlich schwierige Zeiten sein können und andererseits Monopolisierungen Vereinfachungen darstellen, die aufgrund/wegen Überlagerungen jene Grenze nicht thematisieren, dann ist anzunehmen, dass der Regelfall schwieriger Zeiten durch die bereits angesprochenen Überlagerungstendenzen gekennzeichnet ist. Das heißt auch, dass in solchen Zeiten die Bedienungen des Mechanismus Politisierung/Entpolitisierung darauf ausgerichtet sind, Kompromisse zu erzielen. Das heißt weiterhin, solche Zeiten sind *verwickelte Zeiten*. Sie sind verwickelt, weil wegen der Überlagerungstendenzen schwer durchschaubar ist, welche Wertorientierungen in welcher Weise, in welchem Umfange und mit welchen Auswirkungen jeweils zum Zuge kommen. Da aber dennoch, um die Schwierigkeiten schwieriger Zeiten durch Vereinfachungen bewältigen zu können, eine gemeinsame Wertorientierung genutzt werden muss, wird der *Kompromiss als Wert* ausgegeben. Das schließt die Inanspruchnahme weiterer, unterschiedlich interpretierter Wertorientierungen und Anstrengungen zur Rationalisierung der Prozesse zur Erreichung solcher Kompromisse nicht aus. Solche Kompromisse sind insofern geeignet, die Stabilität von Zeitverhältnissen zu sichern, als die Bewältigung als „Vereinfachung durch Kompromiss" sich als ein übliches Muster allgemein durchgesetzt hat und praktiziert wird. Als Bezeichnung hierfür hat sich „Verhandlungsdemokratie" eingebürgert, wozu die Wissenschaft mit ihren verschiedenen theoretischen Bemühungen erheblich beigetragen hat. Vornehmlich empirisch aus-

---

[14] Auf Zeitlichkeitsgrenzen dieser Art hat das Bundesverfassungsgericht – wenn auch verklausuliert – mit seinem Urteil zum Vertrag von Maastricht hingewiesen.

gerichtete Arbeiten sind unter der Bezeichnung „Neokorporatismus" vorgelegt worden.

Verhandlungsdemokratie bzw. Neokorporatismus kann man als Kennzeichnungen für ausgereifte Ausprägungen von Anfangsbedingungen begreifen. Da – wie wiederholt betont – aller Anfang paradox ist und die Anfangsbedingungen auch als Bestands- bzw. Überlebensbedingungen fungieren, kann man feststellen, dass Verhandlungsdemokratien bzw. neokorporatistisch geprägte Gesellschaften in hohem Maße sowohl der Beweglichkeit als auch der Beharrung verpflichtet sind. Formelhaft verkürzt, kann man sagen: Es handelt sich um Gesellschaften, die über ihre Politik (Politik/Antipolitik) darauf ausgerichtet sind, einerseits laufend neue Beweglichkeiten in Gang zu setzen, andererseits diese Beweglichkeiten *zugleich* wieder einzufangen.

Schwierige Zeiten sind also in demokratischen Gesellschaften – insbesondere der Moderne – verwickelte Zeiten. Das ist für diese Gesellschaften der Normalfall, einfach deshalb, weil wegen der Pluralität von Wertorientierungen und Verzeitlichungen bzw. Versozialisierungen von Gemeinsinn Vereinfachungen in der Regel nicht geeignet sind, Schwierigkeiten zu bewältigen, sondern eher dazu, diese zu steigern. Dennoch gilt auch hier: Ohne Vereinfachungen geht es nicht.

Ein hervorragendes Beispiel für eine Vereinfachung von Schwierigkeiten ist die Einrichtung eines *nationalen Ethikrates* in der Bundesrepublik Deutschland. Die erste Vereinfachung besteht in der Auswahl und Berufung der Mitglieder durch den Bundeskanzler. Eine weitere Vereinfachung ist durch die Zusammensetzung eingerichtet. Die Mitglieder dieses Gremiums (vor allem die Vertreter von Wissenschaft und Forschung, aber auch die der Kirchen) sind aufgrund ihrer jeweiligen Einbindungen in Verzeitlichungen mit bestimmten Wertorientierungen schwerlich als die „berufenen" Kompetenzen anzusehen, die allgemein überzeugend und für die Gesamtgesellschaft verbindlich über den Wert der „Menschenwürde" zu befinden haben.[15] Das Argument, der Ethikrat habe „nur" über die Frage des Imports und der Nutzung von embryonalen Stammzellen zu befinden, bestätigt nur, dass eine Vereinfachung genutzt werden soll. Dass dieser Ethikrat eine Fehleinrichtung darstellt, wird schon dadurch offenkundig, dass er „hinter verschlossenen Türen" diskutiert und seine Entscheidung trifft. Hier liegt ein Fall extremer Entöffentlichung vor.

Diese Art von Entöffentlichung belegt in aller Deutlichkeit, dass ein gesamtgesellschaftlicher Konsens nicht unterstellt werden kann, er anderer-

---

[15] Von besonderem Interesse sind deshalb unter gesamtgesellschaftlicher Perspektive insbesondere die Argumente, die eine Nutzung embryonaler Stammzellen strikt ablehnen.

seits gefordert ist, aber dennoch eine Entscheidung eingefordert wird, die als eine radikale Vereinfachung anzusehen ist. Würde ein gesamtgesellschaftlicher Konsens unterstellt werden können, wäre der nationale Ethikrat schlichtweg überflüssig. Dem Argument, die Frage des Imports und der Nutzung embryonaler Stammzellen für Forschungszwecke stelle eine neue Herausforderung dar, worauf die Einrichtung des nationalen Ethikrates antworte, mag man eine gewisse Plausibilität zuerkennen; überzeugen kann es letztlich nicht. Die Schwierigkeit besteht – kurz gesagt – darin, dass die bisher allgemein akzeptierte Verzeitlichung des Gemeinsinns für die Wertorientierung der Menschenwürde von Teilen der Gesellschaft nicht mehr als geltend für eine bestimmte Fragestellung betrachtet wird, und zwar deshalb, weil man aufgrund anderer Wertorientierungen eine bestimmte Antwort als richtige Antwort bestimmt, also die Antwort vorgegeben wird, und man hierfür eine gesellschaftliche Bestätigung bzw. Rechtfertigung sucht. Je nachdem, welche Zustimmung oder Ablehnung durch den Ethikrat erfolgt, sind neue Aktualitätssysteme mit Überlagerungstendenzen folgerichtig.

Mit der Einrichtung des nationalen Ethikrates wurde die Frage nach dem Wert der Menschenwürde insofern radikal vereinfacht, als eine äußerst spezifische, eine äußerst eng umgrenzt Verzeitlichung und Versozialisierung von gesamtgesellschaftlichem Gemeinsinn und insofern eine radikal reduzierte Wertorientierung der Menschenwürde akzeptiert wurde. Zugespitzt formuliert, könnte man sagen, der Wert der Menschenwürde wurde punktualisiert. Diese Punktualisierung besteht also in der Einmaligkeit der Nutzung einer Entscheidungskompetenz mit einer Verzeitlichung und davon bestimmten Versozialisierung von Gemeinsinn, die in Rücksicht auf die Entscheidungskompetenz mit ihrer Verzeitlichung und Versozialisierung von Gemeinsinn durch die Gesamtgesellschaft nur als ein einzelnes kommunikatives Ereignis beobachtbar sind. Diese Punktualisierung wurde dadurch organisierbar, dass die Wertorientierung der Menschenwürde als teilbar unterstellt wurde, nämlich als eine davon abtrennbare Wertorientierung zur Beantwortung der Frage des Imports und der Nutzung von embryonalen Stammzellen für Forschungszwecke. Eine solche Abtrennung war notwendig, da ansonsten die Geltung des Wertes der Menschenwürde als zumindest allgemein fragwürdig unterstellt worden wäre. Die Frage, welche Wertorientierung aus gesamtgesellschaftlicher Sicht bei der Entscheidung des Ethikrates nach der Mehrheitsregel sich durchgesetzt hat – und das gilt auch für die Minderheit –, muss offen bleiben, einfach deshalb, weil nicht erkennbar ist, ob und welche Wertorientierungen als geltende unterstellt wurden. Man könnte von einer Zweckorientierung sprechen, die aufgrund der Opportunitätsentscheidung von Seiten der Politik (Bundeskanzler) zur Einrichtung des Ethikrates vorgegeben war.

Eine Entscheidung des Ethikrates war unter den geschilderten Bedingungen erforderlich, weil – wie erläutert – kein gesamtgesellschaftlicher Konsens unterstellbar war. Die Entscheidung hat zwangsläufig – unabhängig von der letztlich zur Entscheidung anstehenden Entscheidungsmaterie und unabhängig vom Abstimmungsergebnis – mit einem gesamtgesellschaftlichen Kompromiss nichts zu tun. Der Grund hierfür liegt auf der Hand; er ist durch die geschilderte Vereinfachung umschrieben. Diese Art der Vereinfachung kennt keine Überlagerungen (auch keine Überlagerungstendenzen); sie ist auf *eine* – und nur eine Entscheidung (Ja-/Nein-Entscheidung bzw. Zustimmung/Ablehnung nach er Mehrheitsregel) ausgerichtet. Dabei stehen sich zwei Monopolisierungsansprüche gegenüber. Weil Überlagerungen nicht entstehen können, sind Verzeitlichung bzw. Versozialisierung von Gemeinsinn nur auf diese eine Entscheidung ausgerichtet, und insofern ist für solche sozialen Systeme mit ihrem Anfang zugleich ihr Ende bestimmt. Es handelt sich aufgrund ihrer Entscheidungskompetenz um kommunikative Ereignisse mit einem besonderen Status.

Die Tatsache, dass keine Überlagerungen stattfinden können, belegt, dass solche Systeme keine eigenen Aktualitätssysteme ausbilden können und ihre Entscheidungskompetenz nicht authentisch ist, so dass der Status ihrer Entscheidung in ihrer gesamtgesellschaftlichen kommunikativen Funktion besteht. Diese Funktion zeigt sich daran, dass, da diese Entscheidungen mangels Überlagerungsmöglichkeiten weder einen gesamtgesellschaftlichen Konsens noch einen gesamtgesellschaftlichen Kompromiss darstellen können, diese Entscheidungen jeweils einen gesamtgesellschaftlichen kommunikativen Fixpunkt markieren. Entscheidend ist, dass dieser Fixpunkt die Gesellschaft *fiktiv* als *politische* Gesellschaft unterstellt und daher sein Verzeitlichungspotenzial letztlich beliebig einsetzbar ist, also für gesamtgesellschaftliche Kommunikation zum Thema Menschenwürde gleichsam ubiquitär fungieren kann. Besondere Möglichkeiten bieten sich der Kompetenz, die befähigt ist, für die Entstehung jener kommunikativen Ereignisse zu sorgen. Diese Besonderheit ist daran erkennbar, dass die Einsetzungsinstanz trotz klarer Präferenz sowohl die Mehrheits- als auch die Minderheitsposition der betreffenden Entscheidung argumentativ für sich nutzen kann, ohne deswegen seine eigene kommunikative Kompetenz in Frage zu stellen.

Von dem Beispiel „Ethikrat" unterscheidet sich etwa das Beispiel „Enquetekommission" in entscheidender Weise dadurch, dass es nicht um eine Punktualisierung geht, sondern um eine *offene* Verzeitlichung insofern, als keine Ja-/Nein-Entscheidungen gefordert, sondern Vorschläge erwartet werden. Dies ist folgerichtig, weil die Zusammensetzung (Mitglieder der Instanz – also hier: Parlament –, die das Gremium eingesetzt hat, einerseits und Mitglieder außerhalb der Einsetzungsinstanz, also aus der Gesellschaft andererseits) aufgrund ihrer völlig verschiedenen Einbindungen in Entschei-

2. In schwierigen/einfachen Zeiten 75

dungskompetenzen (der Politik einerseits und der Gesellschaft bzw. Antipolitik andererseits) keine neue Verzeitlichung mit eigenständiger und insofern überlagernder Entscheidungskompetenz „zulässt". Ansonsten könnten wegen der Offenheit der Verzeitlichung alle möglichen Konsense und Kompromisse erwartet werden, was deren Unverbindlichkeit nur bestätigt.

Beide Beispiele, Ethikrat und Enquetekommission, sind Beispiele für die *Auslagerung* von Verzeitlichungen. Im ersten Beispiel geht es darum, für eine bestimmte Aktualität einen Zeitüberschuss zu erzeugen, um diese Aktualität kommunikativ nutzen zu können und die eigene Verzeitlichung dadurch kommunikativ zu entlasten; im zweiten Beispiel darum, die eigene Verzeitlichung kommunikativ zu entlasten dadurch, dass für eine bestimmte Aktualität ein Zeitüberschuss beschafft wird, um so diese Aktualität unter den Bedingungen einer offenen Verzeitlichung den Zwängen von Zeitknappheiten zu entziehen und so „aufzulösen" (wodurch das Entscheiden als ein Nichtentscheiden erscheint). In beiden Beispielen geht es grundsätzlich darum, Thematisierungen der Grenze Gesellschaft/Politik (Politik/Antipolitik) auszulagern. Typischerweise werden diese Auslagerungen von Seiten der Politik vorgenommen. Damit wird nicht nur angezeigt, dass jede Gesellschaft letztlich eine *politische* Gesellschaft ist, sondern auch, dass die Gesellschaft als politische Gesellschaft der Politik der Gesellschaft einen Primat zurechnet, nämlich in Fragen von gesamtgesellschaftlicher Relevanz über die Entscheidungskompetenz zu verfügen. Die Frage ist, wie gesamtgesellschaftliche Relevanz bestimmbar und entscheidbar ist. Sie verweist jedenfalls auf schwierige Zeiten.

Sofern schwierige Zeiten nicht durch Überlagerungen in verwickelte Zeiten mit den dafür zur Verfügung stehenden Vereinfachungen herunter transformiert werden können oder sollen, müssen dafür spezifische Vereinfachungen eingesetzt werden. Auslagerungen sind solche Vereinfachungen; sie sind Bemühungen, die Stabilität der Zeitverhältnisse bzw. die vorgegebene strukturorientierte Nachhaltigkeit von Dauerpräsenz zu erhalten. Das Beispiel „Enquetekommissionen" kann man als Beispiel für ein Entscheiden durch Nichtentscheiden betrachten, als ein Beispiel dafür, wie man für eine Entscheidungsmaterie eine vorübergehende – evtl. langfristige – Verzeitlichung und Versozialisierung von Gemeinsinn konstituieren kann, ohne damit eine Entscheidungskompetenz zu verbinden, die für die mit der Entscheidungsmaterie unterstellte Relevanz Entscheidungsverbindlichkeit herstellen könnte. Das Beispiel „Ethikrat" ist ein Beispiel dafür, wie man agieren kann, wenn der Zwang, der Aktualitätszwang, zur Entscheidung nicht aufgelöst werden kann, aber andererseits für eine Entscheidungsmaterie eine Quasi-Entscheidungskompetenz mit einer darauf ausgerichteten vorübergehenden, jedenfalls kurzfristigen Verzeitlichung und Versozialisierung von Gemeinsinn zur Legitimitätsabsicherung einer Entscheidung konstituiert wird, die durch die dafür ausgewiesene kompetente Entscheidungsinstanz dann als eigene Entscheidung ausgegeben wird. Der im Falle des Ethikrates aufgetretene unausweichliche Entscheidungszwang wurde dadurch erzeugt, dass eine konkrete und eng umgrenzte Fragestellung zwingend in der Orientierung an einen und dazu überragenden Wert der Gesellschaft entschieden werden musste.[16] Im Falle von Enquetekommissionen kann ein Entscheidungszwang „aufgelöst" werden, weil die Fragestellung durchweg wenig konkret und genau beschrieben wird und zudem eine Vielzahl an Wertorientierungen genutzt werden kann. Im Falle des Ethikrates ist die Vereinfachung in Rücksicht auf die Entscheidung nicht weiter reduzierbar, die Entscheidung in ihren gesellschaftlichen Folgen jedoch als weitreichend und komplex einzuschätzen. Im Falle von Enquetekommissionen ist eine Vielzahl an Entscheidungsvorschlägen erwartbar, die allerdings in ihren gesellschaftlichen Folgen schwer abschätzbar sind.

Sowohl im Falle des Ethikrates als auch im Falle von Enquetekommissionen wird die Vereinfachung als Auslagerung und insofern als eine gesonderte Verzeitlichung für die kommunikative Bearbeitung der Entscheidungsmaterie ausgeführt. In beiden Fällen wird dadurch die Stabilität gegebener Zeitverhältnisse gesichert. Dass auf diese Weise aus schwierigen Zeiten einfache werden, ist damit selbstverständlich nicht gesagt, sondern nur, wie Mechanismen der Verzeitlichung/Entzeitlichung (bzw. umgekehrt) genutzt werden können, um mit Schwierigkeiten schwieriger Zeiten *vorübergehend* zu Rande zu kommen.

Schwierige Zeiten sind typischerweise keine spektakulären Zeiten. Das Schwierige schwieriger Zeiten ist dadurch gekennzeichnet, dass Vereinfachungen gefordert sind, jedoch die nutzbaren Vereinfachungen die Handhabung der Schwierigkeiten zwar erleichtern, aber nicht auf Dauer beheben. Die kommunikativen Aktivitäten von Politik/Gesellschaft bzw. Politik/Antipolitik sind deshalb moderat, d. h. die Bedienungen der Sozialmechanismen vermeiden durchweg Extrempositionen in Rücksicht auf eine Thematisierung jener Grenze. Damit wird angezeigt, dass im Interesse der Sicherung einer strukturorientierten Nachhaltigkeit von Dauerpräsenz keine wichtigen politischen Steuerungsleistungen zur Veränderung jener Grenze zu erwarten sind. Andererseits wird damit angezeigt, dass unter diesen einschränkenden Bedingungen einer prozessorientierten Nachhaltigkeit von Dauerpräsenz beträchtliche Freiheitsgrade zugestanden werden, so dass ein unterschwelliger schleichender gesellschaftlicher Evolutionsprozess sich ausbreiten und so

---

[16] Daran ändert auch nichts die Tatsache, dass verschiedene Fassungen zur Abstimmung gestellt wurden. Die betreffende Entscheidung wurde jedenfalls mit einer deutlichen Mehrheit getroffen. Was auch immer wieder in der Öffentlichkeit herausgestellt wurde.

die Schwierigkeiten schwieriger Zeiten transportieren und im Laufe der Zeit steigern kann.

Als ein Beispiel für einen solchen Prozess kann die seit Jahren beobachtbare und beschriebene Individualisierung gelten. Ohne die etwa unter der Überschrift der „zweiten Moderne" vorgelegten Untersuchungen heranzuziehen, kann festgestellt werden, dass dieser Prozess der Individualisierung als ein gesellschaftlicher Prozess in einer grundlegenden Weise die Grenze Gesellschaft/Individuum erfasst und insofern thematisiert, nämlich das Verhältnis Individuum/Bürger (als Gesellschaftsform des Individuums). Diese Thematisierung ist *zugleich* eine Thematisierung der Grenze Gesellschaft/ Politik bzw. Politik/Antipolitik, und zwar in Rücksicht auf die Bedingungen der Mitgliedschaft des Individuums in der Gesellschaft als *politischer* Gesellschaft. Als ein typisches und aufschlussreiches Beispiel für eine solche Thematisierung, die sich als ein Beispiel für schwierige Zeiten im oben erläuterten Verständnis ausweist, können die seit Jahren und in zunehmenden Maße öffentlich geführten Diskussionen zum *Ehrenamt* herangezogen werden. Auffallend an diesen Diskussionen ist trotz der seit Jahren anhaltenden Aktualität, dass das Ehrenamt durchweg bejahend erörtert wird und kritische Einwände so gut wie nicht vorgetragen werden. Auffassungsunterschiede werden nur erkennbar, wenn es um die Frage geht, Status und materielle Ausstattung des Ehrenamtes näher zu bestimmen. Die Befürwortung, manchmal geradezu feierliche Lobpreisung des Ehrenamtes wird vor allem von Politikern, insbesondere von Amtsinhabern (vom Bundespräsidenten, Bundeskanzler, von Ministerpräsidenten über Minister bis hin zu Landräten und Bürgermeistern) vorgetragen. Das alles ist offenkundig und muss hier nicht näher belegt werden. Als ein Beispiel hierfür mag der Hinweis auf eine Ansprache des Bundespräsidenten Herzog anlässlich des „Tages des Ehrenamtes" genügen. Diesen Tag hat der Bundespräsident zum Anlass genommen, „die beispielhaften Leistungen für das Gemeinwohl zu ehren". Ohne das „ehrenamtliche Engagement" sei – so der Bundespräsident – „ein funktionierendes Gemeinwesen ... eigentlich gar nicht denkbar". Das heißt nach Aussage des Bundespräsidenten auch, dass der Staat die Aufgaben, „die Sie (die Ausgezeichneten) und viele wahrnehmen, für die Sie stehen, in vielen Fällen gar nicht selbst erledigen" könnte.[17]

Als nachhaltige Orientierungstendenzen der Diskussionen zum Ehrenamt treten die Eigenverantwortung einerseits und die Verantwortung gegenüber dem Gemeinwohl andererseits hervor. Als Begründung für diese Orientierungen wird in der Regel und vordergründig darauf verwiesen, dass der Staat nicht alles leisten könne, was von ihm verlangt werde. Die grund-

---

[17] Bulletin des Presse- und Informationsamtes der Bundesregierung Nr. 103 vom 29.12.1998, S. 1323–1324.

legende Frage ist jedoch, ob und ggf. welche Verschiebungen der Grenze Gesellschaft/Individuum bzw. Gesellschaft/Politik vonstatten gehen oder bewirkt werden sollen. Jene Diskussionen sind jedenfalls deutliche Belege dafür, dass Vereinfachungen gesucht und vorgeschlagen werden, also Belege für schwierige Zeiten. Das Schwierige in diesem Falle ist, den Status des Bürgers in Rücksicht auf die unterschiedlichen Anforderungen zu bestimmen. Schwierigkeiten bestehen darin, den Status des Bürgers – abgesehen von formalen Bestimmungen wie z.B. das Alter für aktives und passives Wahlrecht – zu verändern, um jene Grenze neu justieren zu können, was heißt, die kommunikativen Operationen der Mitglieder der Gesellschaft in Bezug auf diese Grenze so auszurichten, dass dadurch eine neustrukturierte Nachhaltigkeit von Dauerpräsenz eingerichtet wird. Somit stellt sich die Frage, welche Vereinfachungen hierfür genutzt werden.

Eine besondere Herausforderung wird von jenen Diskussionen ausgeklammert, weil sie keine formalisierbaren Verpflichtungen im Sinne von klar bestimmbaren Versozialisierungen von Gemeinsinn vorsehen. Für eine Neuausrichtung des Bürgerstatus gibt es demnach keine Strukturorientierungen mit einem Vorschuss an Dauerpräsenz. Daher muss grundsätzlich offen bleiben, welche Strukturierungen durch Etablierung eines neuen Bürgerstatus bewirkt werden. Jedoch bleiben Wertorientierungen. Aber welche? Andererseits sind für eine Anwendbarkeit Verzeitlichungen zwingend. Welche Verzeitlichungen bzw. Versozialisierungen von Gemeinsinn werden dafür genutzt? Gefragt wird demnach sowohl nach Wertorientierungen als auch Verzeitlichungen bzw. Versozialisierungen von Gemeinsinn.

Würde man diese Fragen nach einer neustrukturorientierten Nachhaltigkeit in Rücksicht auf den Bürgerstatus stellen und beantworten, würde mit der Antwort zwangsläufig eine Neuorientierung und Neuausrichtung des Status des Politikers (als Öffentlichkeitsform des Bürgers) gefordert. Dies würde – auch ungeachtet der Abwehrreaktionen von Seiten der Politiker – die Schwierigkeiten zunächst einmal nur verdeutlichen, nämlich aufzeigen, dass hierfür keine unmittelbar nutzbaren Vereinfachungen zur Verfügung stünden. Diese sind – trotz der Vollmundigkeit der Vertreter der zweiten Moderne – bestenfalls in Umrissen erkennbar. Was steht also zur unmittelbar aktuellen Nutzung an Vereinfachungen zur Verfügung? – Die, die auch genutzt werden.

Diese Tautologie umschreibt die Schwierigkeiten der Vereinfachungen. Das heißt, die genutzten Vereinfachungen sind die, die, von unterschiedlichen Ausgestaltungsmöglichkeiten abgesehen, grundsätzlich als alternativlos und zwingend unterstellt werden. Die Schwierigkeiten werden dann nicht bewältigt, sondern aufgrund von neuen Statuszurechnungen nur anders arrangiert. Dafür stehen, was die Verzeitlichungen bzw. Versozialisierungen von Gemeinsinn angeht und was offenkundig ist, einerseits die Gesellschaft und andererseits das Individuum zur Verfügung. Damit ist angezeigt, dass nicht nur die Grenze Gesellschaft/Individuum thematisiert, sondern auch das Individuum als Verzeitlichung bzw. Versozialisierung von Gemeinsinn betrachtet wird. Diese Auffassung vom Individuum ist Bedingung für eine Veränderung der Statuszurechnung des Bürgers und in weiterer Konsequenz auch des Politikers bzw. umgekehrt.

Das Individuum ist deshalb als eine Verzeitlichung bzw. Versozialisierung von Gemeinsinn aufzufassen, damit ihm eine Wertorientierung zugerechnet werden kann, die daraufhin eine *Norm* erfordert, die *öffentlich* eingefordert werden kann. Als Wertorientierung wird *individuelle Selbstbestimmung* und als Norm *Eigenverantwortung* unterstellt. Dadurch wird ermöglicht, dem Individuum bei Anerkennung einer je individuellen Auffassung seiner Wertorientierung als Individuum dennoch eine Normorientierung zuzurechnen, die dem Individuum einen *öffentlichen* Status zurechnet, der eine öffentlich einforderbare Verantwortlichkeit impliziert. Diese Verantwortlichkeit wird deshalb als einforderbar unterstellt, damit der öffentliche Status als eine Verzeitlichung bzw. Versozialisierung von Gemeinsinn unterstellt werden kann. Die Eigenverantwortung des Individuums wird also aufgeteilt in eine private und eine öffentliche Verantwortlichkeit. Die Frage ist, welche öffentliche Verantwortlichkeit eingefordert wird. Dazu muss eine Wertorientierung zugerechnet werden, die jedenfalls nicht als individuelle Selbstbestimmung ausgegeben werden kann. Dass diese Verantwortlichkeit auf eine Verzeitlichung bzw. Versozialisierung von Gemeinsinn Bezug nehmen muss, wurde bereits festgestellt.

Wenn jedoch für die *Veränderung* des Bürgerstatus keine neue Verzeitlichung bzw. Versozialisierung von Gemeinsinn aktiviert werden kann, dann muss – welche Möglichkeit könnte ansonsten sich anbieten? – dazu die Gesellschaft bemüht werden. Die Wertorientierung für diese Verzeitlichung bzw. Versozialisierung von Gemeinwohl ist – wie wiederholt betont –: Gemeinwohl. Welche Veränderung des Bürgerstatus könnte dadurch erreicht werden?

Grundsätzlich ist festzustellen, dass die Nutzung der Wertorientierung des Gemeinwohls für eine Veränderung des Bürgerstatus diesen Statuts in der Logik von Verzeitlichungen bzw. Versozialisierungen von Gemeinwohl dem Politikerstatus gleichsetzen würde, jedenfalls in Rücksicht auf die öffentlich einforderbare Verantwortlichkeit. Wenn jedoch für die Bestimmung jenes Status das Ehrenamt mit seinen üblichen Zuschreibungen genutzt wird, dann kann man vermuten, dass es nicht um eine „Höherstufung" des Bürgerstatus im Vergleich zum Politikerstatus geht, sondern um eine Entlastung des Politikerstatus, was eine Belastung des Bürgerstatus bedeuten würde. Politiker könnten – was sie inzwischen auch ausgiebig tun – ihre Verantwortlichkeit für das Gemeinwohl nach eigenen Opportunitäten für sich reklamieren oder dem Bürger zurechnen (also ihn moralisch verpflichten, ein Ehrenamt wahrzunehmen), ohne sich für die jeweilige *Zurechnung* rechtfertigen und hierfür eine Verantwortlichkeit übernehmen zu müssen. Den Inhabern von Ehrenämtern stehen umgekehrt jene Möglichkeiten nicht zur Verfügung. Dem Ehrenamt wurden bisher keinerlei Kompetenzneuerungen oder Kompetenzerweiterungen zugestanden.

Dass dennoch neue und weitere Anforderungen an das Ehrenamt gestellt und vor allem von Politikern (insbesondere den Inhabern von Ämtern) mit zunehmender Intensität eingefordert werden, lässt weiterhin vermuten, dass es nicht nur nicht um eine „Höherstufung" des Bürgerstatus geht, sondern damit auch keine Entlastung des Status des Individuums als Mitglied der Gesellschaft angestrebt wird. Weil über den Status des Bürgers zwar eine neue öffentliche Verantwortung eingefordert, aber andererseits damit keine entsprechende Kompetenzzuschreibung verbunden wird, wird dadurch der Status des Individuums verändert. Mit der Wertorientierung der individuellen Selbstbestimmung wird insofern eine öffentliche Verantwortlichkeit eingefordert, als dem Individuum eine neue Kompetenz zugeschrieben und hierfür zumindest implizit eine öffentliche Verantwortlichkeit eingefordert, aber dem Bürgerstatus eine entsprechende Kompetenz nicht zugerechnet wird. Vereinfacht ausgedrückt, heißt das, dem Individuum wird zugemutet, dass ihm vorgegeben wird, wie es die Wertorientierung der individuellen Selbstbestimmung umzusetzen hat und dass ihm das jederzeit und öffentlich als ein Versagen vorgehalten werden kann, wenn es jenen Vorgaben nicht gerecht wird. Verkürzt ausgedrückt heißt das, das Individuum hat mit der Umsetzung der Wertorientierung der individuellen Selbstbestimmung dem Gemeinwohl zu dienen.

Die üblichen Überlegungen und Diskussionen zum Ehrenamt sind nicht nur Belege für schwirige Zeiten, sondern auch dafür, dass mit den üblichen Vereinfachungen Schwierigkeiten erzeugt werden und dass für einen adäquaten Umgang damit die bisherigen Orientierungen nicht ausreichen. Nach unseren Überlegungen ist ein Ansatzpunkt dafür, um voran zu kommen, die Frage nach Verzeitlichungen bzw. Versozialisierungen von Gemeinsinn. Welche Antworten in dieser Frage möglich sind, zeigt sich daran, ob und welche Aktualitätssysteme ausgebildet werden. Die grundlegende Strategie, eine strukturorientierte Nachhaltigkeit von Dauerpräsenz zu bewirken, die dem Bürger ermöglicht, Aktualitätssysteme zu unterhalten, um in einer umfassenden und zugleich differenzierten Weise am Geschehen der Politik teilzuhaben, besteht in einer durchgehend anzusetzenden *Entprofessionalisierung* der Politik. Dabei ist vorauszusetzen, dass sich Aktivitäten entfalten werden, die eine neue, eine andere Art der Professionalisierung im Umgang mit Politik generieren werden.

3. In dunklen/hellen Zeiten

Sowohl unruhige als auch schwierige Zeiten sind Zeiten gesteigerter Herausforderungen für und an die Politik. Es handelt sich um Zeiten, in denen die Politik zur Wahrung der Stabilität von Zeitverhältnissen diese zur Disposition stellen muss. Man könnte sagen, in solchen Zeiten sei die Politik „existenziell" herausgefordert insofern, als sie die Bedingungen ihres Operierens als Bedingungen ihrer Zeitlichkeit reflektieren müsse. Als grundlegende Bedingung hierfür wurde die Systemisierung von Zeitlichkeit durch Versozialisierung von Gemeinsinn erkannt. Dadurch werde – so wurde weiter festgestellt – Zeit zugleich mit Graden der Knappheit und des Überschusses ausgestattet. Somit werde Politik ermöglicht bzw. sie befähige sich selbst dazu, dass ihr trotz/wegen der Gleichzeitigkeit allen Geschehens Zeit als Ressource, also als Ressource ihres Operierens zur Verfügung stünde. Sofern das der Fall sei, seien die Bedingungen für soziale Evolution/Politische Steuerung (bzw. umgekehrt) eingerichtet. Als Grundannahme für die vorstehenden Feststellungen wurde vorausgesetzt: Eine Gesellschaft ist eine Gesellschaft, sofern sie eine *politische* Gesellschaft ist. Die *Politizität* einer Gesellschaft ist entscheidend für ihre Differenziertheit/Ganzheit (bzw. umgekehrt).

Kennzeichnend für die Politizität einer Gesellschaft ist, wie sie ihr Verhältnis zur Politik bestimmt, indem sie eine Grenze Gesellschaft/Politik konstituiert und den Umgang mit dieser Grenze formt. Die jeweiligen Ausprägungen sind kennzeichnend dafür, wie dieses Verhältnis als ein Verhältnis von Politik/Antipolitik genutzt wird. Die entscheidende Frage dazu ist, welche Nachhaltigkeitsorientierungen dabei verwendet werden. Wird hierfür „Gemeinwohl" eingesetzt – was allenthalben geschieht –, wird rasch offenkundig, dass diese Orientierung zwar viele Fragen schafft, aber keine Antwort anbietet. Wenn andererseits auf diese Orientierung nicht verzichtet wird bzw. werden kann, ist ebenfalls offenkundig, dass hier zwangsläufig mit einem *sozialen Geheimnis* operiert wird. Das bekannteste und immer wieder bemühte Beispiel dafür, wie man mit diesem Geheimnis umgehen müsse, ist die im Anschluss an Adam Smith sich ausbreitende Semantik der „unsichtbaren Hand".[18] Wer sich auf diese Betrachtungsweise einlässt, bemerkt in der Regel nicht, dass er jenes *soziale* Geheimnis wegaxiomatisiert, indem er es *individualisiert* und so letztlich unendlich viele Geheimnisse unterstellt. Der Vorzug einer solchen Betrachtungsweise besteht darin, relativ klare Positionen einnehmen und relativ klare Positionszurechnungen vornehmen zu können, indem festgestellt wird, die Grenze Politik/Antipolitik sei prinzipiell aufzuheben, da sie nur dazu eingerichtet sei, das Individuum

---
[18] Ebenfalls – wenn auch anders – dunkel ist die im Anschluss an *Ernst Fraenkel* bemühte Semantik des Parallelogramms der Kräfte.

in seinen Entfaltungsmöglichkeiten und damit auch zum Nachteil der Gesellschaft zu hemmen. Für diese Betrachtungsweise ist folgerichtig, wenngleich aus opportunistischen oder pragmatischen Überlegungen diese Folgerichtigkeit nicht durchgehalten wird, in letzter Konsequenz auch die Grenze Gesellschaft/Politik nicht zu akzeptieren, so dass die *politische* Gesellschaft (wenn denn diese Kennzeichnung noch anerkannt wird) prinzipiell für jeden Radikalismus offen ist. Diese Offenheit schließt folgerichtig auch einen radikalen Kollektivismus nicht aus, allein schon deswegen nicht, weil jene Individualisierung die „unsichtbare Hand" nicht dazu veranlasst, das Gemeinwohl für alle sichtbar und jeden erfahrbar zu gewährleisten.

Was auch immer gegen die übliche Semantik des Ehrenamtes vorgebracht werden kann, festzustellen ist und festzuhalten bleibt, dass der Begriff des Ehrenamtes in beiden Teilen (wenn auch unterschiedlich) darauf ausgerichtet ist, eine Individualisierung, wie sie die Semantik der „unsichtbaren Hand" betreibt, zu vermeiden. Dies geschieht – kurz gesagt – dadurch, dass durch die Verknüpfung der beiden Teile jenes Begriffs grundsätzlich unterstellt wird, dass individuellen Leistungen, die *öffentlich* sanktioniert werden (als Zurechnung einer Ehre), mit dieser öffentlichen Funktion zugleich eine *soziale* Funktion zugerechnet wird als Anforderungen an ein Amt. Insofern ist erkennbar, dass die Semantik des Ehrenamtes eine Verzeitlichung bzw. Versozialisierung von Gemeinsinn unterstellt. Sie wird in herausragender Weise betont, wenn zur Nachhaltigkeitsorientierung „Gemeinwohl" herangezogen wird. Somit verweist eine gesteigerte Nutzung der Semantik des Ehrenamtes wie die der „unsichtbaren Hand" auf *dunkle* Zeiten.

Die gesteigerte Nutzung einer Semantik des Ehrenamtes allein ist noch kein Beleg für dunkle Zeiten. Hinzu kommen muss ein Verwendungskontext, der verhindert, dass die Semantik ihr kritisches Potenzial entfalten kann. Dies geschieht dadurch, dass eine Versozialisierung von Gemeinsinn und somit eine Verzeitlichung in Anspruch genommen wird, die die Funktion von Öffentlichkeit auf die Präsentation einer Rhetorik reduziert, die aufgrund ihrer inhärenten Logik eine Thematisierung begrenzter Nutzungsmöglichkeiten ausschließt. Diese allseitige Verfügbarkeit schließt zwar prinzipiell niemanden aus, reserviert die Nutzungsmöglichkeiten aber faktisch für wenige, nämlich die, die auch ansonsten über einen spezifischen Zugang zur Öffentlichkeit verfügen. Jene umfassende Verfügbarkeit impliziert eine umfassende bzw. allseitige Adressierbarkeit. Jedoch gilt auch hierfür, dass die Möglichkeiten der Adressierung faktisch nur wenigen zur Verfügung stehen. Diese Diskrepanz zwischen der inhärenten Logik der eingesetzten Semantik und ihrer faktischen Zurechnung ist – kurz gesagt – Bedingung für das Entstehen und die Ausbreitung dunkler Zeiten. Das Dunkle dunkler Zeiten besteht dann – ebenfalls kurz gesagt – darin, dass zwar ein

Gemeinsinn unterstellt und in gesteigertem Maße darauf Bezug genommen wird, aber die Einforderung dieses Gemeinsinns *exklusiv* erfolgt und damit die Grenzen der Versozialisierung des Gemeinsinns außer Kontrolle stellt, wodurch seine Zeitlichkeit mit ihrer sozialen Bindungswirkung aufgelöst und zur Disposition gestellt wird.

Was die Semantik des Ehrenamtes und ihre Nutzung anlangt, so wurde bereits festgestellt, dass trotz/wegen gesteigerter Nutzung eine kritische Auseinandersetzung sich nicht etablieren konnte. Als ein Indiz für dunkle Zeiten kann gelten die Beobachtung, dass die Semantik des Ehrenamtes verknüpft wird mit der Semantik der Eigenverantwortung. Diese Verknüpfung wird über die Wertorientierung des Gemeinwohls hergestellt. Dadurch wird unterstellt, dass die Eigenverantwortung der Verantwortung für die Mitbürger gleichzusetzen sei. Diese Gleichsetzung wird bestimmt von einer Normorientierung, nämlich den Staat und insofern die Politik von der Verantwortung für das Gemeinwohl zu entlasten oder zu entbinden, herkömmliche Forderungen dieser Art zu reduzieren oder aufzugeben. Die herkömmliche Zuschreibung der Gemeinwohlorientierung an Staat und Politik ist schon dunkel genug; sie ist jedoch kontrollierbar insofern, als sie möglichst selten explizit thematisiert wird. Die Zuschreibung der Gemeinwohlorientierung an den einzelnen Bürger kündet von einer „totalen Finsternis" an Versozialisierung von Gemeinsinn. Die Semantik der „unsichtbaren Hand" kennzeichnet das aussichtslose Bemühen um Aufhellung. Davon unterscheidet sich – wie bereits kurz umschrieben – die Semantik des Ehrenamtes. Die Verwendung dieser Semantik für die Zuschreibung der Gemeinwohlorientierung aufgrund von Eigenverantwortung an den Bürger trägt jedoch nicht zur Aufhellung bei; sie ist Indiz für dunkle Zeiten.

Typischerweise wird die Verknüpfung der Semantik der Eigenverantwortung mit der des Ehrenamtes hergestellt, wenn es darum geht, in öffentlichen Präsentationsveranstaltungen Bürger wegen ihres Engagement für Mitbürger feierlich auszuzeichnen. Das allfällige Lob lässt nur Klagen über Abwesende zu, über die, die ein entsprechendes Engagement vermissen lassen. Damit wird der Anschluss hergestellt zur Semantik der Eigenverantwortung. Implizit wird nämlich mitgeteilt zum einen, dass die, die mit jener Klage adressiert werden, selbst damit rechnen müssen, auf staatliche Hilfen und Unterstützung verzichten, also eigenverantwortlich Vorsorge treffen zu müssen; zum anderen, dass aufgrund dieser Eigenverantwortung die Übernahme von Verantwortung für andere Mitbürger im wohlverstandenen Eigeninteresse liegt. Die Lobredner jener Veranstaltungen – und erst recht diejenigen, in deren Namen die Ehrungen und Auszeichnungen vorgenommen werden – sind im betreffenden Kontext „unangreifbar". Das, was vielleicht hin und wieder über diese Lobredner geäußert wird, ist, dass sie für Langeweile sorgen.

Diese Lobredner können keine materiellen Verbesserungen fordern, da sie damit die Leistungen bzw. Personen, die ausgezeichnet werden, in Frage stellen oder gar herabwürdigen würden. Zudem können diese Lobredner weder im eigenen Namen noch im Namen derer, in deren Auftrag sie die Auszeichnungen vornehmen, materielle Verbesserungen einfordern, da sie selbst Inhaber von Ämtern mit öffentlicher Aufmerksamkeit und Resonanz sind und sich daher dem Verdacht aussetzen würden, für sich selbst als Inhaber von Ämtern zu sprechen. Ehrenämtler befinden sich in einem vergleichbaren Dilemma, jedenfalls dann, wenn sie in einem Kontext mit einer – wie auch immer im einzelnen ausgestalteten – öffentlichen Aufmerksamkeit und Resonanz Forderungen zur materiellen Verbesserung von Ehrenämtlern artikulieren. Dazu passt die Feststellung, dass es, obwohl nach gängiger öffentlich geäußerter Auffassung die Zahl der Ehrenämtler in die Millionen geht, für die Interessen der Ehrenämtler keine Interessenorganisationen gibt, wenngleich die Ehrenämtler nicht gerade wegen mangelnder Organisationsfähigkeit bekannt sind. Eine Interessenorganisation für das Ehrenamt würde mit hinreichender Deutlichkeit einen entscheidenden Statuswandel des Ehrenamtes belegen.

Eine solche Interessenorganisation muss zwangsläufig – explizit oder implizit – ihre Interessenartikulation mit dem Anspruch verknüpfen, für eine *Aufhellung* jenes oben angesprochenen „sozialen Geheimnisses" zumindest einen Beitrag zu leisten. Die Argumentation hierfür läuft darauf hinaus, dass die Ausübung des Ehrenamtes dem Gemeinwohl diene: Je besser (auch und insbesondere materiell besser) das Ehrenamt ausgestattet wird, desto besser sind die Leistungen im Dienste des Gemeinwohls. Je attraktiver das Ehrenamt ausgestattet wird (und folglich eine steigende Zahl an Bürgern zur Ausübung eines Ehrenamtes zur Verfügung steht), desto umfassender und sicherer wird das Gemeinwohl gewährleistet.

Eine solche Argumentation deutet an, dass die Frage nach Aufhellung sich jedenfalls nicht primär darauf bezieht, ob es sich um unruhige/ruhige oder schwierige/einfache Zeiten handelt, sondern darauf, welche Semantik mit welchen Operationen zur Herbeiführung von Entscheidungen eingesetzt wird, die Antworten auf Herausforderungen aufgrund sozialer Geheimnisse darstellen, insbesondere auf die Herausforderungen zur Ermöglichung und Gewährleistung des Gemeinwohls durch Politik. Wenn anerkannt wird, mit der Etablierung einer Interessenorganisation für das Ehrenamt werde ein Beitrag zur Aufhellung des sozialen Geheimnisses geleistet, ist zunächst festzustellen, dass dieser Beitrag als ein Beitrag der Antipolitik zwangsläufig nur einen *partikulären* Gemeinwohlanspruch voraussetzen kann.[19] Das heißt dann weiter, dass die Politik diesem Anspruch (und ähnlichen An-

---

[19] Zur Problematik allgemeines/partikuläres Gemeinwohl vgl. *Bußhoff* (2001).

sprüchen), um sich ihm nicht ausliefern zu müssen, einen umfassenden Anspruch, einen *allgemeinen* Gemeinwohlanspruch entgegenstellen muss. Das bedeutet, dass mit der Anerkennung eines Beitrages zur partikulären Aufhellung die Anerkennung des Anspruchs auf allgemeine Aufhellung vorauszusetzen ist. Umgekehrt ist mit der Anerkennung eines Anspruchs auf allgemeine Aufhellung die Anerkennung einer Vielzahl partikulärer Ansprüche auf Aufhellung impliziert.

Diese Verschränkung von partikulärer und allgemeiner Aufhellung verweist darauf, dass Aufhellung durch Politik das „normale" Geschäft der Politik ist, und dass dieses Geschäft nicht nur durchweg intransparent, sondern die Zeit der Politik normalerweise eine *trübe* Zeit ist. Diese Normalität ist ebenso Merkmal der Politik wie die Normalität als *aufgeregte* und/oder *verwickelte* Zeit. Die Normalität der trüben Zeit ist ebenfalls Kennzeichen für eine Stabilität von Zeitverhältnissen. *Dunkle* Zeiten der Politik sind demnach Zeiten, in denen die Stabilität von Zeitverhältnissen zur Disposition steht. Diese Instabilität bzw. Labilität wird dadurch verursacht, dass keine oder nur schwach ausgeprägte (allgemeine und partikuläre) Verbindlichkeiten über die einzusetzende Semantik bestehen. Es mangelt – allgemein gesagt – an nachhaltigen und somit klaren Orientierungen für Dauerpräsenz. Wertorientierungen – hier: die des Gemeinwohls (sowohl des allgemeinen als auch des partikulären) – finden keinen ausreichenden sozialen bzw. gesellschaftlichen Halt, so dass Verzeitlichungen bzw. Entzeitlichungen zwangsläufig richtungslos sind. Daher sind auch keine mit allgemein verbindlichen Status ausgestatteten Sozialoperationen zur Bedienung des Mechanismus Verzeitlichung/Entzeitlichung zu erwarten. Insofern können auch keine entsprechend verbindlichen Versozialisierungen von Gemeinsinn vorausgesetzt werden.

Grundbedingung für Aufhellungen und insbesondere *helle* Zeiten ist eine allgemeine Geltungsakzeptanz von sozialen Geheimnissen – hier: Gemeinwohl – und einer entsprechenden Semantik, die ermöglicht, das Geheimnis als Herausforderung an den Gemeinsinn zu fassen und zu beschreiben und so Antworten auf diese Herausforderung zu gewinnen. Diese Antworten müssen *Gleichzeitigkeiten* ermöglichen und sichern, nämlich Gleichzeitigkeiten mit allgemeinen Verbindlichkeiten und entsprechenden Bindungswirkungen, so dass trotz/wegen einer Vielzahl sehr unterschiedlicher Versozialisierungen von Gemeinsinn punktualisierte Verschränkungen, also Entscheidungen, zustande kommen und gesichert werden. Die Akzeptanz des Geheimnisses besteht darin, *nicht* zu beanspruchen, für jene Herausforderungen exklusive Antworten zu kennen und folglich solche Antworten uneingeschränkt und bedingungslos umzusetzen. Damit ist implizit anerkannt, dass sich jene Herausforderungen immer wieder neu stellen und darauf immer wieder neue Antworten gesucht und gefunden werden müssen, also die

Anerkennung von Bedingungen zur *Dauerpräsenz* prozessorientierter Nachhaltigkeit akzeptiert ist: die Suche nach Antworten auf jene Herausforderungen und die Sicherung ihrer Verbindlichkeit durch *Politik.*

Als Beispiele für aufgehellte bzw. helle Zeiten können die sogenannten „Sternstunden des Parlamentarismus" gelten. Kennzeichnend für sie ist, dass es sich um Diskurse handelt, deren jeweiliges (vorläufiges) Ende durch Entscheidungen des Parlaments herbeigeführt werden und bei denen in einem außergewöhnlichen Maße die *Öffentlichkeit* beteiligt ist. Hinzu kommen muss jedoch – und darauf kommt es entscheidend an –, dass vorher klargestellt wird: Die Entscheidung des Parlaments ist *frei* von Fraktionszwängen und wird als *Gewissensentscheidung* festgelegt und akzeptiert.

Erstaunlich ist zunächst einmal, dass *kollektiv* festgelegt wird, welche Entscheidungen als Gewissensentscheidungen zu gelten haben. Für solche Festlegungen gibt es keine allgemein verbindlichen Entscheidungsregeln, jedenfalls werden hierfür nicht derartige Entscheidungsregeln angewandt, die für die Herstellung gesamtgesellschaftlich verbindlicher Entscheidungen verwendet werden und deren Ergebnisse (wenngleich es sich dabei um kollektive Entscheidungen handelt) dem einzelnen Parlamentsmitglied als Gewissensentscheidung zugerechnet werden. Wird vom Parlament eine Entscheidung vorab als Gewissensentscheidung festgelegt (wie auch immer diese Festlegung zustande kommen mag), so kann man diese Festlegung als eine an das Parlament selbst adressierte Absage an die ihm zugerechnete Zuständigkeit und Kompetenz auffassen. Diese Absage impliziert eine weitere, nämlich die an ein – wie auch immer begriffenes – Repräsentationsprinzip. Daraus folgt, dass, wenn eine Entscheidung mit allgemeiner Verbindlichkeit und Bindungswirkung gefordert und diese Entscheidung in der Zurechnung auf den einzelnen Entscheider als eine Gewissensentscheidung vorausgesetzt wird, entweder *alle* Bürger *unmittelbar* an dieser Kollektiventscheidung zu beteiligen sind oder jede Beschränkung bzw. jeder Ausschluss als prinzipiell beliebig zu gelten hat.

Wird vorausgesetzt, kollektiv könne und müsse festgelegt werden, welche Entscheidung als Gewissensentscheidung zu gelten habe, kann auch kollektiv bestimmt werden – so könnte man argumentieren –, welches Kollektiv eine „kollektive Gewissensentscheidung" mit allgemeiner Bindungswirkung zu treffen habe. Diese Argumentation impliziert die Anerkennung einer entscheidenden Differenz zwischen den Mitgliedern des Gremiums, das jene „kollektive Gewissensentscheidung" fällt, und denen, die nicht dazu gehören und von dieser Entscheidung betroffen sind. Die Frage ist, wie diese Differenz, diese Inklusion und Exklusion in der Zurechnung der Kompetenz für und gegen eine unmittelbare Beteiligung an solchen „kollektiven Gewissensentscheidungen" begründet werden kann. Wenn schon hierfür Beliebigkeit nicht ausgeschlossen werden kann, jedoch zumindest eingegrenzt werden soll, kommt es darauf an, eine Begründung zu finden, die die *gleiche Zuständigkeit* und *Kompetenz eines jeden* einzelnen Bürgers zur Herbeiführung von Gewissensentscheidungen jedenfalls *nicht* zur Disposition stellt. Wenn also die Begründung für jene Differenz nicht bei dem einzelnen Bürger und seiner Individualität anzusetzen ist, dann bleibt dafür – worauf schon wiederholt hingewiesen wurde – als Ansatz eine differenzierende Versozialisierung von Gemeinsinn als Bedingung für Gemeinwohlorientierungen und damit auch als Ansatz für Verzeitlichungen dieser Orientierung.

Mit Verzeitlichungen von Gemeinwohlorientierungen durch Versozialsierung von Gemeinsinn als Bedingung für die Herstellung allgemeinverbindlicher und bindender „kollektiver Gewissensentscheidungen" kann jedenfalls nicht primär die Frage nach der Dauer von Legislaturperioden gemeint sein, wenngleich es schwierig genug sein dürfte, eine breit fundierte und allseits überzeugende Antwort auf die Frage zu finden, warum eine Legislaturperiode zwei, drei, vier, fünf oder sechs Jahre dauern soll. Gemeint ist vielmehr die grundlegende Tatsache, dass ohne Verzeitlichung von Zeit durch Versozialisierung von Gemeinsinn Zeit nicht als Ressource für die Herstellung von entsprechenden Kollektiventscheidungen zur Verfügung steht. Demnach kann in *keinem* Falle den betreffenden Entscheidungen von Parlamenten der Status von Gewissensentscheidungen der Mitglieder zugerechnet werden; sie könnten als Kollektiventscheidungen – wie bedeutsam und wichtig auch immer – nur dann als „kollektive Gewissensentscheidungen" gelten, wenn die Bürger sich unmittelbar daran beteiligen würden. Da eine solche Beteiligung eine entsprechende Entscheidungskompetenz des Parlaments ausschließt, können „kollektive Gewissensentscheidungen" von Parlamenten als *sinn-* und *kompetenzwidrige Anmaßungen* bezeichnet werden.

Dass sich solche Anmaßungen nicht rechtfertigen lassen, wird besonders deutlich, wenn gilt, dass bei jenen vorhin umschriebenen Entscheidungen partikuläre *Interessen* (vor allem materielle Interessen) *keine* Berücksichtigung finden dürfen. Gemeinwohlorientierte Entscheidungen können als „kollektive Gewissensentscheidungen" aufgrund unmittelbarer Beteiligung der Bürger nur deshalb gerechtfertigt werden, weil Interessen aufgrund der Zurechnung auf den einzelnen Entscheider als Bürger zwar nicht generell ausgeschlossen, aber dennoch als unerheblich betrachtet werden können. Würde man diese Voraussetzung nicht akzeptieren, müsste man die Möglichkeit gemeinwohlorientierter „kollektiver Gewissensentscheidungen" zum Gemeinwohl grundsätzlich verneinen. Die Akzeptanz dieser Voraussetzung schafft nicht das Problem „kollektiver Gewissensentscheidungen" aus der Welt; sie verweist jedoch darauf, wie man mit diesem Problem umgehen kann, so dass solche Entscheidungen nicht zwangsläufig dunkle Zeiten anzeigen.

88   II. Sozialoperationen der Gesellschaft als Zeitoperationen

Die Kennzeichnung von „Sternstunden des Parlamentarismus" als aufgehellten Zeiten der Politik ist also insbesondere nur insofern gerechtfertigt, als „kollektive Gewissensentscheidungen" anstehen und hierbei keine Dominanz von Interessen im erwähnten Verständnis leitend und bestimmend sind. Worauf es dabei entscheidend ankommt, ist, dass vor aller Öffentlichkeit und unter umfassender Beteiligung der Öffentlichkeit die professionelle Politik eine Art „Offenbarungseid" leistet, nämlich dass sie an die Grenzen ihrer argumentativen und kommunikativen Leistungsfähigkeit angelangt ist und dass sie mit ihren normalen Argumentationen und Prozeduren nicht zu Rande kommt. Zwar ist festzustellen, dass diese Herausforderungen reflektiert werden (was an den Debattenbeiträgen und dem Umgang der Beiträger miteinander deutlich beobachtbar ist), aber Konsequenzen sind – und das ist das Enttäuschende daran – nicht festzustellen. Die Freigabe der Abstimmung aufgrund der Bestimmung, es handle sich um eine Gewissensentscheidung, ist zwar ein unübersehbares Eingeständnis, mit dem vorausgesetzten Verständnis der Professionalität politischen Entscheidens nicht weiter zu kommen, aber eben dieses Verständnis verhindert einen adäquaten Umgang mit dem „sozialen Geheimnis", vor allem dem der Ermöglichung und Sicherung des Gemeinwohls.

Dieses Verständnis von Professionalität ist kennzeichnend für die Politizität einer Gesellschaft. Das bedeutet zunächst einmal, dass für die Artikulation, Bearbeitung und insbesondere Entscheidung politischer Fragestellungen solche Akteure für zuständig und kompetent erklärt werden, die dies als Ausübung eines Berufs bzw. eines Jobs betreiben. Das bedeutet weiter, dass die Grenze Politik/Gesellschaft als Professionalitätsgrenze die Bedingungen für eine Versozialisierung von Gemeinsinn und damit Verzeitlichung der Zeitlichkeit der Politik nachhaltig bestimmt insofern, als dadurch diese Grenze dauerhaft resistent wird gegenüber Veränderungen. Das bedeutet zudem, dass die Grenze Politik/Antipolitik ebenfalls als resistente Professionalitätsgrenze fungiert, dass trotz/wegen der geforderten unterschiedlichen Professionalisierungen der Normalbürger keine oder nur äußerst geringe Chancen hat, sich für die Antipolitik zu qualifizieren und daran zu beteiligen.

Die durch ein solches Verständnis von Professionalität bestimmte Politizität einer Gesellschaft schließt den Status von Gewissensentscheidungen für politische Entscheidungen aus, jedenfalls für die Fälle, in denen die einzelnen individuellen Entscheider – ungeachtet ihrer Position und ihres Amtes – mit Bindungswirkung *für* andere entscheiden. Sofern Politiker, also professionelle Entscheider, für ihre Entscheidungen den Status einer Gewissensentscheidung in Anspruch nehmen, bestätigen sie, dass ihre Professionalität versagt hat und sie deshalb als Entscheider keinen anderen Status einnehmen können als jeder andere Bürger, wenn der in *Eigenverantwor-*

tung seine Entscheidungen zu politischen Fragestellungen (seien es auch „nur" Wahlentscheidungen) trifft. Die Folgerung ist – wie bereits angedeutet –, dass politischen Entscheidungen mit gesamtgesellschaftlich verbindlichen Bindungswirkungen nur dann der Status von Gewissensentscheidungen zuerkannt werden kann, wenn jeder Bürger sich in gleicher Weise unmittelbar an der Herstellung dieser Entscheidungen beteiligen kann. Die Entscheidung des Bundestages vom 30. Januar 2002 zum Import embryonaler Stammzellen und die Nutzung solcher Zellen für Forschungszwecke ist eine solche Entscheidung. Dem bereits angesprochenen Ethikrat könnte die Kompetenz zuerkannt werden, die Öffentlichkeit und damit die Bürger mit Informationen zu versorgen und Entscheidungsalternativen zu formulieren. Die Tatsache, dass der Ethikrat vom Bundeskanzler eingesetzt wurde und hinter verschlossenen Türen getagt hat, ist bezeichnend sowohl für die Anmaßungen von Seiten der Politik als auch der Experten (d.h. der Mitglieder) dieses Gremiums.

Die *politische* Debatte über embryonale Stammzellen und deren Nutzung wurde – wie z.B. die Redebeiträge im Bundestag belegen – geführt als eine Wertedebatte, die dominiert wurde vom Wert der *Menschenwürde*. Erstaunlich an dieser Debatte ist, dass eine Orientierung auf den Wert des Gemeinwohls ausgeblieben ist. Als zaghafte und unsichere Andeutungen für eine solche Orientierung kann man die Hinweise auf die Folgen für den Forschungs- und Wirtschaftsstandort Deutschland betrachten. Dies ist deshalb erstaunlich, weil ansonsten rechtliche Regelungen, die Grundrechte berühren, durchweg in Rücksicht auf deren Gemeinwohlorientierung diskutiert und danach entschieden werden. Eine Gemeinwohldebatte hätte zwangsläufig dazu geführt, die Frage nach den Interessen zu stellen und ausführlich zu diskutieren. Damit wäre wieder die Professionalität von Seiten der Politik gefragt; im Umgang mit Interessen kennt sie sich aus. Der Einsatz dieser Professionalität hätte jedoch die Festlegung der betreffenden Entscheidung als Gewissensentscheidung nicht zulassen können. Da eine Gemeinwohlorientierung nicht berücksichtigt wurde, konnte die Wertorientierung der Menschenwürde dominant und insofern das Gewissen als Entscheidungsinstanz bestimmt werden, so dass die Frage nach der Professionalität politischen Entscheidens unbeachtet bleiben konnte. Somit konnte vermieden werden, die Frage nach Ermöglichung und Sicherung des Gemeinwohls als eine Frage des professionellen Umgangs mit einem „sozialen Geheimnis" zu thematisieren.

Wie in den Niederlanden das Verhältnis von Menschenwürde und Gemeinwohl aufgefasst und behandelt wird, wird erkennbar, wenn man sich mit der Vorgeschichte und der Handhabung des Gesetzes über die „Überprüfung bei Lebensbeendigung auf Verlangen und bei der Hilfe bei der Selbsttötung" (Nr. 26691) befassen würde. Kennzeichnend für dieses Verständnis ist u.a., dass in den Artikeln 17–19 dieses Gesetzes eine ausdrückliche und konkrete Verantwortlichkeit zweier Minister für die Durchführung und Anwendung dieses Gesetzes festgelegt ist. Diese Verantwortlichkeit wird nicht nur dem Minister der Justiz zugewiesen (was als selbstverständlich betrachtet werden kann), sondern auch (was überraschen mag) dem Minister für Gesundheit und Gemeinwohl.

Zweifellos ist für eine Entscheidung, wie sie der Bundestag am 30. Januar 2002 getroffen hat, die Wertorientierung der Menschenwürde leitend und entscheidend. Indem diese Entscheidung im Vorgriff als eine Gewissensentscheidung festgelegt wurde, hat man nicht nur die Frage nach der Professionalität politischen Entscheidens ausgeschaltet, sondern auch die nach der Verzeitlichung (der Zeitlichkeit der Politik) und damit die nach der Versozialisierung von Gemeinsinn nicht beachtet. Die Festlegung, die anstehende politische Entscheidung als eine Gewissensentscheidung aufzufassen und zu behandeln, impliziert eine *zweifache Entzeitlichung*. Zum einen handelt es sich um eine Entzeitlichung des Parlaments als eines Entscheidungsgremiums, zum anderen um eine Entzeitlichung der Politiker als Mitglieder dieses Gremiums.

Gewissensentscheidungen sind – kurz gesagt – Entscheidungen, deren Verzeitlichungshorizont ausschließlich von der Eigenverantwortung des Individuums bestimmt wird. Wenn aber *politische* Entscheidungen als Gewissensentscheidungen, als „kollektive Gewissensentscheidungen", gefordert sind, dann kann der Verzeitlichungshorizont nur so weit reichen wie die Eigenverantwortung des Individuums. Und der reicht nicht weiter als sein Status als Bürger. Wenn dennoch z.B. ein Parlament die anstehende Entscheidung für eine bestimmte Fragestellung als Gewissensentscheidung festlegt, ist – ungeachtet der Frage, wie diese Festlegung zustande gekommen ist – zu folgern, dass dieses Gremium selbst *nicht* über die betreffende Fragestellung entscheiden darf. Sowohl das Gremium als auch die einzelnen Mitglieder sind „Richter in eigener Sache", jedenfalls insofern, als sowohl das Gremium insgesamt als auch jedes einzelne Mitglied wegen „Befangenheit" abgelehnt werden kann: wegen Befangenheit „in Sachen Gewissensentscheidung".

Wird vorausgesetzt, dass Parlamente insbesondere in Entscheidungsfragen zu Grund- bzw. Menschenrechten an vorgegebene Verfassungsbestimmungen gebunden sind, dann könnte man folgern, dass von ihnen keine Gewissensentscheidungen gefordert sein könnten. Gefordert sei ausschließlich die Professionalität politischen Entscheidens. Wenn dennoch Gewissensentscheidungen – also nicht-professionelle Entscheidungen – zugelassen würden wie z.B. die Entscheidung vom 30. Januar 2002, sei zu fragen, warum die Entscheidung z.B. über die gleichgeschlechtliche Lebenspartnerschaft nicht als Gewissensentscheidung bestimmt worden sei. Man könnte auch fragen, warum bisher keine Gewissensentscheidung über die Höchstgrenze der individuellen Steuerbelastung gefordert worden sei. Man könnte weiterhin fragen, warum die Entscheidung über Asyl und Zuwanderung nicht als Gewissensfrage behandelt wird. Die vorstehenden Fragen – man könnte noch viele dieser Art stellen – sollen nur andeuten, dass Parlamente, wenn sie schon Gewissensentscheidungen zulassen bzw. fordern, sie sich laufend mit der Frage beschäftigen müssten, ob und wie sie festlegen sollen, welche anstehenden Entscheidungen als Gewissensentscheidungen gelten sollen und welcher Status jenen Festlegungen zuzurechnen sei. Würden z.B. Richter als Einzelrichter oder Mitglieder von Spruchkörpern im Vorgriff festlegen, sie würden anstehende Entscheidungen als Gewissensentscheidungen betrachten, würden sie die Anforderungen an Professionalität nicht erfüllen; sie müssten aus ihren Ämtern entfernt werden. Zwar ist der nach Zuständigkeit und Kompetenz bestimmte Status von der Verfassung verpflichteten Parlamentariern ein anderer als der von Richtern, dennoch ist festzuhalten, dass Parlamentarier auch dann nicht „Richter in eigener Sache" sein sollten, wenn ein sehr weites und unpräzises Verständnis von Professionalität zugestanden wird.

Der Bürger unterscheidet sich vom Politiker – allgemein gesagt – durch seine Nicht-Professionalität in politischen Angelegenheiten. Der Bürger kann als Bürger nur in eigener Sache sich „professionell" verhalten (und dabei im Unterschied zum Politiker „Richter in eigener Sache" sein). In *politischen* Angelegenheiten muss er sich einer Professionalität fügen, die sich an einer fremden Sache ausrichtet und die je nach sozialem Kontext unterschiedliche Anforderungen stellt. Diese Unterschiede sind Ausdruck unterschiedlicher Verzeitlichungen der Zeitlichkeit von Politik; sie können als Antworten auf die Herausforderung gelten, für den Umgang mit dem wiederholt angesprochenen „sozialen Geheimnis" adäquate Zugangs- und Umgangsbedingungen zu schaffen. Unter diesem Gesichtspunkt gewinnt das Ehrenamt eine besondere Bedeutung.

Zwar kann hier nicht darauf eingegangen werden, welche Aufgaben und Tätigkeiten dem Ehrenamt im einzelnen zugerechnet werden, insofern welche Merkmale den Status des Ehrenamtes bestimmen, dennoch kann grundsätzlich festgestellt werden, dass ein Ehrenämtler sich weder durch die Professionalität des Politikers noch die Nichtprofessionalität des Bürgers auszeichnet. Das Ehrenamt hat sich etablieren können, um eine Gesellschaftsform des Individuums zu ermöglichen, die durch die üblichen Aktivitätsmuster weder des Politikers noch die des Bürgers gekennzeichnet ist; sie ermöglicht eine – durchaus vielfach und vielfältig differenzierte – Versozialisierung von Gemeinsinn (mit entsprechender Verzeitlichung), die eine gesellschaftliche Kompetenz ausweist, die weder durch „professionelle Eigenverantwortung" noch „professionelle Fremdverantwortung" dominiert wird. Man könnte – umfassend formuliert – davon reden, dass mit der Ermöglichung und Etablierung des Ehrenamtes eine Gesellschaft sich dazu befähigt, günstige Bedingungen dafür zu schaffen, das „soziale Geheimnis" der Gesellschaft in der Orientierung auf das Gemeinwohl möglichst umfassend davor zu sichern, in dunkle Zeiten abzugleiten. Deshalb ist – so kann man annehmen – der unklare Status des Ehrenamtes in besonderer Weise adäquat. Die gesteigerte Nutzung der Semantik des Ehrenamtes ist – wie erwähnt – ein Indiz dafür, dass zumindest Unsicherheit darüber besteht, ob ein solches Abgleiten zu befürchten ist. Andererseits kann festgestellt werden, dass mit einer solchen Nutzung Anzeichen und Ansätze für Aufhellungen zu verknüpfen sind.

Die Frage, ob eine gesteigerte Nutzung der Semantik des Ehrenamtes auf Eintrübungen oder Aufhellungen hindeutet, kann im Einzelnen und umfassend nur beantwortet werden, wenn der jeweilige Verwendungskontext näher untersucht wird. Das kann hier nicht geleistet werden. Bisher wurde lediglich festgestellt, dass die Nutzung dieser Semantik als Präsentation einer „reinen" Rhetorik auf Eintrübungen schließen lasse. Weiterhin wurde bemerkt, dass die umschriebene Verknüpfung der Semantik des Ehrenamtes mit der der Eigenverantwortung ebenfalls auf Eintrübungen hindeute, jedenfalls dann, wenn die genutzte Semantik der Eigenverantwortung die der „unsichtbaren Hand" mitbenutze. Diese Bemerkung kann insbesondere dann hohe Plausibilität beanspruchen, wenn Politiker diese Kombination der Semantik verwenden. Umgekehrt kann man von Indizien für Aufhellungen sprechen, wenn Politiker für ihre Entscheidungen sich auf das Gewissen berufen.

Fragwürdig ist die Nutzung der Gewissenssemantik für politische Entscheidungen jedoch grundsätzlich dann, wenn – wie kurz dargelegt – mit der Zurechnung der Kompetenz und Zuständigkeit für Gewissensentscheidungen Ungleichheiten und Differenzierungen vorgenommen und gesichert werden. Da Parlamente sich grundsätzlich dadurch auszeichnen, dass sie nicht nur im Verhältnis zueinander (sei es hierarchisch oder konkurrierend angelegt), sondern insbesondere im Verhältnis zum Bürger Ungleichheiten in Zuständigkeit und Kompetenz politischer Entscheidungen begründen und sichern, könnten nur – so kann man argumentieren – dann solche Entscheidungen als Gewissensentscheidungen zugelassen werden, wenn jene Ungleichheiten für das Zustandekommen der Verbindlichkeit und Bindungswirkung dieser Entscheidungen grundsätzlich ausgeschlossen wären. *Politische* Verantwortlichkeit kann nicht – so wäre dabei vorauszusetzen – einem einzelnen individuellen Entscheider aufgrund von Gewissensentscheidungen zugerechnet werden. Würden Mitglieder von Parlamenten in den Fällen, in denen eine Entscheidung im Vorgriff als eine Gewissensentscheidung festgelegt ist, überhaupt noch eine *politische* Verantwortlichkeit wahrnehmen können, dann nur – so kann man folgern – dafür, dass sie entweder ihr Mandat niederlegen oder zumindest an der betreffenden Abstimmung nicht teilnehmen. Dies würde allerdings – kurz gesagt – höchst wahrscheinlich das Ende des Parlamentarismus bedeuten, jedenfalls „in Sachen Gewissensentscheidungen". Ebenso wenig wie Mitgliedern von Parlamenten kann Mitgliedern von Regierungen politische Verantwortlichkeit aufgrund von Gewissensentscheidungen zugerechnet werden. Demnach können sie dafür auch keine Gewissensentscheidungen in Anspruch nehmen. Parlamentarisch verantwortliche Regierungen bzw. ihre Mitglieder können für *keine* Entscheidung den Status einer Gewissensentscheidung in Anspruch nehmen und deswegen eine parlamentarische und allgemeine politische Verantwortlichkeit zurückweisen. In Präsidialsystemen kann ein Präsident für keine Entscheidung den Status einer Gewissensentscheidung in Anspruch nehmen oder ihr ein solcher Status zugerechnet werden, um so seine umfassende politische Verantwortlichkeit einzuschränken bzw. sie für eine bestimmte Entscheidung auszuschließen.[20]

Grundsätzlich bleibt festzuhalten, dass der Status von Gewissensentscheidungen für *politische* Entscheidungen nur solchen Entscheidungen zugerechnet bzw. für solche in Anspruch genommen werden kann, für die dem Entscheider „nur" eine individuelle Eigenverantwortlichkeit, d.h. dem Entscheider eine *politische* Verantwortlichkeit für solche Entscheidungen *ohne* Verletzung des Gleichheitsgrundsatzes *nicht* zugerechnet werden kann. Da für solche Fälle „nur" entweder eine gleiche politische Verantwortlichkeit jedes *einzelnen* Bürgers oder eine *allgemeine* politische Nichtveranwortlichkeit in Betracht kommt, muss man sich mit der Notwendigkeit befassen, politische Verantwortlichkeit differenziert auf einzelne individuelle Entscheider unter Beachtung des Gleichheitsgrundsatzes zurechnen zu können. Da es dabei nicht darum gehen kann, in irgendeiner Weise einem imperativen Mandat das Wort zu reden, ist grundsätzlich festzustellen, dass der Status sowohl des Politikers – ungeachtet seines Mandates und seines Amtes – als auch des Bürgers – ungeachtet seines Interesses für Politik und der Nutzung seiner Bürgerrechte – grundlegend zu überdenken und neu zu bestimmen sei. Die Leitfrage hierzu lautet: Welche Entscheidungskomplexe der Politik mit allgemeiner Verbindlichkeit sind in ihren jeweils konkreten Einzelentscheidungen von welchen Entscheidern zu entscheiden, wenn den Entscheidungen der Status von Gewissensentscheidungen zuzurechnen ist?

Zwar ist danach zwingend, dass in Fällen von Gewissensentscheidungen die Verantwortlichkeit jedem einzelnen *individuellen* Entscheider, also als

---

[20] Darauf verweist die Anklageschrift des US-Repräsentantenhauses gegen *Clinton* im Jahre 1998.

Eigenverantwortlichkeit, zuzurechnen ist, jedoch ist nicht zwingend, Politikern – ungeachtet ihres Mandates und Amtes – eine solche Verantwortlichkeit (von den erwähnten Ausnahmefällen abgesehen) zuzurechnen. Politiker jedoch, die eine solche Verantwortlichkeit in Anspruch nehmen bzw. denen eine solche zugerechnet wird, suspendieren sich selbst bzw. werden suspendiert von jeglicher politischer Verantwortlichkeit. Politiker, die aufgrund ihres Entscheidungsverhaltens sich vom Entscheidungsverhalten der Mitglieder ihrer Partei oder ihres Wählerbündnisses – Politiker ohne Parteibindung oder ohne Bindung an Wählerbündnisse sind ein Widerspruch in sich – freistellen und eine Mitverantwortung für deren Entscheidungsverhalten zurückweisen, erklären in letzter Konsequenz Beliebigkeit zum Kriterium für politische Verantwortlichkeit bzw. lehnen eine solche Verantwortlichkeit grundsätzlich ab.

Wird vorausgesetzt, Politiker würden für ihr jeweils individuelles Entscheidungsverhalten bei gesamtgesellschaftlich verbindlichen und bindenden Entscheidungen grundsätzlich nicht den Status von Gewissensentscheidungen geltend machen können, ist „in Sachen Gewissensentscheidungen" ein Sonderstatus des Politikers im Verhältnis zum Bürger auszuschließen. Diese Statusgleichheit kennt also keinen Unterschied zwischen Bürger und Politiker. Demnach ist *generell* zu unterstellen, dass bei politischen Entscheidungen, auch wenn sie als Gewissensentscheidungen festgelegt sind, *jeder* einzelne individuelle Entscheider geneigt ist, jenen Präferenzen den Vorzug zu geben, die ihm vorteilhaft erscheinen, also interessenbestimmt sind. Diese Annahme könnte – paradoxerweise gemäß dem Satz: aller Anfang ist paradox – der Ansatz dafür sein, die Einrichtung von Repräsentationsorganen zu rechtfertigen und so den Populismus in seine Schranken zu verweisen. Die Frage, ob die einzelnen individuellen Entscheider ihre Entscheidung für sich als eine Gewissensentscheidung bestimmen, kann dann *politisch nicht* Gegenstand von unterschiedlichen Statuszurechnungen sein. Wenn also solche Statuszurechnungen auszuschließen sind, dann kann – nur dann – folgender Feststellung Plausibilität zuerkannt werden: „Das wichtigste Argument gegen eine plebiszitär-direktdemokratische Öffnung der repräsentativen Demokratie ist deren demoralisierende Sozialisationswirkung auf die Wahlbürger, die der (durch die Dynamik wechselseitiger Präferenzunterstellungen verstärkten) und letztlich unwiderstehlichen Versuchung ausgesetzt sind, in der Geheimsphäre der Wahlkabine für Präferenzen zu optieren, für die sie u. U. schwer öffentlich eintreten würden und könnten. Sachreferenden begünstigen, fernab jeder „deliberativen" Selbstprüfung, die Hervorkehrung des jeweils „schlechteren Ich" des Bürgers, weil sie, exante wie expost, von diskursiven Anforderungen und dem Zwang zur argumentativen Rechtfertigung völlig entlastet sind". Generell bleibt festzuhalten: Öffentlich-argumentative Rechtfertigung politischer Entscheidungen bietet *keine* Gewähr für *moralische* Reife und Stabilität.

Da ein Zwang zur öffentlich-argumentativen Rechtfertigung von Gewissensentscheidungen nicht vorausgesetzt werden kann, hat eine nach Zuständigkeit und Kompetenz differenzierende Statuszurechnung anzusetzen bei der Frage nach der Zeitlichkeit von Politik und ihren Entscheidungen aufgrund von differenzierenden Versozialisierungen von Gemeinsinn. Zur Verdeutlichung dazu seien zwei grundlegende Feststellungen wiederholt:

➢ Eine Gesellschaft konstituiert sich – ungeachtet aller jeweils spezifischen Verzeitlichungen der Zeitlichkeit von Politik – als Gesellschaft, indem sie sich als eine *politische* Gesellschaft ausweist. Politizität ist Anfangs- und Bestandsbedingung einer Gesellschaft.

➢ Bedingung für Politizität und ihre Ausprägung ist – ungeachtet aller spezifischen Ausformungen – die Etablierung einer Gesellschaftsform des Individuums (in modernen Gesellschaften: die des Individuums als Bürger).

Die aufgrund dieser Bedingungen ausgewiesene Politizität der Gesellschaft kennzeichnet das grundlegende und durchgängig wirksame Paradoxon der Gesellschaft; sie kombiniert die Bedingungen für zwei entgegengesetzte Verzeitlichungs-/Entzeitlichungsmechanismen. Die Grundorientierungen sind zum einen die Gesellschaft als ganze, zum anderen der Bürger als Individuum. Die Wertorientierungen hierfür sind zum einen *Gemeinwohl*, zum anderen *Menschenwürde*. Wertorientierungen sind – wie weiter oben erläutert – Bedingung für die Bedienung jener Mechanismen. Grundsätzlich sind daher zwei Kategorien von Bedienungen jener Mechanismen zu unterscheiden. Zum einen werden Wertorientierungen (Gemeinwohlorientierungen) eingesetzt, um Verzeitlichungen/Entzeitlichungen letztlich auf den Bestand und das Überleben der Gesellschaft, zum anderen werden Wertorientierungen (Wertorientierungen der Menschenwürde) eingesetzt, um Verzeitlichungen/Entzeitlichungen auf die Lebensbedingungen des einzelnen Individuums zu projizieren. Der Zeithorizont im ersten Falle ist prinzipiell unbegrenzt, im zweiten Falle – trotz Vielzahl und Vielfalt – prinzipiell eng begrenzt. Bei allen Projektionen dieser Art handelt es sich – und das sei nachdrücklich betont – um *politische* Fragestellungen, deren letztlich verbindliche und bindende Umsetzungen aufgrund von politischen *Entscheidungen* erfolgen.

Solche Entscheidungen setzten Zurechnungen für Kompetenz und Zuständigkeit voraus; insofern implizieren sie, dass die Entscheider jeweils – und sei es unreflektiert – über ihren eigenen Status mitentscheiden. Die grundlegende Frage ist, nach welchem Kriterium solche Zurechnungen vorzunehmen sind. Im Zusammenhang der Überlegungen zu politischen Entscheidungen als Gewissensentscheidungen wurden zumindest Hinweise dazu gegeben. Diese Hinweise kann man unter Bezugnahme auf das vorhin umschriebene Paradoxon der Gesellschaft (Politizität) verallgemeinern und feststellen:

➢ Politische Entscheidungen als Gewissensentscheidungen (bzw. umgekehrt) sind dem einzelnen Bürger als Entscheider zuzurechnen, also als Bürgerentscheide zu fällen. Alle sonstigen politischen Entscheidungen können Repräsentativorganen, aber auch den Bürgern als Entscheidern zugerechnet werden.

➢ Politische Entscheidungen, die aufgrund der Wertorientierung der Menschenwürde zu fällen sind, sind dem einzelnen Bürger als Entscheider zuzurechnen.

➢ Politische Entscheidungen, die aufgrund der Wertorientierung des Gemeinwohls zu fällen sind, können Repräsentativorganen, aber auch den Bürgern als Entscheidern zugerechnet werden.

Vorstehende Bemerkungen zu der Entscheidung, die der Bundestag am 30. Januar 2002 gefällt hat, lassen erkennen, dass eine Entscheidung gefällt wurde, die *sowohl* aufgrund der Wertorientierung der Menschenwürde *als auch* der Wertorientierung des Gemeinwohls zu fällen war. Demnach wäre diese Entscheidung sowohl den Bürgern als auch dem Parlament als Entscheider zuzurechnen. Das bedeutet, diese Entscheidung hätte nur allgemeine Verbindlichkeit und Bindungswirkung erlangen können, wenn sie sowohl durch einen Bürgerentscheid als auch einen Parlamentsentscheid zustande gekommen wäre. Diese Entscheidung hätte auch ausschließlich durch einen Bürgerentscheid gefällt werden können, gefällt werden müssen, wenn diese Entscheidung letztlich als eine Gewissensentscheidung ausgewiesen worden wäre.

Die Frage, ob eine politische Entscheidung als eine Repräsentativentscheidung (Parlamentsentscheid) oder als ein Bürgerentscheid vorauszusetzen sei, ist eine Frage des Zeithorizonts. Wenn der Zeithorizont von Entscheidungen – wie bereits festgestellt – aufgrund von Gemeinwohlorientierungen prinzipiell als unbegrenzt anzusetzen ist, dann sollte eine solche Entscheidung Repräsentativorganen zugerechnet werden, einfach deshalb, weil durch sie Verzeitlichungen und somit Versozialisierungen von Gemeinsinn begründet werden, die ermöglichen, jeweilige Begrenzungen von Zeithorizonten für die Gesellschaft als ganze zu bestimmen und zu berücksichtigen. Wenn der Zeithorizont von Entscheidungen aufgrund von Wertorientierungen der Menschenwürde prinzipiell als eng begrenzt anzusetzen ist, dann sollte (trotz/wegen des vorausgesetzten universellen Geltungsanspruchs der Menschenwürde) eine solche Entscheidung dem Bürger zugerechnet werden, einfach deshalb, weil für ihn die Auswirkungen solcher Entscheidungen *unmittelbar* erfahrbar sind und somit ermöglicht wird, dass der aufgrund unmittelbarer Erfahrung begrenzte Zeithorizont des Individuums in solche Entscheidungen eingehen kann. Durch solche Beteiligung an jenen Entscheidungen kann das Individuum, wenn auch nur in Abständen, seine Bindung an den durch die Gesellschaft versozialisierten Gemeinsinn, seine Bindungsbereitschaft und Bindungsfähigkeit als Mitglied der Gesellschaft zum Ausdruck bringen. Auf diese Weise kann das Individuum als Bürger eine Antwort geben auf die Frage, wie es den Umgang der Gesellschaft mit der Menschenwürde erfährt und bewertet. Indem Gemeinwohlentscheidungen Repräsentativorganen (Parlamenten wie z. B. dem Bundestag, der Nationalversammlung, dem Kongress usw.) zugerechnet werden, wird ermöglicht, herauszufinden, welche Interessen dabei von Bedeutung und entscheidend sind.

Die Fälle, in denen unklar und strittig ist, welche Zurechnung vorzunehmen ist (ob Parlamentsentscheid *oder* Bürgerentscheid, ob *sowohl* Parlamentsentscheid *als auch* Bürgerentscheid) wären einem Gesellschaftsrat mit der Funktion eines Verfassungsrats zur klarstellenden Entscheidung zuzurechnen. Dieser insbesondere von den Parteien völlig unabhängige Verfassungsrat hätte ausschließlich darüber zu entscheiden, welche Zurechnung in dem jeweils betreffenden Falle vorauszusetzen sei. Er könnte für die Fälle, in denen sowohl ein Parlamentsentscheid als auch ein Bürgerentscheid zu fordern seien, darüber befinden, aufgrund welcher Voraussetzungen eine umfassende Entscheidung zustande komme, sofern im Ergebnis Parlamentsentscheid und Bürgerentscheid nicht übereinstimmen würden. Dazu könnte er je nach Entscheidungsgegenstand unterschiedliche Gewichtungen (größeres Gewicht entweder für Gemeinwohl oder Menschenwürde) voraussetzen. Mit welchen Zuständigkeiten und Kompetenzen auch immer dieser Verfassungsrat im einzelnen ausgestattet werden würde, er würde die Verfassungs- und Entscheidungsstrukturen z. B. der Bundesrepublik Deutschland erheblich verändern. Dies hätte zwangsläufig Folgen für die Zuständigkeiten und Kompetenzen des Bundesverfassungsgerichts. Dass jene umrissenen Zurechnungen von Zuständigkeiten und Kompetenzen aufgrund von Verzeitlichungshorizonten auch Folgen für Status und Geltungsdauer von Gesetzen haben, sei hier nur erwähnt (dazu weiter unten).

Ungeachtet der Frage, welche Entscheidungen als Entscheidungen aufgrund von Gemeinwohlorientierungen als Repräsentativentscheidungen und welche aufgrund der Wertorientierung der Menschenwürde als Bürgerentscheide zuzurechnen seien, ist festzustellen, dass viele Entscheidungen *weder* der einen *noch* der anderen Kategorie zuzurechnen sind. Für die Zurechnung dieser Entscheidungen ist ein Opportunitätsprinzip anzuwenden, nämlich die Zurechnungen auf Entscheidungsstrukturen und Entscheidungsinstanzen nach Klugheitsregeln vorzunehmen. Das kann bedeuten, vorhandene Entscheidungsstrukturen und Entscheidungsinstanzen weiterhin zu nutzen. Das kann auch bedeuten, eine Reform dieser Strukturen und Instanzen zu unternehmen, und zwar nicht nur wegen der Distanzen zu Entscheidungen aufgrund von Wertorientierungen des Gemeinwohls einerseits und der Menschenwürde andererseits, sondern auch wegen ethnographischer Differenzierungen aufgrund von kulturellen Verschiedenheiten als Bedingung unterschiedlicher Wertorientierungen. Solche Unterschiede verweisen auf Differenzierungen der Verzeitlichung von Zeit und der Versozialisierung von Gemeinsinn. Solche Differenzierungen können z.B. durch die Akzeptanz von Minderheitsrechten gesichert werden.

III. Zeitoperationen der Politik als Sozialoperationen des ...

Vorbemerkung

Mit der Akzeptanz von Minderheitenrechten bestätigt die Gesellschaft ihre Fähigkeit, die Grenze Gesellschaft/Politik und somit auch die Grenze Politik/Antipolitik als eine Grenze zur Differenzierung von Verzeitlichungen der Zeit bzw. Versozialisierungen des Gemeinsinns zu sichern. Zum einen geht es darum, eine Dauerpräsenz zu ermöglichen, die verhindert, dass übliche Regeln der Politik – wie etwa die Mehrheitsregel – in jedem Falle und uneingeschränkt zum Zuge kommen; zum anderen geht es um eine Dauerpräsenz, die verhindert, dass z.B. ethnische Verschiedenheiten (durch Sprache und Brauchtum ausgewiesen) öffentlich diskriminiert werden. Es handelt sich in beiden Fällen um eine strukturorientierte Nachhaltigkeit von Dauerpräsenz. Aufgrund einer solchen Dauerpräsenz ermöglichen Minderheitenrechte eine prozessorientierte Nachhaltigkeit von Dauerpräsenz durch Sozialoperationen sowohl der Politik als auch der Antipolitik.

Die Akzeptanz von Minderheitenrechten ist ein Indikator für die *Toleranz* einer Gesellschaft, aber auch ein Beleg für die Gefährdung dieser Toleranz durch Politik. Die Ermöglichung und Sicherung von Toleranz ist eine grundlegende und entscheidende Bedingung für das Gelingen von Politik. Von einem Gelingen von Politik kann – ungeachtet des jeweiligen Gegenstandes – nur dann die Rede sein, wenn die jeweilige Entscheidung – ungeachtet der zur Anwendung gelangenden Entscheidungsregeln – auch anders als tatsächlich der Fall hätte ausfallen können. Eine „Entscheidung ohne Alternative" ist zwingend bzw. eine „zwingende Entscheidung" ist eine „Entscheidung ohne Alternative", so dass von einer Entscheidung nur dann – wenn überhaupt – gesprochen werden könnte, wenn auch ein Nichtentscheiden möglich gewesen wäre, also das Nichtentscheiden als ein Entscheiden ausgelegt werden könnte. Wird das Nichtentscheiden als ein Entscheiden einbezogen, ist zumindest anerkannt, dass die Entscheidung, mag sie auch *logisch* als zwingend vorausgesetzt werden, dennoch *sozial* nicht zwingend ist, jedenfalls ein zweiwertiges Entscheiden (bestätigendes/nicht bestätigendes Entscheiden) akzeptiert wird. Wird zudem zugestanden, dass dieses zweiwertige Entscheiden als ein Entscheiden nach der Mehrheitsregel als Entscheidungsregel zu erfolgen hat, ist eine Verdoppelung (bzw.

Potenzierung) der „Wertigkeit" akzeptiert. Man kann diese Überlegungen noch weiterführen – was jedoch hier unterbleibt –, indem man den Gegenstand selbst in Entscheidungsvarianten differenziert. Festzuhalten ist, dass die sozialen Strukturen politischen Entscheidens rasch einen hohen Komplexitätsgrad erreichen können, auch dann, wenn für das Entscheiden nur eine Entscheidungsinstanz nach der Mehrheitsregel in Betracht kommt.

Mit Bezug auf die erwähnten Bedingungen würde eine Konsensentscheidung (eine Entscheidung nach der Einstimmigkeitsregel) eine radikale Vereinfachung bzw. Entdifferenzierung von Entscheidungsstrukturen bedeuten. Die Entscheidung wäre nicht nur logisch, sondern auch sozial als zwingend zu kennzeichnen. Ein solches Entscheiden kennt keine Minderheiten und muss folglich auch nicht Minderheitenrechte berücksichtigen. Daher ist für solche Konsensentscheidungen, mögen die Gründe dafür noch so verschieden sein, Toleranz nicht Entscheidungsbedingung. Daher sind sogenannte Konsensgesellschaften entweder durch einen entscheidenden Mangel oder einen entscheidenden Überschuss an Toleranz gekennzeichnet. Jedenfalls sind solche Gesellschaften nicht darauf angelegt, Gesellschaft als soziales Geheimnis durch Politik und insbesondere politische Entscheidungen aufzuhellen. Die in solchen Gesellschaften vorherrschende Toleranz kann als *Gleichgültigkeit* gegenüber der Politik und politischen Entscheidungen ausgelegt werden. Diese Gleichgültigkeit ist Ausdruck von Sicherheit insofern, als allgemein vorausgesetzt ist, dass durch Politik keine Dauerwirkung zur Erhellung jenes sozialen Geheimnisses bewirkt wird.

Diese Gleichgültigkeit bzw. diese Art von Toleranz ist kennzeichnend für eine Art der Nachhaltigkeit von Dauerpräsenz. Es handelt sich um eine strukturorientierte Nachhaltigkeit von Dauerpräsenz, die auf eine Vergleichgültigung ausgerichtet ist und daher nicht zu Sozialoperationen für eine prozessorientierte Nachhaltigkeit von Dauerpräsenz herausfordert, jedenfalls nicht zu solchen spezifischer Strukturierungen. Diese auf Vergleichgültigung ausgerichtete strukturorientierte Nachhaltigkeit von Dauerpräsenz ist multifunktional insofern, als sie keine eingebauten Haltepunkte für Strukturierungen kennt, also umfassend unspezifisch ist und daher ohne spezifische Prozessorientierungen genutzt werden kann. Diese Multifunktionalität leistet die Funktion eines *Wertes,* nämlich die einer allgemeinen Geltungsakzeptanz. Das bedeutet, die als Wertorientierung für Entscheidungsbedingungen eingesetzte Toleranz hat den Rang einer Wertorientierung erhalten, die auch für Systemisierungen von Zeit und Gemeinsinn und deren Nutzung zur Verfügung steht, so dass gleichgültig ist, sowohl welcher Gegenstand zur Entscheidung ansteht als auch welche gesellschaftliche Instanz die Entscheidung fällt. Die Konsensgesellschaft ist komplett.

Die Zuspitzung der Überlegungen auf jene Gleichgültigkeiten einer kompletten Konsensgesellschaft verweist die weiteren Überlegungen wieder zurück auf die Grenze Gesellschaft/Politik und somit die von Politik/Antipolitik, d.h. auf ihre Funktion für die Nachhaltigkeit von Dauerpräsenz. Festzuhalten ist: Mit der Ausdifferenzierung eines gesellschaftlichen Teilsystems für Politik hat eine Gesellschaft nicht nur ihre Selbstkonstitution geleistet, sondern auch die Bedingungen für eine spezifische Nutzung der Ressource Zeit geschaffen, indem sie Gemeinsinn für eine Bearbeitung durch Politik versozialisiert hat. Dadurch ermöglicht sie bzw. befähigt sich zu Sozialoperationen, die die Grenze Gesellschaft/Politik als eine Grenze für Verzeitlichungen der Zeit nutzen können und so eine Vielzahl und Vielfalt an Versozialisierungen von Gemeinsinn und somit an sozialen Nutzungen der Zeit ermöglichen und sichern. Die auf diese Weise ermöglichten und gesicherten Sozialoperationen werden durch die Grenze Gesellschaft/Politik als Zeitoperationen spezifiziert insofern, als sie *Termine* als *Punktualisierungen* setzen, die *Entscheidungen* verlangen und/oder Zeiträume für Termine bestimmen. Was die Politik anlangt, so braucht man nur, um einen deutlichen Hinweis zu geben, auf Wahltermine, Legislaturperioden und Amtszeiten zu verweisen.

Solche Verzeitlichungen der Zeit durch Terminfestlegungen können durch unterschiedliche Sozialoperationen genutzt werden. So können z.B. im Parlament eingebrachte Gesetzesvorlagen – um einen Hinweis zu geben – von Regierung und Opposition mit unterschiedlichen Sozialoperationen der Beschleunigung oder der Verlangsamung (bis hin zum Stopp bzw. zur Blockade) prozessiert werden. Insofern kennzeichnet die Differenzierung Regierung/Opposition, ungeachtet aller sonstigen Unterschiede, eine Strukturvorgabe für eine Nachhaltigkeit von Dauerpräsenz. Solche Strukturvorgaben können nicht umgangen werden. Möglicherweise ist dies ein Erklärungsansatz dafür, warum Entscheidungen des Parlaments, jedenfalls sofern es sich um Gesetze handelt, *ohne* Einbau von expliziten Zeitelementen (abgesehen von *unbestimmten* Rechtsbegriffen wie „Stand der Technik") ausgeführt werden. Entscheidend für die gesellschaftliche Leistung von Gesetzen ist, *dass* sie *gelten.* Dadurch übernehmen sie, wie differenziert und spezifiziert ihre *normativen* Vorschriften und Regelungen im Einzelnen auch sein mögen, die Funktion von *Werten.* Werte sind – wie oben erläutert – Bedingung, damit Verzeitlichungen der Zeit bzw. Systemisierungen der Zeit aufgrund von Sozialoperationen möglich werden und somit als Bedingung für die Nutzung der Zeit als Ressource fungieren. Insofern ermöglichen Gesetze (wegen/trotz ihrer allgemeinen Geltung) sozialen Systemen je spezifische Nutzungen. Für die Fälle, in denen Zeitelemente, insbesondere Zeitgrenzen (etwa Verfallstermine) eingebaut werden, kann man grundsätzlich annehmen, dass der Gleichheitsgrundsatz missachtet (um nicht zu sagen: verletzt) wird insofern, als keine oder nur diffuse Differenzierungen bzw. Anwendungsgrenzen für unterschiedliche Verzeitlichungen von Zeit bzw. Versozialisierungen von Gemeinsinn (auch und gerade in Rücksicht auf den

Bürger als Gesellschaftsform des Individuums) vorgesehen sind. Umgekehrt kann man für die Fälle, in denen Wertorientierungen durch Gesetze normiert werden (insbesondere Wertorientierungen des Gemeinwohls und der Menschenwürde), grundsätzlich annehmen, dass die Beachtung des Gleichheitsgrundsatzes jedenfalls implizit mitläuft insofern, als Bedingung für solche Gesetze ist, *keine* differenzierende Anwendungsgrenzen für unterschiedliche Verzeitlichungen und somit auch keine entsprechenden Grenzen der Versozialisierung von Gemeinsinn vorzusehen.

Die vorstehenden Bemerkungen zum Geltungsstatus von Gesetzen (zusätzliche Überlegungen dazu weiter unten) verweisen auf die Unterscheidung politischer Operationen in Sozialoperationen als Zeitoperationen und Zeitoperationen als Sozialoperationen. Wird vorausgesetzt, eine Gesellschaft konstituiere sich als eine *polititsche* Gesellschaft (ansonsten könne von Gesellschaft keine Rede sein) und könne nur als politische Gesellschaft sich als Überlebensgesellschaft behaupten, wird dem ausdifferenzierten gesellschaftlichen Teilsystem der Politik die Funktion zugerechnet, für die Verwirklichung des Gemeinwohls zu sorgen. Die Grenze Gesellschaft/Politik markiert dann – kurz gesagt – eine Grenze der Wertorientierungen für Leistungen des Gemeinwohl einerseits und der Orientierungen für Leistungen der Interessenverfolgung andererseits. Die Grenze Politik/Antipolitik markiert dann – ebenfalls kurz gesagt – eine Grenze für Leistungen der Wertorientierungen des *allgemeinen* Gemeinwohls einerseits und der Orientierungen für Leistungen des zwangsläufig *partikulären* Gemeinwohls aufgrund von Interessenorientierungen andererseits.

Wird zudem vorausgesetzt, nur aufgrund einer Versozialisierung von Gemeinsinn (also einer Systemisierung) werde Zeit verzeitlicht und daraufhin stehe Zeit als Ressource zur Verfügung, wird ebenfalls vorausgesetzt, dass jenes soziale System der Politik seine Operationen vorrangig als *Sozialoperationen* ausrichtet, jedenfalls dann, wenn es um Operationen geht, die die Funktion, weswegen das politische System als gesellschaftliches System ausdifferenziert wurde, in Rücksicht auf seine Leistungen für die Gesellschaft als ganze zur Disposition stellen, also die Grenze Gesellschaft/Politik explizit oder implizit auf den Wert „Gemeinwohl" hin thematisieren. Weiterhin ist dann vorausgesetzt, dass das politische System seine Operationen vorrangig als *Zeitoperationen* ausrichtet, jedenfalls dann, wenn es um Operationen geht, die jene Funktion des politischen Systems in Rücksicht auf seine Leistungen für den Bürger (als Gesellschaftsform des Individuums) zur Disposition stellen, also die Grenze Politik/Antipolitik explizit oder implizit auf den Wert „Menschenwürde" hin thematisieren. Schließlich ist dann vorausgesetzt, dass jene Sozialoperationen zwangsläufig auch als mitlaufende Zeitoperationen und jene Zeitoperationen als mitlaufende Sozialoperationen fungieren, und zwar deshalb, weil – kurz gesagt – explizit oder implizit die Thematisierung der einen Grenze die der anderen Grenze (bzw. umgekehrt) einfordert. Jedoch ist auch festzustellen, dass in vielen Fällen politischer Operationen – ebenso wie im Zusammenhang der Überlegungen zur Zurechnung von Entscheidungen als Bürger- bzw. Repräsentativentscheide festgestellt – eine Thematisierung auf jene beiden Grenzen hin nicht oder nur mit erheblichen Anstrengungen unterstellbar ist.

Ungeachtet der Frage, ob politische Operationen vorrangig als Sozial- oder als Zeitoperationen angelegt sind, ist grundsätzlich vorauszusetzen, dass sie in der Konsequenz des Umgangs mit dem sozialen Geheimnis „Gesellschaft" (und aller davon mitbestimmten sozialen Geheimnisse) darauf ausgerichtet sind, Unsicherheit zu absorbieren. Dies geschieht durch Prozesse zur Herbeiführung von Entscheidungen und deren Verknüpfungen, aber auch durch Prozesse ohne vorgegebene Ausrichtung auf ein Entscheiden hin und letztlich auch durch orientierungslose Prozesse, für die nicht unterstellt werden kann, das Nichtentscheiden könne als ein Entscheiden ausgelegt werden. Solche orientierungslosen Prozesse können jedoch Unsicherheit absorbieren insofern, als es nicht darum geht, Entscheidungen auszuweichen oder zu verhindern, sondern es sich um Prozesse handelt, die sich durch eine Orientierungslosigkeit auszeichnen, für die jede Entscheidung gleichbedeutend bzw. gleich unbedeutend, also *gleichgültig* ist, so dass die Absorbtion von Unsicherheit durch den Prozess selbst geleistet wird. Diese Absorbtion von Unsicherheit besteht dann in der *allgemeinen* und insofern *unspezifischen* Erwartung, sich darauf verlassen zu können, *dass* Entscheidungsstrukturen vorhanden sind und ggf. auch genutzt werden. Es handelt sich also um eine *prozessorientierte* Nachhaltigkeit von Dauerpräsenz, für die der Prozess sich selbst zum Gegenstand gemacht hat und somit „blind" operiert. Diese Blindheit bzw. Gleichgültigkeit ist kennzeichnend für eine Art von Toleranz, wie sie oben im Zusammenhang der Bemerkungen zu einer *strukturorientierten* Nachhaltigkeit von Dauerpräsenz kurz umschrieben wurde.

Wenngleich politische Operationen sowohl als Sozialoperationen als auch als Zeitoperationen auf Absorbtion von Unsicherheit ausgerichtet sind, so unterscheiden sie sich grundsätzlich dadurch, dass Sozialoperationen vorrangig darauf gerichtet sind, Unsicherheiten anzugehen, die entstehen bei der Zurechnung von Leistungen als Bedienungen der Funktion, weswegen ein *System* ausdifferenziert wurde, während Zeitoperationen vorrangig darauf gerichtet sind, Unsicherheiten anzugehen, die entstehen bei der Zurechnung von Leistungen für *Mitglieder*. In beiden Fällen geht es um Unsicherheiten der Systemisierung als Versozialisierung von Gemeinsinn und Verzeitlichung der Zeit. Politische Operationen sind als Sozialoperationen vorrangig auf Absorbtion von Unsicherheiten der Verzeitlichung, als Zeitoperationen vorrangig auf Absorbtion von Unsicherheiten der Versozialisierung von Gemeinsinn gerichtet. Da eine Gesellschaft, sofern sie Gesellschaft ist, als eine politische Gesellschaft vorauszusetzen ist, ist einsichtig, weshalb sie zur Konstituierung, Etablierung und Sicherung gesellschaftlicher Teilsysteme vorrangig Sozialoperationen nutzt, um Verzeitlichungen der Zeit zu erreichen und so Zeit als Ressource zur Verfügung zu stellen, und weshalb z.B. das politische System als gesellschaftliches Teilsystem vorrangig Zeitoperationen nutzt, um Zeit als Bedingung für die Bereitstellung systemischer Leistungen nutzen zu können. Formelhaft verkürzt kann man festhalten: Zum einen geht es darum, für die Stabilität von Zeitverhältnissen zu sorgen, zum anderen darum, die Stabilität von Zeitverhältnissen nutzen zu können.

Zwar gilt für das politische System wie für jedes andere gesellschaftliche Teilsystem – wie generell für jedes soziale System – die Bedingung (relativ) stabiler Zeitverhältnisse als Bedingung für die Nutzung der Zeit als Ressource, jedoch bestehen für politische Operationen wegen der Grenze Politik/Antipolitik besondere Herausforderungen. Das heißt, Operationen der Antipolitik nutzen grundlegend andere und zudem unterschiedliche Systemisierungen von Gemeinsinn und Zeit als Operationen der Politik. Das politische System muss dies einrechnen, um die Grenze Politik/Antipolitik nicht durch die Antipolitik festlegen zu lassen mit der Folge, dass das politische System die Grenze Gesellschaft/Politik nicht oder nicht mehr klar genug markieren kann und letztlich in „vorzeitliche" Zustände zurückfällt. Um mit diesen Herausforderungen zu Rande zu kommen, hat die Politik besondere Muster für Zeitoperationen als Sozialoperationen entwickelt, die geeignet sind – und darauf kommt es an – Unsicherheit zu absorbieren.

1. Personalisierens/Anonymisierens

Eine Auswahl von Personen ist nur dann sinnvoll, wenn man voraussetzt, dass durch die Auswahl ein Unterschied erzeugt wird und dieser Unterschied von Bedeutung ist. Mit der Auswahl ist zunächst einmal eine Punktualisierung, eine Entscheidung, ausgeführt, die zwischen vorher und nachher unterscheidet. Damit ist klargestellt, dass mit der Auswahl von Personen die Zeit genutzt wird, einen *personalen* Unterschied zu markieren und zu sichern. Insofern sind Zeitschnitte wie Abstimmungstermine, Wahltermine, Legislaturperioden, Amtszeiten, Wahlalter usw. grundsätzlich von Bedeutung, da stets Personen (als Wähler und Gewählte) als Entscheider fungieren, sowohl was die Festlegung der Termine anlangt als auch die Auswahl des Personals, dem mit der Auswahl spezifische Entscheidungsbefugnisse zugerechnet werden. Der Unterschied, der durch eine Entscheidung, eben eine Auswahl von Personen, erzeugt wird, ist also ein Unterschied in der Zurechnung von Entscheidungsbefugnissen. Sinnvoll ist das

1. Personalisierens/Anonymisierens

nur, wenn man voraussetzen und erwarten kann, dass andere Personen, also andere Entscheider, anders entscheiden würden. Insofern ist Personalisierung als Zurechnung unterschiedlicher Entscheidungskompetenzen für unterschiedliche Nutzungen von Entscheidungsbefugnissen logisch und sozial zwingend. Insofern ist diese Art von Personalisierung zwingend erforderlich, wenn – worauf schon hingewiesen wurde – Politik überhaupt gelingen soll.

Bedingung für diese Art von Personalisierung in der Politik bzw. durch Politik ist eine Nutzung der Zeit durch eine Entscheidung, die nicht nur die Zeit in ein Vorher und ein Nachher, sondern *zugleich* ein Kollektiv von Personen in eine Mehrheit und eine Minderheit von Entscheidern unterscheidet. Das gilt für alle Personalentscheidungen, also alle Wahlentscheidungen in der Politik und durch die Politik. Insofern markieren solche Entscheidungen, was die Absorption von Unsicherheit angeht, eine Grenze für zwei grundsätzlich verschiedene Zurechnungstendenzen. Es handelt sich um Zurechnungen auf Personen als Mitglieder des betreffenden Kollektivs (etwa auf die wahlberechtigten Bürger) einerseits und auf Personen als „Repräsentanten" jenes Kollektivs (etwa auf die Mitglieder des Parlaments) andererseits. Die Mehrheit des betreffenden Kollektivs absorbiert durch die Wahlentscheidung zwar Unsicherheit, aber die Zurechnung auf das Personal, d.h. auf die einzelnen Mitglieder dieses Kollektivs, ist in der Regel irrelevant, weil dabei die Stimme des einzelnen Entscheiders unerheblich ist. Eine Zurechnung erfolgt daher in solchen Fällen, wenn sie denn stattfindet, wiederum auf Kollektive (z.B. nach Wählergruppierungen) als Differenzierungen des betreffenden Elektorats. Die Absorption von Unsicherheit besteht in solchen Fällen darin, für einen bestimmten Zeitraum vor Wahlentscheidungen sicher zu sein. Der Preis für diese Sicherheit ist wiederum Unsicherheit, Unsicherheit darüber, welche Entscheidungen mit welchen Folgen die Entscheider fällen werden, die durch Wahlentscheidungen in ihre Positionen und Ämter gelangt sind. Zur Absorption dieser Unsicherheiten werden Personalisierungen vorgenommen, so dass auf diese Weise die mit der Wahlentscheidung erzeugte Unsicherheit kompensiert werden kann.

Wenn Wahlentscheidungen jene Grenze der Absorption und Erzeugung von Unsicherheit markieren, dann muss diese Grenze auch Operationen der Personalisierung, also der Zurechnungen auf Personen, unterscheiden. Bedingung hierfür ist Öffentlichkeit. Zwar müssen dem einzelnen Mitglied des Elektorats die Personen, die es wählt, nicht bekannt sein. Dies ist vielfach der Fall, insbesondere dann, wenn Listenwahl vorgesehen ist. Ohne Öffentlichkeit jedoch würde die „Wahl" keine Auswahl im Sinne der Absorption von Unsicherheit aufgrund von Zurechnungen auf Personen sein können. Ohne Öffentlichkeit würden – von Zufallsbekanntschaften abgesehen – keine Zurechnungen auf Personen als Kandidaten möglich sein. Wenn zudem wegen fehlender Öffentlichkeit keine Zurechnungen auf die Personen möglich wären, die die Kandidaten auswählen, wären die Bedingungen für eine „totale Öffentlichkeit" der Wahlentscheidung erfüllt. Das heißt, alle *Mitglieder* des Elektorats (die Zugehörigkeit bzw. Mitgliedschaft wäre z. B. durch das Wahlalter festgelegt) wären zugleich *Kandidaten*; mittels eines *Zufallsgenerators* würde bestimmt, welche Mitglieder als gewählt zu gelten hätten. Es gäbe keinerlei Rechtfertigung dafür, an irgendeiner Stelle des gesamten Wahlgeschehens eine Geheimhaltung einzubauen.

Unter jenen Bedingungen einer „totalen Öffentlichkeit" würde nicht nur jede Verletzung des Wahlgeheimnisses ausgeschlossen, sondern auch durch die Wahlentscheidung selbst das Verhältnis von Absorption und Erzeugung von Unsicherheit umgekehrt. Durch die Wahlenscheidung würden die Gewählten aus der Zahl der Mitglieder herausgehoben. Dadurch würde die Grundbedingung für Zurechnungen als Operationen der Personalisierung erfüllt. Weiterhin müsste möglich und gewährleistet sein, dass die Amtsführung des gewählten Personals allgemein beobachtbar und diese Beobachtungen Gegenstand eines öffentlichen Diskurses sind. Die dadurch ermöglichten Zurechnungen bzw. Operationalisierungen der Personalisierung sind Bedingung für Absorption von Unsicherheit. Daher fungieren Wahlentscheidungen unter jenen Bedingungen „totaler Öffentlichkeit" als Vorgänge zur Erzeugung von Unsicherheit. Wenn die auf diese Weise zustande gekommenen Wahlentscheidungen ausschließlich als Vorgänge zur Erzeugung von (personaler) Unsicherheit fungieren, gewinnt die Frage nach dem Wahlgeheimnis ein besonderes Interesse.

Zunächst ist festzuhalten, dass „totale Öffentlichkeit" eine umfassende Absicherung des Wahlgeheimnisses darstellt. Jede Einschränkung dieser Öffentlichkeit bedeutet dann die Einrichtung eines spezifischen Wahlgeheimnisses; sie muss – so kann man fordern – gerechtfertigt werden. Man kann auch umgekehrt ansetzen und feststellen, eine umfassende Absicherung des Wahlgeheimnisses durch „totale Öffentlichkeit" blockiere jeden Ansatz für Transparenz, so dass das Wahlgeschehen, obgleich von Personen für Personen veranstaltet, ausschließlich Operationen der *Anonymisierung* ermögliche und zulasse. Daher sind – so kann man dann folgern – Elemente einzubauen, die Operationen der Personalisierung ermöglichen und fördern. Deshalb bedarf – so kann man weiter folgern – das Wahlgeheimnis keiner weiteren Rechtfertigung.

Wird vorausgesetzt, von einem Wahlverfahren sei, sofern es als ein gültiges anerkannt werden könne, zu fordern, eine Absorption von Unsicherheit zu ermöglichen und zu sichern über die jeweils aktuelle Wahlentscheidung hinaus, dann sind Operationen der Personalisierung zwingend. Würden politische Wahlentscheidungen diese Funktion nicht leisten, seien sie nicht nur nicht zu rechtfertigen, sondern notwendigerweise nicht zuzulassen. Wahlentscheidungen seien die einzigen Möglichkeiten, die der Politik zur Verfügung stünden, *Zukunft* durch *Personal* erfassen und transportieren zu können. Die Anwendung demokratischer Grundsätze des Wählens sei zu fordern, weil dadurch am besten jene Möglichkeiten genutzt werden könnten.

Als Bedingung für Operationen der Personalisierung ist, um dadurch Zukunft zu erfassen und zu projizieren, zwingend, dass die einzelnen Personen als Personen über den Wahltermin hinaus eine Zukunft haben. Das Lebensalter ist insofern sekundär und zudem von beträchtlicher Variationsbreite. Entscheidend ist vielmehr, wenngleich das Lebensalter maßgeblich sein kann, die Fähigkeit von Personen, Personalisierungen zu bewirken, die den Personen eine bestimmte Funktion zurechnen: Träger solcher *Wertorientierungen* zu sein, die vorauszusetzen sind, damit das durch Wahlentscheidungen bestellte *Personal systemfunktionale Entscheidungen* fällen kann. Dieser Zusammenhang wird erkennbar aufgrund von Umfragen, die Zurechnungen z.B. auf Politiker erfragen und dabei differenzieren nach Zurechnungen auf Glaubwürdigkeit, Zuverlässigkeit usw. bis hin zu Kompetenzen für bestimmte Politikfelder. Dass es sich bei solchen Zurechnungen um Ausprägungen – wie unscharf auch immer – von Wertorientierungen handelt, rechtfertigt *Verallgemeinerungen* bzw. *Kollektivierungen* der je einzelnen Zurechnungen einerseits und ermöglicht, da jene Zurechnungen nach zustimmenden und nichtzustimmenden differenziert werden, mit allgemeiner Verbindlichkeit und Bindungswirkung von Mehrheitsentscheidungen als Systementscheidungen auszustatten.

Da solche Systementscheidungen – von dem durch Wahlentscheidungen dafür bestellten Personal gefällt – nach der Mehrheitsregel zustande kommen, ist grundsätzlich vorausgesetzt, dass die jeweiligen Abstimmungsergebnisse Informationen darüber liefern, welche Wertorientierungen das Abstimmungspersonal zugrunde gelegt hat und welche (zustimmende/nichtzustimmende) Zurechnungen auf das Personal dabei eingeflossen sind. Der Informationsgehalt der auf diese Weise erzeugten Informationen ist jedoch in der Regel derart unsicher, dass unterstellt werden kann bzw. muss, bei diesen Abstimmungen bzw. Entscheidungen würden die Zukunftsvorstellungen der einzelnen Wähler nicht einmal in Rücksicht auf die von den Wählern ausgeführten und bekannten Operationen der Personalisierung einbezogen. Es ginge ausschließlich – so kann man fortsetzen – um die Absicherung der Zukünfte des Abstimmungspersonals, also die Zukünfte der Entscheider als Systementscheider. Daher seien, damit bei den Systementscheidungen die Zukünfte des Wählerpersonals besser berücksichtigt würden – so kann man schließlich folgern –, Zurechnungen zu ermöglichen und zu fordern, die dem Wähler als Mitglied des Systems ermöglichen, seine Wahlentscheidungen als „eigene Systementscheidungen" zu betrachten und ihnen auf diese Weise eine Systemrelevanz zu verschaffen.

Gemeint sind nicht irgendwelche Zurechnungen der Individualisierung, auch und gerade nicht solche, die der ökonomischen Theorie der Wahlentscheidung zugrunde liegen. Es handelt sich auch nicht um Zurechnungen der Individualisierung aufgrund von Gewissensentscheidungen. Es geht nicht einmal um Operationen der Personalisierung. Solche Operationen sind im betreffenden Falle widersinnig, da sie eine Konkurrenz unter den Wählern voraussetzen, also die Wähler darum kämpfen müssten, zu welchen Kandidaten sie als deren Wähler „gewählt" werden dürften. Dieser Widersinn bestätigt, warum es sinnvoll ist, für Bedingungen zu sorgen, die Operationen der Anonymisierung ermöglichen und sichern.

Festgestellt wurde bereits, dass eine umfassende Absicherung des Wahlgeheimnisses ausschließlich Operationen der Anonymisierung ermögliche und zulasse. Weiterhin wurde festgestellt, dass diese Sicherheit, eben weil keine Operationen der Personalisierung möglich seien, für die Wähler keine Sicherheit in der Gewinnung von Zukunft aufgrund ihrer Wahlentscheidungen erzeugen könne. Diese Unsicherheit ist andererseits Bedingung dafür, dem Wähler seine Wahlentscheidung als eine „eigene Systementscheidung" zu ermöglichen und zu sichern. Wenn genau dies durch Bedingungen zur Anonymisierung erreicht wird, dann geht es darum, Bedingungen zu schaffen, die Operationen der Personalisierung *nicht* zulassen. Dies erfordert zwingend den Einbau des *Zufallsprinzips* an entscheidenden Stellen des gesamten Wahlgeschehens.

Was den Einbau des Zufallsprinzips anlangt, kann man sich viele Variationen und Spezifikationen an verschiedenen Stellen vorstellen. Dies gilt insbesondere dann, wenn man Personalisierungen für unverzichtbar erachtet, also Kombinationen von Personalisierung/Anonymisierung voraussetzt. Als Ansatzpunkt für eine sehr grobe Umschreibung einer möglichen Ausgestaltung sei das Wahlrechtssystem zum Deutschen Bundestag gewählt. Kennzeichnend für dieses Wahlrecht ist, dass der Wähler zwei Stimmen hat, eine für die Wahl des Direktkandidaten bzw. Wahlkreiskandidaten, eine für die Wahl der Landesliste der Partei. Wenngleich beide Stimmen in der Regel als Stimmen für eine Partei gelten können, so kann man trotz möglicher Einwände zu vielen Einzelheiten dennoch grundsätzlich zwischen Verfahren der Personalisierung einerseits und der Anonymisierung andererseits unterscheiden. Die Gesamtzahl der auf eine Partei entfallenden Mandate wird zwar aufgrund des Anteils an den Zweitstimmen ermittelt, die über eine Direktwahl erzielten Mandate haben jedoch Vorrang, so dass die Listenmandate zu den Direktmandaten dazu gerechnet werden, bis die Gesamtzahl der aufgrund des Zweitstimmenanteils bestimmten Mandate erreicht ist.

Ohne auf das Wahlsystem zum Deutschen Bundestag näher einzugehen – es wird als bekannt vorausgesetzt und von Besonderheiten (wie Fünf-Prozent-Klausel, Grundmandate, Überhangmandate) wird abgesehen –, kann festgestellt werden, dass die Parteien mit ihren Landeslisten Sicherheit erzeugen, allerdings Sicherheit für die Parteien (und je nach Listenplatz Sicherheit für die Listenkandidaten), dass aber für den Wähler in der Regel keine Zurechnungen auf die einzelnen Listenkandidaten (auch wenn wenige davon bekannt sein mögen) möglich sind, er also seine Wahlentscheidung durch Abgabe seiner Zweitstimme aufgrund anonymer Zurechnungen ausführt. Die üblicherweise auf Grund anonymer Zurechnung erzeugte Unsicherheit wird jedoch kompensiert (um nicht zu sagen: überkompensiert) durch die Einrichtung der Landeslisten und deren Nutzung durch die Parteien. Wenn daher eine Kombination der Erzeugung von Sicherheit/Unsicherheit durch Zurechnungen der Personalisierung/Anonymisierung bewirkt werden soll, so dass der einzelne Wähler seine Wahlentscheidung als eine je „eigene Systementscheidung" einschätzen kann, dann muss für das bundesrepublikanische Wahlsystem – und das ist die These – eine Umkehrung des Verhältnisses von Direkt- und Listenwahl unter Einbau des Zufallsprinzips erfolgen.

Bleibt vorausgesetzt, dass Parteien für die Aufstellung der Kandidaten unverzichtbar sind, ist zunächst zu fordern, dass die Kandidatenlisten der Parteien nach dem Zufallsprinzip erstellt werden. Man kann alle Mitglieder als mögliche Kandidaten voraussetzen, d.h. in einer Art Urwahl aus der Gesamtzahl der Mitglieder die Kandidaten unter Einsatz eines Zufallsgenerators auswählen. Man kann – ebenfalls unter Einsatz eines Zufallsgenerators – einen Kandidatenpool bestimmen, aus dem wiederum unter Einsatz eines Zufallsgenerators letztlich die Kandidaten ausgewählt werden. Die jeweils zum Einsatz kommenden Zufallsgeneratoren können je nach Eigenheiten des Parteiensystems bzw. der Parteien sehr unterschiedlich konstruiert sein. Dabei können, damit die Kandidatenlisten auch als jeweilige Parteilisten ausgewiesen werden können (und insofern Anforderungen für Parteiensicherheiten einfließen können) Eigenheiten der Mitgliederstruktur der Parteien berücksichtigt werden, so z.B. Altersstruktur, Geschlechterstruktur, Struktur der Wertorientierungen, Interessenstruktur, regionale Besonderheiten usw.). Man kann die Zufallsgeneratoren mit Ausfallmustern ausstatten, ohne dadurch das Zufallsprinzip auszuschalten.

Was das Verhältnis von Direktmandaten zu Listenmandaten anlangt, kann ebenfalls bestimmt werden, dass der Anteil an Zeitstimmen, den eine Partei erreicht, über die Gesamtzahl der auf eine Partei entfallenden Mandate entscheidet. Jedoch werden die mit der Erststimme gewählten Kandidaten, also durch Persönlichkeitswahl bestimmten Mandate, nicht vorrangig und auch nicht unabhängig vom Zweitstimmenergebnis zugeteilt. Man kann festlegen, dass die Zuteilung eines Direktmandates aufgrund des Gewinns von einem, zwei oder ... Listenmandaten erfolgt. Die Direktmandate kommen in der Reihenfolge der Stimmenzahlen, die die Direktbewerber erreicht haben, zum Zuge. Andere Regelungen über die Verrechnung von Zweit- und Erststimmen sind im Rahmen der umschriebenen Vorgaben vorstellbar.

Da weiterhin sowohl die Listen- als auch die Direktkandidaten Parteimitglieder sind, bleibt die Parteienkonkurrenz erhalten. Die Parteienkonkurrenz wird sich jedoch erheblich verändern. So müssen die Parteien ihre Konkurrenz und Wahlwerbung z. B. auf ihre nach dem Zufallsprinzip besetzten Landeslisten konzentrieren, also vorrangig Antworten auf Sachfragen vortragen, wenngleich die Strukturierung der Landesliste nach dem Zufallsprinzip Bedingung hierfür ist. Dadurch ermöglichen sie Operationen der Anonymisierung und blockieren solche der Personalisierung. Andererseits müssen sie die auf die Direktkandidaten ausgerichteten Operationen der Personalisierung, wollen sie mit den *intern* nach der Persönlichkeitswahl bestimmten Direktkandidaten als „Repräsentanten der Partei" werben und deren Wahl erreichen, so ansprechen, dass möglichst viele Stimmen für ihre Landeslisten abgegeben werden, also anonyme Zurechnungen erfolgen, damit die Direktkandidaten ein Mandat erhalten.

Das vorstehend nur skizzenhaft umrissene Wahlsystem, das eine Vielzahl an Variationen, Spezifikationen und Konkretisierungen zulässt (auch andere Ansätze als das Wahlsystem zum Deutschen Bundestag sind hier vorstellbar), soll lediglich darauf verweisen, dass Regelungen für die Erzeugung von Sicherheit/Unsicherheit durch Wahlentscheidungen möglich sind, die ermöglichen, Zeitstrukturen einzubauen, die die Struktur der Wähler in Rücksicht auf deren „eigene Systemzeiten" berücksichtigen. Die diesen Überlegungen zugrunde liegende Frage ist die nach der *Mitgliedschaft,* nämlich des Bürgers als Wähler und als Politiker.

Das Wahlrecht bestimmt, ob ein Bürger auch als Wähler fungieren kann, wie also die Mitgliedschaft als Wähler jedenfalls formal und insofern allgemein geregelt ist. Der durch das Wahlrecht punktualisierte Übergang von einem Nichtmitglied zu einem Mitglied manifestiert einen Bezugspunkt für Personalisierungen einerseits und Anonymisierungen andererseits. Die Zuerkennung des Wahlrechts erfolgt zwar ad personam, aber damit wird der Bürger als Wähler in die Anonymität – wie alle anderen Wähler auch – überstellt. Der Bürger wird als Wähler personifiziert, aber diese Personifizierung wird, wenngleich sie formal stets mitläuft, durch Anonymisierung für die Wahlwerbung intransparent, aber gerade dadurch für Adressierungen der Wahlwerbung geeignet. Bedingung dafür, jene Anonymisierung zu überwinden, demnach für Personifizierungen bzw. Personalisierungen zur Verfügung zu stehen, ist Öffentlichkeit. Somit gilt auch hier, dass auf diese Weise der Übertritt vom Wähler zum Politiker erfolgt. Insofern wird bestätigt, dass der Politiker nicht nur die Öffentlichkeitsform des Bürgers, sondern auch die des Wählers darstellt. Demnach ist angezeigt, wieso unterschiedliche Zurechnungen auf Bürger, Wähler oder Politiker möglich sind. Das *Individuum* kann als *Person* verschiedene *Mitgliedschaften* ausüben bzw. ihm können verschiedene Mitgliedschaften zugerechnet werden.

Der Grundgedanke der vorstehenden Überlegungen ist, dass ein Individuum eine Mehrzahl von Mitgliedschaften unterhalten kann (und auch häufig unterhält), dass aber die Mitgliedschaften die Individualität des Individuums bestenfalls nur ausschnittweise erfassen und beschreiben. Die Zurechnung solcher Mitgliedschaften fordert individualisierende Operationen, die wiederum allgemein gelten und allgemein anzuwenden sind; sie finden ihre Zuspitzung in der Anwendung der Regeln zum Eintritt, Austritt und Ausschluss des einzelnen Mitglieds bzw. der Mitglieder. Jene sowohl *individualisierenden* als auch *verallgemeinernden* bzw. *anonymisierenden* Operationen setzen also eine soziale Konstruktion voraus, die jene ermöglicht. Das ist gemeint, wenn von *Person* die Rede ist. Da die Zurechnung als Person Bedingung für eine Mitgliedschaft des Individuums ist, also für *jede* Mitgliedschaft dieser Art in – umfassend gesagt – sozialen Systemen, kann festgestellt werden, dass „Person" als die *Systemform* des Individuums zu betrachten ist. Von besonderem Interesse für unsere bisherigen Überlegungen war die Person als Systemform allgemein als Bürger – in der Spezifikation als Ehrenämtler – und als Politiker, als Wähler und als Kandidat bzw. gewählter Positions- und Amtsinhaber.

„Person" als Systemform des Individuums ermöglicht, Zurechnungen zu *punktualisieren* und sie in solche der Personalisierung und solche der Anonymisierung zu differenzieren. Beobachtbar sind diese Differenzierungen aufgrund von Öffentlichkeit. Öffentlichkeit als Bedingung für die Aktivierung und Differenzierung dieser Zurechnungen fungiert dabei als Instanz für Verteilung und Zuteilung von Zeitlichkeit. Geheimhaltung und Umgang damit bedeuten dann wie Herstellung und Nutzung von Öffentlichkeit, die Nutzung der Zeit zu manipulieren. Die Grenze zwischen Herstellung von Öffentlichkeit einerseits und Geheimhaltung andererseits ermöglicht zwar, Zurechnungen der Personalisierung und der Anonymisierung zu differenzieren, sie ist aber auch Bedingung dafür, diese Differenzierung zu nutzen. Das heißt zum einen, Geheimhaltung muss öffentlich werden, damit ihre Funktion genutzt werden kann. Es geht dabei nicht darum, *was* geheim gehalten wird (was Annahmen und Vermutungen darüber jedoch einschließt), sondern darum, *dass* Geheimhaltung betrieben wird. Zum anderen heißt das, Herstellung von Öffentlichkeit muss, damit die Nutzung dieser Funktion nicht außer Kontrolle gerät und schließlich Öffentlichkeit nicht „funktionslos" (und somit „nutzlos") wird, eine Grenze ziehen, vor der sie halt zu machen hat bzw. ab der die Herstellung von Öffentlichkeit beginnt. Dabei geht es nicht darum, dass Öffentlichkeit hergestellt wird, sondern darum, *was* als Gegenstand zur Herstellung von Öffentlichkeit genutzt wird.

Mit diesen grundlegenden Bemerkungen zum Verhältnis Öffentlichkeit/Geheimhaltung ist angezeigt, dass die Nutzung von Öffentlichkeit sich grundsätzlich durch zwei entgegengesetzte Tendenzen auszeichnet, zum einen durch die Tendenz, mit der Grenze Öffentlichkeit/Geheimhaltung (Nicht-Öffentlichkeit – was auch immer wie als nicht öffentlich bestimmt wird) *expansiv* (Ausweitung von Öffentlichkeit), zum anderen durch die Tendenz, mit dieser Grenze *restriktiv* (Einschränkung von Öffentlichkeit) umzugehen.

Diese beiden Grundtendenzen in der Nutzung von Öffentlichkeit sind auch in den Zurechnungen der Personalisierung/Anonymisierung zu erkennen; sie kennzeichnen – und das ist entscheidend für unsere Überlegungen – zwei entgegengesetzte *Modi* der Nutzung von Zeitlichkeit. In beiden Fällen handelt es sich um Zurechnungen auf die Person als Mitglied. Es handelt sich also um Zurechnungen, die die Zeitlichkeit der Person in zweifacher Weise in Anspruch nehmen, sowohl als Individuum als auch als Mitglied. Insofern bestätigt sich, dass Person eine Grenzform darstellt, die systemisch genutzt wird, um das Personal eines Systems zu differenzieren, eben durch Personalisierung und Anonymisierung. In beiden Fällen handelt es sich – und darauf kommt es an – um *Systemisierungen*.

Personalisierung bedeutet zwar „Individualisierung", jedoch eine Individualisierung unter systemischen Bedingungen; Anonymisierung bedeutet zwar Verallgemeinerung bzw. Kollektivierung, jedoch ebenfalls unter systemischen Bedingungen. Die unterschiedliche Nutzung von Zeitlichkeit als Zurechnungen auf die Person besteht dann in der unterschiedlichen Nutzung der Zeit als Ressource (also der Zeit des betreffenden Systems). Dazu muss Aufmerksamkeit erzeugt, Öffentlichkeit hergestellt werden, und dazu muss die Person als Mitglied einerseits mit *spezifischen,* mit *verallgemeinerten* Eigenschaften andererseits ausgestattet werden.

Diese unterschiedlichen Ausstattungen der Person als Systemform des Individuums bestimmen die unterschiedlichen Nutzungen von Zeitlichkeit. Das Verhältnis der beiden Nutzungsmodi ist asymmetrisch ausgeprägt. Das ist offenkundig und zwingend, weil Person als Systemform des Individuums (also als Mitglied) eine Verallgemeinerungsform des Individuums darstellt. Demzufolge geht es stets dann, wenn es um ein Mitglied geht, grundsätzlich um alle Mitglieder. Daher ist die Anzahl solcher Fälle aus Bestandsgründen möglichst gering zu halten. Die für jeweilige Einzelfälle genutzte Zeit ist ebenfalls möglichst gering zu halten, da ansonsten aus dem normalen Einzelfall ein prominenter Fall würde. *Prominenz* erfordert Zeit, und zwar Zeit über den normalen Einzelfall eines Mitglieds hinaus. Die Nutzung von Zeitlichkeit zur Erzeugung, zur Bestandserhaltung und zur Ausweitung von Prominenz erfordert ungleich mehr Systemzeit als im Normalfall der Mitgliedschaft. Das impliziert, dass die Zeit der Person in Anspruch genommen werden muss, um die Spezifizierung der Person als einer prominenten zu ermöglichen. Das bedeutet, die Person muss zwangsläufig *ihre* Zeit als Individuum zur Verfügung stellen. Diese Individualisierung als Bedingung für Prominenz wird umgekehrt genutzt, um Anonymität zu erzeugen, was den Ausschluss einschließt. Wie dieser Mechanismus funktioniert, zeigen die Spendenaffären der politischen Parteien. Sofern eine überragende Prominenz nicht davor schützt bzw. das verhindert, werden Funktionsträger der Parteien, also Mitglieder mit Prominenz, wenn sie Verfehlungen begangen und öffentliche Aufmerksamkeit erzeugt haben, als kriminelle Elemente bezeichnet, von denen man sich rasch trennen müsse. Solche Mitglieder werden zu Unpersonen erklärt, die man ausschließt und die man als Nichtmitglieder ihrer Individualität überlässt, mit der sie selbst zurecht kommen müssen. Damit ist der äußerste Punkt einer Anonymisierung eines Mitglieds durch eine Partei erreicht. Übliche Zurechnungen der Anonymisierung werden an alle Mitglieder adressiert, so z.B. wenn Solidarität und Loyalität gegenüber der Partei unterstellt oder eingefordert werden. Typischerweise werden solche Zurechnungen der Anonymisierung vorgenommen oder in Anspruch genommen, wenn verhindert werden soll, dass bestimmte Aktivitäten prominenter Mitglieder als Ausnutzung ihrer Prominenz zugerechnet werden. Prominente Mitglieder wollen und sollen dann als einfache oder normale Mitglieder betrachtet werden.[1] Insofern wird diese Art von Anonymisierung für eine Profilierung bzw. Personalisierung genutzt. Insofern wird auch die Asymmetrie des Verhältnisses Personalisierung/Anonymisierung wieder bestätigt.

Die zeitbindende Funktion der Personalisierung bzw. Prominenz besteht – kurz gesagt – darin, Personen aus ihrer Anonymität heraus zu holen oder den Rückfall in die Anonymität zu verhindern, indem im Medium der Öffentlichkeit auf Personen zurechnende Erwartungen erzeugt oder stabilisiert werden. Solche Erwartungen sind möglich, sofern – allgemein gesagt – gesellschaftliche Wertorientierungen (dazu zählen auch Kompetenzausprägungen) aufgrund eines versozialisierten Gemeinsinns zur Anwendung herausfordern. Parteien z.B. bestimmen ihr Führungspersonal danach, welche ihrer Mitglieder am ehesten die Erwartungen erfüllen können, die Grundwerte der Partei erfolgreich umzusetzen. Zurechnungen auf das Führungspersonal kann man daher als *Aktualisierungen* der Nachhaltigkeit von Dauerpräsenz betrachten.

Bedingung für diese Aktualisierungen sind Aktualisierungen durch Mitglieder, die als Aktualisierungen durch das System und im Interesse des Systems wahrgenommen und zugerechnet werden. Bei diesen Aktualisierungen handelt es sich um solche strukturorientierter Nachhaltigkeit von

---

[1] Von solchen Mitgliedern heißt es dann, dass sie „ins Glied zurücktreten" würden. Nicht selten wird von solchen Mitgliedern vorgetragen, sie verstünden sich als „Diener" ihrer Partei.

Dauerpräsenz; es handelt sich – um es pauschal zu sagen – um die Gesamtheit der Aktualisierungen, die von den Mitgliedern unter Anwendung festgelegter Regeln ausgeführt werden. Die darauf hin ausgeführten Zurechnungen werden daher, sofern prominenten Mitgliedern für jene Aktualisierungen kein Sonderstatus eingeräumt wird, als solche der Anonymisierung beobachtet.

Die auf prozessorientierte Nachhaltigkeit von Dauerpräsenz ausgerichteten Operationen der Personalisierung verlangen ein hohes Maß an Anschlussfähigkeit. Man könnte von einem Anschlusszwang sprechen insofern, als es darum geht, Zeitlücken möglichst auszuschließen. Es gilt zu verhindern, dass erfolgreiche Personalisierungen abbrechen. Sofern das jedoch geschieht (z.B. durch Rücktritt oder Ausschluss), muss möglichst rasch die Leerstelle wieder besetzt werden. Personalisierungen gehören zu den Überlebensbedingungen von Organisationen, insbesondere von Parteien.

Dass Personalisierungen, d.h. jeweilige Zurechnungen auf jeweils bestimmte Personen als Zeitenfolge zeitlich möglichst lückenlos ausgeführt werden, ist insofern zwingend, als solche Personalisierungen auf Individualisierungen (wie oben umschrieben) beruhen. Dazu muss die Zeit der Person als Individuum in Anspruch genommen werden. Diese Individualität der Person muss, soll sie öffentlich gesichert werden, *permanent* aktualisiert werden. In besonders konzentrierter Form erscheinen solche Personen als allkompetent und allgegenwärtig. In dunklen Zeiten werden sie zu „Lichtgestalten". Sofern diese Personen die mit solchen Personalisierungen verknüpften Erwartungen enttäuschen, werden sie zu Versagern, Scharlatanen oder gar zu Bösewichten. Wenn solche „Gestalten" nicht mehr für Personalisierungen zur Verfügung stehen, also ihre Zeit als Individuen *öffentlich* nicht mehr eingefordert wird, werden sie, wenn sie dennoch vergegenwärtigt werden, als gute/schlechte Vorbilder gleichsam virtuell in Anspruch genommen; sie werden zum Mythos, zur Legende, zum Märtyrer usw. In jedem Falle geht es darum, Zeit als Ressource gewinnen und nutzen zu können, *ohne* sich deswegen um eine zu verändernde Versozialisierung von Gemeinsinn bemühen zu müssen.

Für Operationen der Anonymisierung ist eine andere Art von Anschlussfähigkeit gefordert. Entscheidend hierfür ist, dass die Systeme bzw. Organisationen (wie z.B. Parteien) ihre eigenen Zeitressourcen nutzen, ihre jeweils eigene Systemzeit einsetzen müssen, also nicht die Zeit der einzelnen Mitglieder als Individuen einfordern können. Der Überschuss bzw. die Zeitressource muss reduziert und kontrolliert abgerufen werden. Permanente, wenn auch gesteuerte Zurechnungen, d.h. Zurechnungen mit extremen Anschlussleistungen der Anonymisierung, würden sehr rasch den Zeitvorrat erschöpfen und damit das System in seinem Bestand gefährden. Chaotische bzw. außer Kontrolle geratene Zurechnungen würden ebenfalls permanent erfolgen (das ist Bedingung des Chaos), aber letztlich wäre nicht mehr erkennbar, ab und in wie weit die Abschlussleistungen dem System zugerechnet werden könnten.

Die Anschlussfähigkeit der Operationen bzw. Zurechnungen der Anonymisierung weist sich dadurch aus, dass ein Mechanismus arbeitet, der den jeweils versozialisierten Gemeinsinn automatisch abruft, wenn Mitgliedschaft eingefordert wird. Diese Anschlussfähigkeit ermöglicht, immer dann, wenn dieser Mechanismus einmal in Gang gesetzt wurde, eine allseitige und umfassende Nutzung, die leicht die Merkmale von Routinen annehmen kann. In bestimmten Situationen, z.B. bei besonderen Herausforderungen durch Mitgliederschwund oder auch nach überraschenden Wahlsiegen oder Wahlniederlagen, können Formen „kollektiver Spontaneität" auftreten. Insgesamt kann man feststellen, dass die Funktionstüchtigkeit jenes Mechanismus Anschlussleistungen ermöglicht und sichert auch dann, wenn zwischen seinen Aktualisierungen beträchtliche Zeitlücken bestehen. Umso wichtiger werden die Zurechnungen der Personalisierung.

Politik ohne Personen, ohne Führungspersonal und damit ohne Personalisierungen ist nicht vorstellbar. Selbst dann, wenn unterstellt wird, aufgrund allgemeiner Geheimhaltung dringe nichts über ein Führungspersonal und dessen Aktivitäten an die Öffentlichkeit, wird z.B. ein „big brother" eingeführt. Generell sind Diktaturen auf Personalisierungen angewiesen; sie entwickeln deswegen einen Personen- bzw. Führerkult. Erwartungen auf ein Ende solcher Regime, also deren *zeitliche* Begrenzung, richten sich auf ein natürliches oder erzwungenes Ende der betreffenden Personen. Die Stabilität von Demokratien, ihre Dauerpräsenz, beruht auf dem regelmäßigen Wechsel, dem Austausch des Führungspersonals. Die Forderungen nach Verlängerung von Legislaturperioden und Amtszeiten in Anbetracht eines beschleunigten gesellschaftlichen Wandels sind zumindest voreilig bzw. undifferenziert. Entscheidend ist, dass unter solchen gesellschaftlichen Beschleunigungsbedingungen Demokratien ihre Stabilitätsbedingungen verändern, d.h. Stabilität durch erhöhten Wechsel sichern. Die Verlängerung von Legislaturperioden und Amtszeit müsste demnach mit einer erhöhten Frequenz des Wechsels verknüpft werden. Als ein Beispiel hierfür könnte die Wahl zum US-Senat gelten. Hinzukommen müsste allerdings eine Begrenzung der Wiederwahl.[2] Die Geschichte von Demokratien lehrt, dass die Anfälligkeit für Korruption steigt, je seltener das Führungspersonal ausgetauscht wird. Unter den Bedingungen beschleunigten gesellschaftlichen Wandels würden – das ist die These – bei üblicher Verlängerung von Legis-

---

[2] In diesem Zusammenhang ist auch auf die Frage z.B. nach Verfallsdaten von Gesetzen zu verweisen. Dazu weiter unten (IV/4).

laturperioden und Amtszeiten die Anfälligkeitstendenzen für Korruption sich verstärken (was einen gesteigerten Zeitverbrauch impliziert).

Ebenso wenig wie ohne Führungspersonal und damit ohne Personalisierungen ist Politik ohne Mitglieder, Anhänger, Gefolgsleute, Unterstützer, Sympathisanten usw. und damit ohne Anonymisierungen vorstellbar. Auch für eine Gesellschaft der „Freien und Gleichen", d.h. eine Gesellschaft mit höchstmöglicher Ausprägung und Akzeptanz der *Personalität* sind Anonymisierungen Bestandsbedingung. Auch diese Gesellschaft setzt eine Versozialisierung von Gemeinsinn voraus. Insofern kommt sie, um diesen Gemeinsinn zu sichern, ohne Politik nicht aus. Dazu gehört, dafür zu sorgen, dass dieser Gemeinsinn „ohne Ansehen der Person" eingefordert wird. Anderseits sind Anonymisierungen Bedingung dafür, dass Freiheit und Gleichheit als Ausdruck von Personalität in Anspruch genommen werden können. Solche Gesellschaften können sich daher in die Lage versetzt sehen, in relativ geringem Maße Zeitressourcen zur Bestanderhaltung nutzen zu müssen. Sie können aber auch im Gegenteil dazu herausgefordert sein, aus Gründen der Bestandserhaltung ein vergleichsweise hohes Maß an Zeitressourcen aufwenden zu müssen (weil ihre Mitglieder z.B. unter Missachtung des Gemeinsinns ihre Personalität als Individualität „ausleben" wollen). Für solche notwendigen Zeitaufwendungen stehen jenen Gesellschaften möglicherweise die erforderlichen Zeitressourcen nicht in ausreichendem Maße zur Verfügung, so dass diese Gesellschaften auseinander zu fallen drohen.

Die solche Gesellschaften kennzeichnenden Operationen der Anonymisierung kann man als „Selbstpersonalisierungen" bezeichnen. Diese Operationen der Selbstpersonalisierung gefährden insbesondere dann den Bestand einer Gesellschaft, wenn sie in sich selbst widersprüchlich sind und z.B. als Leitvorstellung proklamieren „Selbstverwirklichung durch Politik". Andere Proklamationen dieser Art lauten z.B. „das Private ist öffentlich" oder „das Private ist politisch". Entscheidend hierfür ist, dass sie den Selbstwiderspruch nicht markieren und folglich die Forderung nach einem problemadäquaten Umgang damit umgehen. Solche Proklamationen schließen prinzipiell eine Versozialisierungs- und insofern Verzeitlichungsgrenze (bzw. umgekehrt) zwischen „privat" und „politisch" und „privat" und „öffentlich" aus. Daher ist grundsätzlich zu unterstellen, dass solche Proklamationen schon vom Ansatz her falsch sind, und dass Gesellschaften, in denen Sozialoperationen sich nach solchen Proklamationen ausrichten und sich nachhaltig ausbreiten können, sich auflösen werden. Das gilt letztlich auch für Gesellschaften, in denen das politische System als diktatorisches Regime fungiert. Solche Regime können zwar relativ lange überleben, zumindest dann, wenn sie den Mitgliedern der Gesellschaft jedenfalls in bescheidenem Maße Operationen der Selbstpersonalisierung zugestehen. Die „Lebensdauer" solcher Regime wird sich – und das kann man als grundlegende

1. Personalisierens/Anonymisierens

These unterstellen – in dem Maße verkürzen, in dem sie die Bedingung für Verzeitlichungen der Ausprägungen der Personalität als Individualität weiter restringieren. Dies geschieht in der Regel durch „obrigkeitlichen Zwang". Dies kann aber auch der Fall sein, wenn solche Regime wegen mangelnder oder weiter nachlassender Leistungsfähigkeit die Mitglieder der Gesellschaft dazu zwingen, zur eigenen Bedürfnisbefriedigung zunehmend „individuelle Verzeitlichungen" in Anspruch zu nehmen, so dass für gesellschaftliche Verzeitlichungen nur geringe oder keine Zeitressource mehr genutzt werden können.

In Gesellschaften mit demokratischen Regimen können Operationen der Selbstpersonalisierung für sie typische Ausprägungen annehmen. Gemeint sind Selbstpersonalisierungen, die allgemein als Distanzierungen gegenüber der „Politik der Gesellschaft" beschrieben werden können, die also die Grenze Gesellschaft/Politik verändern. Dazu rechnen z.B. die Operationen, die als Wahlmüdigkeit, als Politik-, Politiker- und Parteienverdrossenheit, als Misstrauen gegenüber den politischen Institutionen usw. ausgewiesen werden. Wenngleich es sich hierbei um Operationen der Selbstpersonalisierung handelt, sind sie dennoch als Operationen der Anonymisierung (die Bezeichnungen deuten das an) zu kennzeichnen. Von diesen Operationen der Anonymisierung bzw. Selbstpersonalisierung der Bürger und Wähler sind die der Politiker zu unterscheiden. Politiker (als Öffentlichkeitsform des Bürgers) sind gezwungen, ihre Selbstpersonalisierungen *öffentlichkeitswirksam* zu gestalten (wozu sie in der Regel auf professionelle Medienunterstützung angewiesen sind). Man kann von *Selbststilisierungen* sprechen, die – wie für die Erzeugung von Prominenz – die Zeit der Person als Individuum in Anspruch nehmen.

Selbststilisierungen erzeugen und stabilisieren Erwartungen, so dass Strukturen entstehen, die Zeit binden und insofern als Zeitressource zur Verfügung stehen. Davon profitieren zunächst einmal diejenigen, denen solche Selbststilisierungen zugerechnet werden. Diese können darauf vertrauen, erfolgreiche Selbststilisierungen ohne neuerlichen Zeitaufwand wieder nutzen zu können. Auch diejenigen, die solche Zurechnungen (wie z.B. Kanzler der ruhigen Hand, Genosse der Bosse, Kanzler der einsamen Entscheidungen, Kanzler des Aussitzens, Weiter-so-Kanzler, Kanzler der großen Gesten, der Macher, der Zauderer usw.) vornehmen, können davon profitieren in sofern, als sie unmittelbar auf ihre Erwartungen zurückgreifen können. Sie können für diese aber auch von Nachteil sein insofern, als dadurch von ihnen beabsichtigte Veränderungen blockiert werden. Selbststilisierungen können allerdings auch für diejenigen, denen sie zugerechnet werden, von Nachteil sein, und zwar deshalb, weil sie auf ihre Selbststilisierungen festgelegt werden, so dass sie unter veränderten Bedingungen ihre öffentliche Wirksamkeit verlieren. Selbststilisierungen müssen also laufend auf ihre Wirksamkeit überprüft, verändert und angepasst werden, sollen sie nicht – kurz gesagt – der Anonymisierung anheim fallen (und sei es auch nur die einer Mode).

Selbstpersonalisierungen bzw. Selbststilisierungen sind Kennzeichen für Veränderungen. Sie verweisen darauf, dass Wertorientierungen der Politik in Bewegung geraten sind. Die vorstehenden, nur skizzenhaften Umschreibungen des sozialen Status der Person, der Personalität und der darauf bezogenen Veränderungen geben Hinweise dazu. Veränderungen der Wertorientierungen implizieren Veränderungen von Versozialisierungen, d.h. von Systemisierungen von Gemeinsinn. Damit sind zwangsläufig Veränderungen der Zeitlichkeit der Politik verbunden. Auch dazu können – nicht zuletzt wegen fehlender theoretischer und empirischer Untersuchungen – auf der Grundlage der vorstehenden Überlegungen nur einige Hinweise gegeben werden.

Grundsätzlich kann unterstellt werden, dass Selbstpersonalisierungen und Selbststilisierungen einen Prozess kennzeichnen, der üblicherweise als Entpolitisierung bezeichnet wird. Man kann von einer Entpolitisierung aufgrund eines *selbst induzierten Zeitmangels* sprechen. Bedingung hierfür ist nicht eine Veränderung der institutionellen Struktur (wenngleich sie als Folge und insofern als Bedingung hierfür fungieren kann). Dieser Zeitmangel entsteht dadurch, dass Personenakteure – aus welchen Motiven und Überlegungen auch immer – sich mit politischen Sachverhalten nach eigenen, personenbezogenen Orientierungen und Anforderungen auseinandersetzen und daraufhin ihre Aktivitäten ausrichten. Diese *Reduktion* von Politik impliziert einen Zeitbedarf, der kompensiert werden muss. Es kommt zu zeitlichen Verengungen, durch die aufgrund der erwähnten Reduktion Politik mit erhöhter Geschwindigkeit durchgeschleust wird, weshalb unklar bleibt, was tatsächlich im einzelnen transportiert wird. Sicher ist nur, dass dies für eine Form der Politik gehalten wird. Man kann dies als personenbezogene Form *symbolischer Politik* bzw. von Darstellungspolitik bezeichnen.

Symbolische Politik ist möglich, sofern sie *generalisierte* Leistungen ermöglicht. Im Falle der Selbstpersonalisierungen werden diese Leistungen erbracht dadurch, dass sie allgemein akzeptiert werden. Diese allgemeine Akzeptanz setzt Wertorientierungen voraus, die ermöglichen, für Selbstpersonalisierungen allgemeine Zurechnungen zu erreichen. Die Aktualisierbarkeit solcher Selbstpersonalisierungen bzw. Zurechnungen, d.h. ihre Dauerpräsenz wird durch eine jeweilige Stabilität des Meinungsklimas ermöglicht. Aber genau diese Voraussetzung ist Bedingung für eine Instabilität einer jeweiligen Dauerpräsenz. Das heißt, trotz andauernder Aktualisierbarkeit findet eine andauernde – wenn auch unterschiedlich ausgeprägte – Veränderung jener Selbstpersonalisierungen bzw. Zurechnungen aufgrund veränderter Wertorientierungen statt. Diese Veränderungen finden im wechselnden Meinungsklima ihren Ausdruck. Das Meinungsklima für Selbststilisierungen, also für Selbstpersonalisierungen der Politiker, unterscheidet sich typischerweise von dem für Selbstpersonalisierungen der Bürger.

Entscheidend für das Meinungsklima von Selbststilisierungen ist ein Zeitbedarf, der die grundsätzlich prekäre Dauerpräsenz durch *Wichtigkeit* und *Vordringlichkeit* im Gleichgewicht hält. Ein Politiker kann sich als Politiker nur behaupten, wenn – kurz gesagt – seine Wichtigkeit nachhaltig akzeptiert (was letztlich eine jeweilige Einzigartigkeit einschließt) und der Pflege dieser Wichtigkeit Vordringlichkeit zugestanden wird.[3] Das grundsätzliche Problem besteht darin, ob und ggf. wie das politische System die hierfür erforderlichen Zeitressourcen zur Verfügung stellen kann. Wird vorausgesetzt, dass das politische System aufgrund seines von ihm in Rücksicht auf seine gesellschaftliche Funktion versozialisierten Gemeinsinns dafür jedenfalls nicht primär den Einsatz eigener Zeitressourcen vorsieht, muss ein *Sekundärmechanismus* der Verzeitlichung wirksam sein, damit Selbststilisierungen den Politikern als herausragenden Mitgliedern des politischen Systems zugerechnet werden können. Dieser Sekundärmechanismus der Verzeitlichung ist wirksam aufgrund der Tatsache, dass Öffentlichkeit Bedingung für Politik ist. Das bedeutet, dass Politik und Öffentlichkeit wechselseitig Zeitressourcen *parasitär* nutzen.

Selbststilisierungen der Politiker setzen voraus, dass das Öffentlichkeitssystem seine Zeitressourcen hierfür zur Verfügung stellt bzw. die Politiker diese Zeitressourcen nutzen können. Als *Politiker* müssen sie jedoch auch Zeitressourcen des politischen Systems nutzen (ansonsten wären sie keine Politiker). Diese können sie nur parasitär nutzen, und zwar insofern, als sie als Personen eine allgemein bekannte und anerkannte Vordringlichkeit ermöglichen und erreichen, die ihre Wichtigkeit für die Personalausstattung des politischen Systems in besonderer Weise betont und hervorhebt. Auf diese Personen – salopp formuliert – kommt es entscheidend an (was durch entsprechende Aktualisierungen bzw. Zurechnungen bestätigt wird). Diese parasitäre Nutzung der Zeitressourcen des politischen Systems kann derartige Ausmaße annehmen, dass das politische System in seinen Möglichkeiten beträchtlich reduziert wird, was z.B. zu Legitimitätskrisen führen kann.

Auch die Selbstpersonalisierungen der Bürger sind in der Nutzung von Zeitressourcen parasitär. Wird vorausgesetzt, Bürger würden Zeitressourcen des politischen Systems parasitär nutzen, muss ebenfalls vorausgesetzt werden, dass zur Personalität des Bürgers auch gehört, dem politischen System Zeitressourcen zur Verfügung zu stellen, etwa durch die Akzeptanz des durch die Politik versozialisierten Gemeinsinns. Parasitär ist dann, wenn

---

[3] Darauf verweisen Formulierungen wie z.B. „wer, wenn nicht wir"!

Bürger – um es pauschal zu sagen – sich ihren Bürgerpflichten (wie z. B. der Stimmabgabe bei Wahlen) entziehen. Ist aber auch parasitär, wenn Bürger ansonsten keine Zeit für politische Angelegenheiten einsetzen? Ist umgekehrt als „Hingabe" bzw. als parasitär zu Lasten der Zeit der Person als Familienmitglied, als Mitglied in Freundeskreisen, als Mitglied in Freizeitvereinen, als Wirtschaftsindividuum usw. zu betrachten, wenn Bürger Ehrenämter ausüben oder darüber hinaus Zeit z. B. für die Betreuung von Asylbewerbern oder Obdachlosen oder auch als Mitglieder von Bürgerinitiativen oder Teilnehmern von Demonstrationen aufwenden?[4]

Wie auch immer zeitliche Nutzungen für Selbstpersonalisierungen des Bürgers (als Gesellschaftsform des Individuums) betrachtet werden, grundsätzlich kann man sagen, dass sie erst dann bestandsrelevant – sowohl für die Sicherung als auch die Gefährdung – des politischen Systems werden, wenn sie „massenhaft" auftreten. Ergänzend muss jedoch hinzugefügt werden, dass solche „massenhaften Selbstpersonalisierungen" auch dann das politische System in seinem Bestand gefährden können, wenn sie mit den vorhin erwähnten Ausprägungen (Ausübung eines Ehrenamtes und weitergehende Aktivitäten der „Hingabe") eine strukturelle Nachhaltigkeit von Dauerpräsenz etablieren.[5] Auch Selbststilisierungen des Politikers (als Öffentlichkeitsform des Bürgers) sind ambivalent, was die Bestandsrelevanz für das politische System anlangt. Jedoch ist diese Ambivalenz ungleich stärker ausgeprägt, allein schon deshalb, weil nicht nur das Zahlenverhältnis von Bürgern und Politikern das ausweist, sondern vor allem deshalb, weil ein Politiker für Selbststilisierungen auf die Wirksamkeit durch Öffentlichkeit setzen kann und so mit der Aufmerksamkeit auch soziale Zeit bindet.

Auch wenn man ungeachtet der aufgezeigten Unterschiede die zeitlichen Nutzungen für Selbstpersonalisierungen der Bürger und Selbststilisierungen der Politiker pauschal als parasitär begreift, so ist damit noch nichts darüber ausgesagt, inwiefern diese zeitlichen Nutzungen auf Zwang oder Freiwilligkeit beruhen. Mit dieser Fragestellung können wir uns hier nicht näher befassen. Festgestellt werden soll lediglich, dass „Politiker" inzwischen als Beruf bzw. Job gilt, und dass daher die Zwänge, denen sich ein Politiker bei Selbststilisierungen unterwirft, dazugehören, wenn er erfolgreich sein will. Zwänge, denen der Bürger sich bei Selbtpersonalisierungen

---

[4] Auf diese Fragen Antworten zu finden, ist sicherlich schwierig. Dennoch müssen sie gestellt und darauf Antworten gesucht werden. Hinweise auf solche Antworten sind z. B. gegeben, wenn man an ein soziales Jahr, die Wehrpflicht, aber auch gemeinnützige Arbeit für bestimmte Leistungsempfänger erinnert.

[5] Diese Feststellung mag vielleicht zunächst verwundern. Daher sei darauf hingewiesen, dass durch eine solche Entwicklung das politische System letztlich durch Antipolitik ausgeschaltet würde.

aussetzt, sind nicht zwingend dem Status des Bürgers zurechenbar. Der Bürger übt als Bürger keinen Beruf oder Job aus, sondern individualisiert bei Selbstpersonalisierungen einen ihm vorgegebenen versozialisierten Gemeinsinn (in Einzelfällen z.b. am Tag des Ehrenamtes durch Verleihung von Orden und Verdienstmedaillen öffentlich anerkannt).

Die hier aufgezeigte Fragestellung gehört in einen umfassenderen Zusammenhang. Man kann ihn – wie entsprechende Diskussionen über Unter- und Höchstgrenzen der Belastung des Bürgers z.B. mit Steuern und Abgaben – mit folgender Fragestellung zuspitzen: Welche Grenzwerte können bestimmt werden, um für die zeitliche Belastung des Bürgers durch den von der Politik definierten und von ihr in Normen festgelegten Gemeinsinn eine Legitimationsgrundlage zu finden?[6]

2. Kollektivierens/Privatisierens

Bedingung für Politik ist versozialisierter Gemeinsinn. Aufgrund dieser Bedingung ist Politik stets *systemische* Politik, sowohl in ihren Voraussetzungen als auch in ihren jeweils aktuellen Operationen, also in ihren Zukunftsvorstellungen.

Leistungen der Politik sind als systemische Leistungen stets *kollektive,* sowohl was aktive Leistungen von Mitgliedern (z.B. Aktivitäten der Leitungsorgane und ihrer Mitglieder, Teilnahme an allgemeinen Mitgliederversammlungen, an sonstigen Gemeinschaftsveranstaltungen von Mitgliedern, Teilnahme an Wahlen usw.) als auch passive Leistungen von Mitgliedern (z.B. Hinnahme der Entscheidungen der Leistungsorgane, sonstiger Aktivitäten der Leitungsorgane und ihrer Mitglieder, der Abbuchung von Mitgliedsbeiträgen usw.) anlangt. Diese Kollektivität schließt nicht aus, dass die individuellen Beiträge zu diesen Leistungen sehr unterschiedlich ausfallen, sehr unterschiedliche individuelle Belastungen bewirken und demnach sehr unterschiedliche Vorteile oder Nachteile darstellen. Ungeachtet aller Unterschiede an jeweiliger Kollektivität ist festzustellen, dass politische Leistungen – explizit oder implizit ausgewiesen, jeweils aktualisiert oder fraglos mitlaufend – stets einen versozialisierten Gemeinsinn einbauen (ansonsten könnte von *politischen* Leistungen keine Rede sein). Dieser Gemeinsinn ist bestimmend für jeweilige Kollektivität und damit auch dafür, wodurch sich jeweilige Politik in ihren Voraussetzungen, Absichten und Wirkungen ausweist, d.h. ob und inwiefern das jeweils gegebene Ausmaß an Kollektivität stabilisiert, gesteigert oder reduziert wird.

---

[6] Allgemein und dennoch zugespitzt kann man fragen: Wieviel Tempo verträgt der Mensch?

III. Zeitoperationen der Politik als Sozialoperationen des ...

Politische Leistungen müssen trotz/wegen ihrer Kollektivität entweder unmittelbar oder mittelbar auf Personenakteure als Mitglieder von jeweiligen Kollektiven zurechenbar sein (wie schwierig das im Einzelfall auch immer sein mag und wie fragwürdig die Ergebnisse auch ausfallen mögen). Ohne eine solche Zurechenbarkeit würde nicht nur die Zurechenbarkeit von politischer Verantwortlichkeit nicht möglich, sondern grundsätzlich ausgeschlossen sein, Politik als gesellschaftliche Disziplin zu begreifen, für die Wahlen, Personalisierungen usw. konstitutiv sind. Dass diese unmittelbare oder/und mittelbare Zurechenbarkeit stets unter der Voraussetzung einer Mitgliedschaft erfolgt (was also auch für den jeweils zurechnenden Akteur gilt), bestätigt, dass Kollektivität auch dann zu unterstellen ist, wenn politische – aktive oder passive – Leistungen einem Personenakteur unmittelbar zuzurechnen sind. Dadurch ist angezeigt, dass Veränderungen politischer Leistungen, also ihrer Kollektivität, *nicht* als Operationen der Personalisierung/Anonymisierung, sondern als Operationen zuzurechnen sind, die – allgemein gesagt – darauf verweisen, dass sich das Politikverständnis verändert. Solche Veränderungen des Politikverständnisses beruhen letztlich – wiederum allgemein gesagt – auf Veränderungen in der Anwendung von Wertorientierungen.

Diese Wertorientierungen beziehen sich *notwendigerweise ausschließlich* auf Fragen nach der Ausweitung oder Rückführung der Kollektivität politischer Leistungen. Das heißt, diese Kollektivität kann weder Null noch Eins erreichen. Demnach gibt es in dieser Hinsicht keine Entscheidungen, die die Mitgliedschaft betreffen und folglich einen kollektiven Status haben, als *private* Entscheidungen gelten können. Ebenso wenig gibt es Entscheidungen dieser Art, die keinerlei Privatheit ermöglichen. Welches Ausmaß an Ausweitung (Kollektivierung) der Kollektivität einerseits und ihrer Rückführung (Privatisierung) andererseits auch immer stattfindet, man kann nicht, ohne die Gesellschaft als umfassendes Kollektiv zu verlassen, den *Zwängen der Mitgliedschaft* entkommen. Diese Zwänge können – was der Regelfall ist – sehr unterschiedlich ausgestaltet sein; sie können für die einzelnen Mitglieder aufgrund ungleicher Ressourcenausstattungen sich sehr unterschiedlich auswirken. Daher sind auch Bedarf sowie Angebot und Nachfrage nach politischen Leistungen sehr unterschiedlich ausgeprägt, so dass in der Regel umstritten ist, ob und in welchem Ausmaß jeweils entweder von Kollektivierung oder Privatisierung die Rede sein kann. Entscheidend für unsere Überlegungen ist die Frage, wie mit Veränderungen des Status der Mitgliedschaft in Richtung auf Kollektivierung oder Privatisierung (in Richtung auf Eins oder Null der Kollektivität) die Zeitlichkeit der Mitgliedschaft verändert wird, dass heißt, wie die Mitglieder ihre Zeit einsetzen können oder müssen, um ihre Mitgliedschaft zu organisieren.

Festzuhalten ist zunächst, dass politische Leistungen in ihrer Kollektivität zwar nicht auf Null gesetzt werden und demzufolge Veränderungen des Status der Mitgliedschaft in Richtung auf Privatisierung die Zeitlichkeit der Mitgliedschaft nicht ausschalten können, dass aber dennoch eine relativ scharfe Grenze für Verzeitlichungen zu unterstellen ist. Wo auch immer diese Grenze verläuft und wie auch immer sie sich für die einzelnen Mitglieder auswirkt, in jedem Falle handelt es sich um eine Grenze, die aufgrund politischer Entscheidungen zwischen Kollektivität und Privatheit differenziert. Es handelt sich um eine Grenze, die einerseits aufgrund allgemein verbindlicher und bindender Entscheidungen konstituiert wird und insofern für die Mitglieder in gleicher Weise gelten, die aber andererseits von den einzelnen Mitgliedern aufgrund jeweils eigener Entscheidungen umgesetzt und insofern sehr unterschiedlich angepasst und als Verzeitlichungsgrenze genutzt werden. Die durch kollektiv bindende politische Entscheidungen bestimmte Grenze Kollektivität/Privatheit wird zwar unter Berücksichtigung des Gleichheitsgrundsatzes (Gleichheit der Mitglieder) festgelegt, aber dennoch wird dieser Grundsatz massiv verletzt dadurch, als aufgrund der ungleichen Ressourcenausstattungen der Mitglieder mittelbar über jene Entscheidungen zwangsläufig nicht beabsichtigte ungleiche Zuteilungen der Ressource Zeit erfolgen. Ein in dieser Hinsicht auf den ersten Blick befremdliches Beispiel wurde bereits oben angesprochen, nämlich das Beispiel „Gewissensentscheidung als politische Entscheidung".

Nach üblichem Verständnis ist eine Gewissensentscheidung eine private – um nicht zu sagen: intime – Entscheidung, jedenfalls keine Entscheidung, für die der einzelne Entscheider sich anderen gegenüber öffentlich rechtfertigen müsste. Eine Gewissensentscheidung ist eine jeweils einmalige und einzigartige Entscheidung insofern, als nicht unterstellt werden darf, dass diese Entscheidung irgendwelchen anderen Entscheidern zugerechnet werden kann, auch dann nicht, wenn nach Auffassung von Beobachtern zwei (oder mehrere) Entscheider exakt die gleiche Entscheidung fällen. Daher ist kennzeichnend für Gewissensentscheidungen, dass sie zwar mitgeteilt (was auch häufig geschieht), demnach auch öffentlich gemacht werden können, aber nicht den Status einer Kollektiventscheidung erhalten können. Wenn eine Kollektiventscheidung wie die oben angesprochene des Bundestages zum Import und zur Nutzung embryonaler Stammzellen als „Gewissensentscheidung" bestimmt wird, kann zwar gefordert werden, öffentlich zu erkennen zu geben, wie die Entscheidung des einzelnen Entscheiders als Mitglied des Kollektivs (des Bundestages) ausgefallen ist, aber ebenso ist allgemein akzeptiert, keine Sanktionen (insbesondere parteipolitischer Art) gegen den einzelnen Entscheider wegen dieser Entscheidung anzuwenden. Diese *Freistellung* von Sanktionen kann man als Komplement auffassen dazu, dass dem einzelnen Entscheider öffentlich seine Entscheidung unmittelbar zugerechnet wird, ihm also die Rechtfertigung, als Mitglied eines bestimmten Kollektiv entschieden zu haben, versperrt ist.

Ohne hier auf den Status der betreffenden Entscheidung des Bundestages bzw. der einzelnen Entscheidungen der Mitglieder des Bundestages näher einzugehen, kann dennoch festgestellt werden, dass diese Entscheidung bzw. Entscheidungen trotz/wegen der angesprochenen Komplementarität jene Verzeitlichungsgrenze erkennen lassen. Die Freistellung von Sanktionen zeigt an, wo für die Mitglieder des Bundestages die Grenze für ihre Privatheit verläuft. Das heißt nicht, das einzelne Mitglied des Bundestages sei deswegen auch von Sanktionen als Mitglied anderer Kollektive (z.B. Familie, Freundeskreis, berufsständische oder religiöse Vereinigungen usw.) freigestellt. Es heißt aber, dass das Mitglied des Bundestages wegen seiner Entscheidung in seinem Status als „Privatperson" gefordert ist und daher ggf. in einem erheblichen Umfange seine Zeitressourcen einsetzen muss und evtl. als Person überfordert wird. Dieser Hinweis bekräftigt, dass die Kollektivität politischer Leistungen in keiner Hinsicht auf Null (ausschließliche Privatheit) zurückgeführt werden kann, eben deswegen nicht, weil eine solche Rückführung – allgemein gesagt – zwangsläufig an der Leistungskapazität der Person als Mitglied scheitert.

Als ein in gewisser Weise umfassend entgegengesetztes Beispiel zu der Entscheidung des Bundestages bzw. seiner Mitglieder kann die Wahl zum Bundestag bzw. die Wahlentscheidung der einzelnen Bürger betrachtet werden. Die Wahlentscheidung des Bürgers, d.h. die Entscheidung, die in der Wahlkabine getroffen und manifest wird, ist wie kaum eine andere Entscheidung durch die Maßnahmen zum Schutze des Wahlgeheimnisses in ihrer Privatheit geschützt, wenngleich die Wahl zum Bundestag als eine umfassende Kollektiventscheidung der Gesellschaft aufgefasst wird. Die Privatheit der Wahlentscheidung des einzelnen Wählers ist derart, dass dieser Entscheidung ohne weiteres, jedenfalls wenn der einzelne Entscheider dies für sich reklamiert, der Status einer Gewissensentscheidung zuerkannt werden kann, wenngleich unterstellt wird, dass diese je einzelne Entscheidung auch und insofern eine „kollektive" Entscheidung ist, als Parteien, Verbände, Interessengruppen usw. und vor allem die Medien diese Entscheidung beeinflussen und bestimmen. Für Wahlforscher liegt hier ein „tiefes Geheimnis" verborgen. Sie sind immer noch auf der Suche nach dem „Wähler" (was wohl eine Daueraufgabe bleiben wird); sie können sich letztlich nicht darauf verständigen, ob für die Wählerentscheidungen ein „Primat des Primären" gegenüber einem sekundären Umfeld und vor allem dem Einfluss der Massenmedien oder eine entgegengesetzte Rangfolge zu unterstellen ist. Welche Rangfolge auch immer vorausgesetzt werden mag, unbestreitbar ist, dass die Entscheidungen des Wählers zur Beschaffung und Bewertung der Informationen für die Wahlentscheidung als Privatangelegenheit des Wählers aufgefasst werden, insbesondere was den Einsatz seiner Zeitressourcen anlangt.[7]

Die Privatheit der Entscheidung des Wählers (aufgrund der Maßnahmen zum Schutze des Wahlgeheimnisses) im Vergleich zur Privatheit der Gewissensentscheidung des Mitglieds des Bundestages ist ein Beleg dafür, dass der Politiker als Öffentlichkeitsform des Bürgers fungiert. Kurz gesagt heißt das, dass der Bürger als *Wähler* im Unterschied zum Bürger als *Politiker* von Sanktionen für seine Entscheidung grundsätzlich freigestellt ist (was eine *freiwillige* Preisgabe seiner Entscheidung mit entsprechenden Folgen selbstverständlich nicht ausschließt). Umfassend gesagt heißt das, dass Privatheit bzw. Kollektivität (oder umgekehrt) nicht vorrangig eine Frage von Öffentlichkeit/Nichtöffentlichkeit ist, wenngleich der Grad an Öffentlichkeit für die jeweilige Ausprägung bestimmend ist. Der Grad an Öffentlichkeit gibt Hinweise zum Einsatz der Zeitressource, zum Umgang damit, zum Zeitmanagement.

Der Bürger könnte rein theoretisch den Einsatz der Zeitressource für sich auf Null setzen, jedenfalls dann, wenn er nicht zur Kenntnis nimmt, dass Wahlen bevorstehen bzw. stattfinden und er ein Wahlrecht hat. Aber das wird sinnvollerweise nicht für den Regelfall zu unterstellen sein. Ein Bürger als Wahlberechtigter wird im Regelfall davon Kenntnis haben, so dass er zwangsläufig ein Mindestmaß an Zeit dafür „opfern" muss, und sei es nur, dass er sich aufgrund von Zeitungslektüre oder Konsumierung von Fernsehsendungen oder aufgrund von Gesprächen unter Freunden oder am Arbeitsplatz über Politik, Politiker, Parteien usw. ärgert (und während dieser Zeit nichts anderes erledigen kann). Wenn das häufig und intensiv geschieht, wird dieser Ärger möglicherweise einen Teil seiner Lebenszeit aufzehren und diese somit verkürzen. Wenn also der Bürger als Wähler zwangsläufig seine Zeit dafür einsetzen muss, ist es sinnvoll, das aktiv zu tun, nämlich sein Wahlrecht bewusst und informiert auszuüben. Da aber jenes passive Wählerverhalten in der Regel keine unmittelbaren und kurzfristigen Auswirkungen zeigt, entsteht für viele Bürger kein Anreiz, Anstrengungen zu unternehmen, um herauszufinden, ob ein positiver Zusammenhang zwischen ihrer Lebenssituation und ihrem Wählerverhalten besteht. Ob die Bürger, die einen solchen Zusammenhang sehen, ihr Wahlrecht ausüben, ist deswegen nicht gesichert. Die Bedingungen für die Ausübung des Wahlrechts sind in der Regel, jedenfalls was den unabdingbaren Einsatz der Zeitressource für die Stimmabgabe anlangt, derart einfach, dass es dem Bürger leicht fallen könnte, die Anforderungen für ein entsprechendes Zeitmanagement zu erfüllen.

---

[7] Immerhin gibt es Untersuchungen zum Wählerverhalten, die den Zeitfaktor explizit oder implizit berücksichtigen, indem z. B. Altersstufen eingeführt werden oder gefragt wird, welchen Zeitaufwand Wähler für Zeitungslektüre, Fernsehsendungen usw. einsetzen. Hin und wieder wird auch nach Relationen zu dem Zeitaufwand gesucht, den die Wähler z. B. für Freizeitinteressen zur Verfügung stellen.

Der Politiker, insbesondere als Amtsinhaber, ist dagegen auf einen persönlichen Referenten oder auf sonstige professionelle Unterstützung für sein Zeitmanagement angewiesen. Professionelle Unterstützung dieser Art ist ein Indiz dafür, dass der Politiker als Mitglied der Gesellschaft in der Regel eine Vielzahl an „informellen" Mitgliedschaften bedienen muss. Der Politiker muss – so kann man verkürzt sagen – mit den Anforderungen einer „Multikollektivität" seiner Aktivitäten zurechtkommen. Welche dieser Mitgliedschaften er wie bedient, gibt Auskunft darüber, welche Wichtigkeit er gegenüber den verschiedenen Kollektiven seinen informellen Mitgliedschaften zumisst, und darüber, welche Wichtigkeit ihm hierfür zugerechnet wird. Aufgrund dieser Multikollektivität ist der Politiker in hohem Maße *sanktionsanfällig,* d.h. durchweg, dass diese Sanktionen Gegenstand der Öffentlichkeit sind. Dem kann der Politiker nicht entkommen (außer dadurch, seinen Politikerstatus aufzugeben); allein dadurch gerät er vielfach in Zeitnot. Die knappe Zeit für seine Privatsphäre muss er zudem zeitaufwändig schützen. Schon deswegen sollten Politiker, vor allem Amtsträger, für den Kauf von Dienstleistungen auch und sogar vorrangig für die Privatsphäre eine beträchtliche überdurchschnittliche Vergütung für ihre Tätigkeit erhalten (jedoch keine unangemessene Überversorgung für die Zeit nach dem Ausscheiden). Auch für sie gilt der banale, jedoch zutreffende Satz „Zeit ist Geld" (und umgekehrt). Darüber hinaus kann am Politikerdasein die Gültigkeit des Satzes „Zeit ist Leben" beobachtet werden. Dabei geht es nicht nur um die Dauer der Lebenszeit des Politikers, sondern auch und genauer um deren physischen und psychischen Belastungen und die Intensität von Erfolgserlebnissen. Aufschlussreich dafür dürfte nicht so sehr die Beobachtung der Spitzenpolitiker und der herausgehobenen Amtsinhaber (sie dürften aufgrund des Ausleseprozesses ohnehin die „fittesten") sein, sondern die der Durchschnittspolitiker (um nicht zu sagen: der Alltagspolitiker).

Während der Politiker aufgrund seiner Entscheidung für ein Politikerdasein „aktiver Akteur" jedenfalls in beträchtlichem Ausmaß ist, was die Kollektivität seiner Aktivitäten als Mitglied der Gesellschaft anlangt (wo also die Zeitgrenze zwischen Kollektivität/Privatheit verläuft), und erst dann auch „passiver Akteur" jener Entscheidung, ist dagegen das Verhältnis für den Bürger umgekehrt. Der Bürger ist vor allem „passiver Akteur" (was ihn selbstverständlich als Nutznießer einschließt) politischer Aktivitäten und insbesondere politischer Entscheidungen. Das Argument, jeder Bürger, also alle Bürger, können sich dazu entscheiden, sich als Politiker zu betätigen, ist abwegig; nicht nur deswegen, weil – was üblicherweise vorgebracht wird – nur wenige dies aufgrund ihrer Voraussetzungen tatsächlich könnten und sich dafür entscheiden würden, sondern auch – und dies ist nach unseren bisherigen Überlegungen ausschlaggebend –, weil die Zeit der Politik als eine systemisch verzeitlichte Zeit derartige Anforderungen an die

Nutzer dieser Zeit stellt, dass eine Selektion auf wenige (nämlich die Mitglieder der „Politischen Klasse") zwangsläufig ist.

Zwar ist grundsätzlich vorauszusetzen, dass der Bürger als Adressat politischer Leistungen (Gesetze und Rechtsvorschriften) durchweg ein „passiver Akteur" ist, dennoch sind erhebliche Unterschiede festzustellen, wenn danach gefragt wird, wie und wozu der Bürger seine Passivität als Adressat in Aktivitäten umsetzt. Solche vorhandenen oder unterstellten Unterschiede sind Ansatzpunkte für die Politik, ihre Leistungen in Rücksicht auf Zustimmung und Unterstützung, Ablehnung und Zurückweisung oder Hinnahe auszurichten. Diese Leistungen der Politik sind stets – wie erwähnt – kollektive Leistungen. Jedoch ist – wie ebenfalls bereits erwähnt – eine Verzeitlichungsgrenze vorauszusetzen, die zwischen Kollektivierung/Privatisierung differenziert. Da auch in den Fällen, in denen der Bürger Adressat jener politischen Leistungen ist, diese Grenze durch die Freistellung von Sanktionen markiert wird, ist anzunehmen, dass der Regel- bzw. Normalfall dieser Adressierungen Sanktionen explizit oder implizit vorsieht. Demnach wäre Privatisierung – so könnte gefolgert werden – nur als Ausnahmefall (wenn überhaupt) anzunehmen. Diese Folgerung ist jedoch voreilig. Ein Hinweis zur Behandlung dieser Problematik wurde bereits mit der Feststellung gegeben, dass mit jeder dieser Adressierungen zwangsläufig der Gleichheitsgrundsatz in Rücksicht auf die Zuteilung der Ressource „Zeit" mittelbar und unmittelbar verletzt werde. Das heißt, die Freistellung von Sanktionen muss mit einer darüber hinausgehenden Eigenschaft ausgestattet sein, wenn in den hier anstehenden Fällen von Privatisierung die Rede sein soll. Diese Eigenschaft besteht darin – was offenkundig ist – Ungleichheit nicht nur hinzunehmen, sondern sie auch anzuerkennen und zu fördern.

Diese Eigenschaft, die die Freistellung von Sanktionen spezifiziert, wird eingebaut, um sie für die Privatisierung der Ressource „Zeit" als Zuteilung durch Politik nutzen zu können. Grundsätzlich kann man dabei zwei Ausrichtungen unterscheiden. Zum einen geht es darum, Ungleichheit als *Bewegungsbedingung* auf Dauer zu stellen; zum anderen darum, Ungleichheit als *Substanzbedingung* vor Veränderungen zu schützen; zum einen kommt es darauf an, den *Wettbewerb* anzureizen und zu fördern, zum anderen darauf, einen *Vertrauensschutz* einzurichten, der ermöglicht, Bürger aufgrund von Alter, von körperlichen, psychischen und sozialen Benachteiligungen nicht, noch nicht oder nicht mehr dem Wettbewerb auszusetzen. Zu einem solchen Vertrauensschutz gehört auch, individuellen Lebenslagen und Lebensplanungen nicht durch politische Entscheidungen widerstreitende und nachhaltige Änderungen aufzuzwingen, also das Individuum nicht zu überfordern oder seine Zuversicht und seinen Lebensmut nicht zu zerstören.

Privatisierung der Zeit als Ressource im umschriebenen Verständnis kann man in Anknüpfung an die weiter oben beschriebene Unterscheidung begreifen als Setzung von Bedingungen durch Politik für eine prozessorientierte Nachhaltigkeit von Dauerpräsenz einerseits und eine strukturorientierte Nachhaltigkeit von Dauerpräsenz andererseits insofern, als eine Freistellung von Sanktionen dies ermöglicht und begrenzt. Diese unterschiedliche Privatisierung hat grundsätzlich verschiedene Folgen, ist aber in jedem Falle Ausweis der Kollektivität der zugrunde liegenden Entscheidungen der Politik. In den Fällen, in denen Ungleichheit als Bewegungsbedingung eingebaut wird, ist die *Aktivität privater Leistungen* adressiert, in den anderen Fällen, also denen, in denen Ungleichheit als Substanzbedingung eingebaut wird, ist deren *Passivität* adressiert. Voraussetzung in allen diesen Fällen ist jedoch die Beachtung des Gleichheitsgrundsatzes, nämlich in den Fällen der Adressierung auf Ungleichheit als Bewegungsbedingung die Sicherung der Gleichheit durch Anerkennung der Bürgerrechte, in den Fällen der Adressierung auf Ungleichheit als Substanzbedingung die Sicherung der Gleichheit durch Anerkennung der Menschenrechte.[8]

Wenn die durch politische Entscheidungen bestimmte Verzeitlichungsgrenze Kollektivieren/Privatisieren in Richtung „Privatheit" verändert wird über eine Spezifizierung der Freistellung von Sanktionen durch Einbau von Ungleichheit als Bewegungs- bzw. Substanzbedingung, dann ist in den Fällen der Veränderung dieser Grenze in Richtung „Kollektivität" – so ist zu folgern – eine zweifache Beachtung des Gleichheitsgrundsatzes Voraussetzung hierfür. Es kommt darauf an, nicht nur wie in Fällen des Privatisierens Gleichheit durch Anerkennung der Menschen- und Bürgerrechte zu sichern, sondern darüber hinaus Gleichheit zu sichern durch Einbau von Sanktionen. Der Einbau von Sanktionen ist nur dann sinnvoll, wenn diese in den dafür vorgesehenen Fällen auch tatsächlich angewandt werden. Somit bedeutet Kollektivierung auch und gerade wegen der Bedingung der Gleichheit *Zwang*. Da Gleichheit, nämlich Gleichheit durch Anerkennung der Menschen- und Bürgerrechte, Vorbedingung sowohl des Kollektivierens als auch des Privatisierens ist, stellt sich auch hierfür die Frage nach Sanktionen bzw. Zwang. Festzustellen ist zunächst, dass es sich in diesen Fällen um Selbstadressierungen der Politik handelt, um so der Kollektivität ihrer Leistungen demokratische Legitimität zu sichern. Der auf diese Weise selbst erzeugte und der Selbstkontrolle unterliegende Zwang hat Folgen für die Verzeitlichung der Zeit durch Politik und die Nutzung dieser Ressource durch die Politik als Leistungssystem (darauf wird noch zurück zu kommen sein).

Der in die Leistungen der Politik eingebaute Zwang zur Sicherung der Kollektivität dieser Leistungen setzt also den Zwang zur Sicherung der de-

---

[8] Diese Unterscheidung von Bürger- und Menschenrechten mag unüblich sein. Jedoch kann hier ein Ansatz gesehen werden, in dieser Frage Klarheit herbeizuführen.

2. Kollektivierens/Privatisierens

mokratischen Legitimität voraus, so dass es sich bei der Sicherung der Gleichheit zweiter Ordnung um einen Zwang handelt, der die Mitglieder der Gesellschaft aufgrund ihrer Mitgliedschaft erfasst. Dieser Zwang markiert die Verzeitlichungsgrenze Kollektivieren/Privatisieren insofern, als der Status der Mitgliedschaft verändert wird im Sinne einer Steigerung kollektiver Anforderungen. Diese Gleichheit zweiter Ordnung wird eingebaut, damit die Mitglieder ihre Zustimmung zur Mitgliedschaft nicht aufkündigen, weil sie z.B. zu viele Trittbrettfahrer oder gravierende Ungleichheiten bzw. Ungerechtigkeiten beobachten. Das Besteuerungssystem bietet immer wieder Anlass, entsprechende Fragen zu stellen. Vielleicht wird das Besteuerungssystem einmal daraufhin untersucht, wie es den kollektiven Zwang, Steuern zu zahlen, umsetzt in Zeitanteile, die die Mitglieder der Gesellschaft als Steuerzahler aufbringen müssen, etwa in Relation zur täglichen, wöchentlichen, monatlichen, jährlichen Arbeitszeit oder gar Lebensarbeitszeit; welche Zeitanteile – etwa in Relation zur Urlaubszeit – sie aufwenden müssen, um staatlichen Einrichtungen Auskünfte zu erteilen; welche Zeitanteile – etwa in Relation zur Freizeit – sie ansetzen müssen, um Ausbildungsvorschriften zu genügen. Die Liste solcher Fragen könnte wahrscheinlich jeder Bürger aufgrund eigener Erfahrungen ohne besonderen Aufwand verlängern.

Wer so fragt, der wird weiter fragen; er wird fragen, warum trotz der eingebauten Sicherung zur Gewährleistung des Gleichheitsgrundsatzes das beobachtbare Ausmaß an Ungleichheiten immens ist; er wird vielleicht wissen wollen, ob der kollektive Zwang zur Sicherung der Gleichheit zweiter Ordnung deshalb eingebaut wird, um Ungleichheit als Substanzbedingung zu ermöglichen und rechtfertigen zu können. Diese Fragestellung lässt vermuten, dass auch und insbesondere in der Zuteilung von Zeit als Ressource durch Politik zwischen Gleichheit und Ungleichheit ein zwangsläufiger Zusammenhang, ein Wechselwirkungsverhältnis besteht, also durch Politik dieser Zusammenhang nicht aufzuheben ist. Jedoch wäre kurzschlüssig anzunehmen, eine Politik des Kollektivierens sei die Kehrseite einer Politik des Privatisierens. Dass dies nicht der Fall sein kann, ist daran erkennbar, dass eine Politik des Privatisierens mit einer Freistellung von Sanktionen verknüpft ist, eine Politik des Kollektivierens dagegen Zwang einbaut bzw. einbauen muss, also dem Zwang unterliegt, Zwang einzubauen. Dennoch besteht ein deutlich ausgeprägter Zusammenhang.

Dieser Zusammenhang wird durch die Verzeitlichungsgrenze Kollektivieren/Privatisieren vermittelt; diese Vermittlung erfolgt als Zuteilung von Zeit als Ressource, indem durch Verändern dieser Grenze diese Zuteilung als ein Verhältnis von Gleichheit/Ungleichheit differenziert wird in Erzwingen/Tolerieren einerseits und Tolerieren/Erzwingen andererseits. Das heißt, unter den Bedingungen des Kollektivierens einerseits und des Privatisierens andererseits sind die Zuordnungen Erzwingen/Tolerieren und Tolerieren/Erzwingen fest; unmittelbar an der Verzeitlichungsgrenze bzw. durch Veränderungen dieser Grenze werden sie lose und somit in ihren Komponenten vertauschbar bzw. umkehrbar (dazu im nächsten Kapitel). Darauf muss sich die Politik mit eigenen Verzeitlichungsbemühungen einstellen.

Verwiesen wurde bereits darauf, dass die Politik, um die Kollektivität ihrer Leistungen (also sowohl die des Kollektivierens als auch die des Privatisierens) mit demokratischer Legitimität zu versorgen, dem Zwang unterliegt, dabei den Gleichheitsgrundsatz anzuwenden, sich also zu vergewissern, ob sie mit ihren Leistungen diesen Anforderungen genügt. Diese Selbstadressierung der Politik impliziert *nicht* die Ausschaltung des politischen Wettbewerbs. Das heißt, die Politik kann nicht (eben weil sie sich nicht selbst privatisieren kann)[9] eine Freistellung von Sanktionen voraussetzen, demnach auch dann nicht, wenn jene Selbstadressierungen auf eine Steigerung des internen Wettbewerbs ausgerichtet sind. Das heißt allgemein: Welche Operationen auch immer die Politik ausführt, sie kann sich grundsätzlich nicht von Sanktionen freistellen. Das schließt nicht aus, dass sie zeitweilig das Sanktionspotenzial nicht nutzt, Sanktionen – aus welchen Gründen auch immer – aussetzt bzw. nicht anwendet.

Die Antwort der Politik auf die permanente Herausforderung, mit den selbst erzeugten Sanktionen zurecht zu kommen, ist, Verzeitlichungsgrenzen einzurichten, die ermöglichen, diese Sanktionen zu systemisieren. Bei diesen Sanktionen handelt es sich um manifeste Ausprägungen eines Unsicherheits- und Unruhepotenzials, das sowohl als Stör- als auch als Entstörpotenzial genutzt werden kann und wird. Dieses Sanktionspotenzial ist als ein von der Politik selbst erzeugtes zwar zwangsläufig ein systemisches Potenzial, das aber nach einer Systemisierung zweiter Ordnung verlangt, um es kontrolliert einsetzen und nutzen zu können. Die Frage im Kontext unserer bisherigen Überlegungen ist daher, aufgrund welcher Verzeitlichungsgrenzen solche Systemisierungen erreicht werden. Man könnte diese Frage begreifen als eine Frage danach, wie die Politik jene selbst erzeugten Sanktionen systemisch integriert. Zunächst ist jedoch zu fragen, um welche systemischen Aktivitäten es sich dabei handelt.

Sanktionen sind Aktivitäten von Systemen, mit denen sie ihre Umwelt, also andere Systeme, irritieren, sei es um Unsicherheit zu steigern, sei es um Unsicherheit zu reduzieren. In jedem Falle geht es darum, das Verhältnis zur Umwelt anders/neu zu arrangieren. Durch jene Aktivitäten ist stets die *systeminterne* Umwelt der Politik adressiert. Man kann zunächst einmal ganz allgemein von der Einrichtung von (zustimmender/ablehnender) „Kri-

---

[9] Damit sind Veränderungen der Grenze zur externen Umwelt jedoch nicht ausgeschlossen.

2. Kollektivierens/Privatisierens

tik" als einer Instanz der Politik zum diskursiven Umgang der Politik mit sich selbst sprechen. Bedingung hierfür ist – was offensichtlich ist – Öffentlichkeit. Insofern ist angezeigt, wie Steigerung und Reduktion von Unsicherheit gehandhabt wird, nämlich durch Nutzung von Öffentlichkeit; sie wird genutzt, um Verzeitlichungsgrenzen einzurichten bzw. zu nutzen. Dazu sind viele Ausprägungen vorstellbar und beobachtbar.

Solche durch Nutzung von Öffentlichkeit eingerichteten Verzeitlichungsgrenzen konstituieren einen besonderen Typ von Systemisierung. Entscheidend hierfür ist, dass dadurch keine neuen Entscheidungskompetenzen eingerichtet, demnach keine Stammsysteme (siehe dazu weiter oben) begründet werden. Es handelt sich um Systemisierungen, die Stammsysteme notwendigerweise einrichten, um ihre Leistungen in einem aufeinander bezogenen und insofern spezifizierten Wettbewerb einsetzen zu können. Dadurch kann z.B. eine kleine Partei mit dem Thema „Ökosteuer" große Parteien in eine lang anhaltende Auseinandersetzung verwickeln (was auch immer dabei als Vorteil oder Nachteil gesehen wird). Worauf es ankommt, ist, dass jeweils jeder der darauf bezogenen Beiträge *toleriert* werden muss. Demnach gibt es keine Möglichkeit, auf diese Weise einen Zwang zu etablieren, der bei Nichtbefolgung vorher bestimmte Sanktionen auslöst. Ein solcher Zwang müsste eine spezifische und insofern konkrete Anwendung ausschließen. Tolerieren heißt somit vorerst nichts anderes, als dass *keine* Freistellung für Sanktionen erfolgt, die nicht ebenfalls ein Tolerieren einfordern. Dafür steht ein umfangreiches Nutzungspotenzial zur Verfügung. In den Fällen, in denen dieses Potenzial zur Einrichtung und Nutzung von Verzeitlichungsgrenzen genutzt wird, geht es darum, die Ressource „Zeit" entweder zu verknappen oder für einen Überschuss zu sorgen. Diese Nutzung ist darauf ausgerichtet, auf diese Weise auf den Einsatz der Zeitressourcen von Teilnehmern am jeweiligen Diskurs einzuwirken, um so die Teilnahme am Diskurs zu ermöglichen und die Bedingungen hierfür zu verbessern oder zu behindern oder die Teilnahme zu verhindern. Wie dadurch Vorteile und/oder Nachteile zur Erbringung bestimmter politischer Leistungen verteilt werden, ist schwer abzuschätzen. Dies ist deshalb der Fall, weil durch Systemisierungen aufgrund der Einrichtung solcher Verzeitlichungsgrenzen durch diese Systemisierungen keine eigens für sie eingerichteten Entscheidungskompetenzen zur Verfügung stehen und daher keine verlässlichen Informationen darüber geliefert werden, welchen Zeitaufwand die Teilnehmer sich jeweils leisten können und wollen. Jedoch sind Anhaltspunkte dafür vorhanden.

Solche Anhaltspunkte offerieren die den Teilnehmern zur Verfügung stehenden Ressourcensysteme (vgl. dazu weiter oben). Dadurch werden in der Regel erhebliche Unterschiede erkennbar. Diese Ungleichheiten in der Ressourcenausstattung können zur Verknappung der Zeitressource und zur Ver-

III. Zeitoperationen der Politik als Sozialoperationen des ...

sorgung mit Überschuss genutzt werden, so dass sowohl Freiräume als auch Zwänge geschaffen werden können. Auch hierfür gilt, dass in demokratischen Gesellschaften solchen Nutzungen letztlich nicht anders als durch ein Tolerieren begegnet werden kann. Jedoch kann dieses Tolerieren aufgrund jener Ungleichheiten durch Verzeitlichungsgrenzen strukturiert werden.

Als feste Orientierungspunkte für solche Verzeitlichungsgrenzen können Wahltermine dienen. Dies wird unter anderem daran erkennbar, dass Parteien vor solchen Terminen sich zu möglichen Koalitionen, zu Gemeinsamkeiten mit oder Unterschieden zu anderen Parteien äußern. Dabei werden in Umrissen Aktualitätssysteme (vgl. dazu weiter oben) erkennbar, die aufgrund von sich anbahnenden gemeinsamen Versozialisierungen von Gemeinsinn Verzeitlichungsgrenzen ausbilden und so die Bedingungen dafür schaffen, dass sich Stammsysteme mit relativ klar begrenzten „Laufzeiten" etablieren können. Dass solche Verzeitlichungsgrenzen auch Tolerierungsgrenzen darstellen, wird daran ablesbar, dass insbesondere mit Beginn und am Ende der Laufzeiten solcher Systeme Entscheidungen über Gesetzesvorhaben anstehen. An der Beteiligung (Zustimmung/Ablehnung) an solchen Entscheidungen und den Rechtfertigungen dafür wird beobachtbar, wie weit die jeweilige Tolerierung reicht, ob und bei welchen neuen Konstellationen (Mehrheitsverhältnissen) jene Entscheidungen aufgehoben, korrigiert, modifiziert usw. werden.

Die Laufzeiten von Entscheidungskonstellationen werden zwar durch Wahltermine als Verzeitlichungstermine bestimmt, solche Laufzeiten können jedoch sehr unterschiedlich ausfallen, sowohl nach ihrer Dauer als auch nach ihren Teilnehmern. Der Extremfall wird seiner Dauer nach durch eine Entscheidung (Stimmabgabe) *punktualisiert* und seinen Teilnehmern nach von *allen* Mitgliedern durch eine einstimmige Entscheidung manifest. Man könnte von einem Aktualitätssystem sprechen, das als Entscheidungssystem einer „einmaligen Einstimmigkeit" fungiert. Da jedoch Einstimmigkeitsentscheidungen wiederholt vorkommen, verweist diese Einmaligkeit zwangsläufig auf Gemeinsamkeiten, so dass auch die Laufzeiten von einstimmigen Entscheidungskonstellationen trotz/wegen vorausgesetzter Gemeinsamkeiten nicht nur sehr unterschiedlich sein können und sind, sondern auch, dass ihre Aktualisierungen in sehr unterschiedlichen Zeitabständen erfolgen können und tatsächlich erfolgen.

Die wenigen vorstehenden Bemerkungen zur Einrichtung und Nutzung von Verzeitlichungsgrenzen im politischen System und in der dadurch bedingten und insofern ausgeprägten Tolerierungsstruktur der Politik sind eingeschoben worden, um auf einen entscheidenden Unterschied zwischen Selbst- und Fremdadressierung politischer Leistungen bezüglich Einbau und Anwendung von Sanktionen hinzuweisen. Dieser Unterschied gibt Hinweise zum Umgang der Politik mit der Grenze Kollektivieren/Privatisieren und dazu, wieso diese Grenze eine entscheidende Verzeitlichungsgrenze für die Politik ist. Ansatzpunkt hierfür ist die Tatsache, dass die Politik mit ihren Leistungen (Gesetzen), obwohl sie allgemein bindend sind, eine Freistellung von Sanktionen verknüpfen, sich aber selbst nicht von Sanktionen freistellen kann. Die Politik kann sich, wenngleich sie die Grenze Kollektivieren/Privatisieren in Richtung Privatheit verändern kann und verändert, nicht selbst privatisieren. Die Kollektivität ihrer Leistungen bleibt, wenngleich sie sehr unterschiedlich ausgeprägt sind, stets erhalten, bis hin zum Verschwinden jeglicher Politik.

Eine Politik des Privatisierens als eine Politik der Freistellung von Sanktionen durch Politik (aufgrund politischer Leistungen) ist Ausweis eines Dilemmas. Eine solche Politik ist ebenso wie eine Politik des Kollektivierens Sanktionen ausgesetzt. Anders ausgedrückt heißt das, welche Politik auch immer die Politik betreibt, sie entkommt diesem Dilemma nicht. Sie muss und kann sich jedoch darauf einstellen. Die Frage ist, wie sie sich darauf einstellt und wieso sie so damit umgeht, wie sie es tut. Eine erste pauschale und selbstverständlich erscheinende Antwort ist, dass sie sich am Erfolg ausrichtet. Diese Ausrichtung verlangt eine Orientierung und Beteiligung an Aktualistätssystemen, so dass die so ausgerichtete Erfolgseinschätzung stets nur kurzfristig sein kann, bis zur nächsten Umfrage oder bis zum nächsten Wahltermin. Einer solchen kurzfristigen Erfolgseinschätzung liegen darüber hinausgehende, über Zeitgrenzen hinausweisende Grundeinschätzungen zugrunde, die die kurzfristigen Erfolgsaussichten als Wettbewerbseinschätzungen bestimmen. Gemeint sind jene Grundeinschätzungen, die die langfristigen Wirkungen politischer Leistungen und deren Sicherstellung unterstellen; sie werden umgesetzt durch den Einbau von Sanktionen einerseits und die Freistellung von Sanktionen andererseits. Damit ist angezeigt, welche Bereitschaft, Fähigkeit und Absicht den Mitgliedern der Gesellschaft zugerechnet werden, um – pauschal gesagt – mit den Rechten und Pflichten, den Chancen und Risiken ihrer Mitgliedschaft zurecht zu kommen.

Diese Grundeinschätzungen sind, um grundlegende Ansatzpunkte für Verzeitlichungen zu setzen, notwendigerweise mit grundlegenden Wertorientierungen verknüpft, nämlich ob jeweils eine Politik des Kollektivierens oder des Privatisierens als grundsätzlich gut oder schlecht anzusetzen oder abzulehnen sei. Für solche Wertorientierungen und alle daran anschließenden Wertorientierungen gilt, obwohl sie „zeitlos" sind, dass sie notwendig sind, um Verzeitlichungen zu ermöglichen und zu rechtfertigen. So werden z.B. Wertorientierungen wie „Gleichheit", „soziale Gerechtigkeit" oder „Solidarität" zur Ermöglichung und Rechtfertigung von Politiken des Kollektivierens; von Politiken des Privatisierens z.B. Wertorientierungen wie „Freiheit", „Eigenverantwortung" oder „Selbstbestimmung" eingesetzt. Damit solche Wertorientierungen durch Politik auch erfolgreich umgesetzt werden können, müssen sich entsprechende Grundstimmungen, „*kollektive Trends*", etablieren und ausbreiten können. Bedingung hierfür ist Vertrauen, sowohl als funktionierender Sozialmechanismus als auch als akzeptierte Wertorientierung (und umgekehrt).

Die durch Politiken des Kollektivierens/Privatisierens markierte Verzeitlichungsgrenze fungiert – wie andere, durch Politik erzeugte Verzeitlichungsgrenzen auch – zugleich als Grenze der *Entzeitlichung,* einer Entzeitlichung der Politik durch Politik (also keine Selbstprivatisierung der Politik durch Politik). Wenngleich der temporale Effekt stets der gleiche ist, eben Entzeitlichung, ist der soziale Effekt entgegengesetzt ausgerichtet. In dem einen Falle befördert der Mechanismus der Entzeitlichung als Sozialmechanismus Gleichheit, in dem anderen Falle Ungleichheit. Der Extremfall (Endzustand) ist einerseits „totale Gleichheit" (als Substanzbedingung in der Ausprägung von Eins und als Bewegungsbedingung in der Ausprägung von Null), so dass die Politik am Ende ist und nur noch Maßnahmen zur Sicherung dieser Gleichheit in Betracht kommen, andererseits „totale Beweglichkeit" (als Bewegungsbedingung in der Ausprägung von Eins und als Substanzbedingung in der Ausprägung von Null), so dass die Politik ebenfalls am Ende ist und nur noch Maßnahmen zur Verhinderung der Ausbreitung von Strukturen der Gleichheit in Betracht kommen.

Dieser Endzustand der Politik ist kennzeichnend für zwei grundverschiedene Gesellschaftsformationen. Für den Fall der „totalen Gleichheit" prägen die eingebauten Sanktionen einen „totalen Zwang", d.h. „umfassende Repression"; für den Fall der „totalen Beweglichkeit" fordert die Freistellung von jeglichen Sanktionen „totale Tolerierung", d.h. „allseitige Gleichgültigkeit". Voraussetzung für die Kennzeichnung solcher Gesellschaftsformationen ist allerdings eine Gesellschaft *ohne* ein ausdifferenziertes Funktionssystem für Politik. Jenen Endzustand einer Gesellschaft könnte man auch als ihren Anfangszustand auffassen. Der Endpunkt der Entzeitlichung durch Politik wäre zugleich der Anfangspunkt der Verzeitlichung durch Politik. Politiken sowohl des Kollektivierens als auch des Privatisierens würden ebenso wie den Endpunkt der Entzeitlichung den Anfangspunkt der Verzeitlichung markieren. Dies ist jedoch nur als eine Gedankenkonstruktion vorstellbar, aber dennoch der entscheidende Ansatzpunkt für die Frage nach der Verzeitlichung bzw. Entzeitlichung durch Politik. Die entscheidende Antwort auf diese Frage wurde in groben Zügen dargestellt, nämlich dass Politik als Mechanismus zur Verzeitlichung (und damit auch Entzeitlichung) der Zeit dabei stets einen Mechanismus zur Versozialisierung (und damit auch der Entsozialisierung) von Gemeinsinn aktivieren muss. Dazu stehen grundsätzlich nur zwei Aktivitätsausrichtungen zur Verfügung: Politiken des Kollektivierens und Politiken des Privatisierens.

3. Erzwingens/Tolerierens

Politiken des Kollektivierens und des Privatisierens brauchen Zeit, bevor sie als politische Leistungen in Form von Gesetzen bzw. Rechtsvorschriften unter Einsatz oder Freistellung von Sanktionen umgesetzt werden. Solche Leistungen setzen also eine strukturorientierte Nachhaltigkeit von Dauerpräsenz voraus. Bedingung hierfür sind stabile Wertorientierungen; diese sichern die Stabilität der Leistungsstrukturen des politischen Systems und bieten damit Gewähr dafür, dass die Politik ihre gesellschaftliche Funktion der Herstellung allgemein bindender Entscheidungen leisten kann. Die Stabilität dieser Wertorientierungen und Strukturen ist nicht nur Bedingung für die Funktionstüchtigkeit der Politik, sondern auch Bedingung für die Tendenz der Politik, ihre Entscheidungen mit einer entsprechend strukturorientierten Nachhaltigkeit von Dauerpräsenz auszustatten. Gemeint ist hier nicht der Einbau üblicher Sanktionen, sondern – allgemein gesagt – die prinzipiell jederzeitige bzw. permanente Widerrufbarkeit jener Entscheidungen. Es werden also keine konkreten Festlegungen getroffen, wann und unter welchen Bedingungen jene Entscheidungen ihre Geltung und damit ihre Bindungswirkungen verlieren. Jene Entscheidungen stehen prinzipiell nicht nur unter dem Vorbehalt der jederzeitigen Rückrufbar- bzw. Widerrufbarkeit, sondern auch und vorrangig unter dem Anspruch, der andauernden Herausforderung und Anforderung an die Politik, entsprechende Entscheidungen zu treffen. Die prinzipiell jederzeit mögliche Rückruf- bzw. Widerrufbarkeit ist demnach Bedingung dafür, jene Entscheidungen mit einer strukturorientierten Nachhaltigkeit von Dauerpräsenz zu versorgen. Was also die Politik sich einmal aufgrund von Entscheidungen „inkorporiert" hat, wird – so kann man annehmen – dauerhaft eine Angelegenheit der Politik bleiben. Salopp formuliert, könnte man feststellen: einmal politisch, immer politisch.

Diese Feststellung mag man für falsch oder für zu weitgehend halten (darauf wird zurückzukommen sein), sie widerspricht jedenfalls nicht der oben getroffenen Feststellung, dass die Politik sich nicht selbst privatisieren könne. Die pauschale Begründung für diese Feststellung war, dass politische Leistungen in Form von Entscheidungen sich stets durch die gesamtgesellschaftliche Relevanz ihrer Kollektivität auszeichnen (was eine Entpolitisierung durch Politik nicht ausschließt). Eine zunehmende Entpolitisierung muss zwar die Funktionstüchtigkeit der Politik nicht unmittelbar gefährden, führt aber mangels Nutzung zwangsläufig zu faktischen Einschränkungen der Entscheidungskompetenz. Solche Restriktionen der Entscheidungskompetenz erzwingen einen Funktionswandel, der die Funktionstüchtigkeit der Politik erheblich beeinträchtigen kann. Unter Wettbewerbsbedingungen kann letztlich kein Antrieb identifiziert werden, Funktionstüchtigkeit und Entscheidungskompetenz der Politik zu reduzieren; es sei denn, es sei beabsichtigt, den politischen Wettbewerb einzuschränken oder letztlich auszuschalten. Sofern das nicht der Fall ist, ist die Politik des politischen Systems – wie oben bereits festgestellt – in ihrem Binnenverhältnis grundsätzlich durch ein Tolerieren gekennzeichnet. Dieses Tolerieren ist Substanzbedingung, aber zugleich auch Bewegungsbedingung demokratischer Politik. Insofern ist dieses Tolerieren als Grundbedingung demokratischer Politik die Grundbedingung ihrer selbst, d.h. Grundbedingung für die Nachhaltigkeit an Dauerpräsenz demokratischer Politik.

Auch wenn diese Grundbedingung des Tolerierens ein entsprechendes Tolerieren bezüglich des Zugangs zur und der Teilnahme an der Politik einschließt, bleibt dennoch festzuhalten, dass die Operationen der Politik systemische sind. Somit folgt der politische Wettbewerb einer Systemlogik, die nicht nur die Formel „einmal politisch, immer politisch" zu bestätigen scheint, sondern auch eine daran anschließende Formel, nämlich „einmal politisch, immer expansiver politisch". Diese beiden Formeln kennzeichnen die Systemlogik der Politik jedenfalls insofern, als Politik letztlich ohne die Wertorientierung des Gemeinwohls nicht auskommt und der politische Wettbewerb auch hier Steigerungen einfordert, obwohl der Wert „Gemeinwohl" *politisch nicht überboten* werden kann.[10]

Diese Unfähigkeit zur Steigerung ermöglicht, mit explizitem oder implizitem Bezug auf das Gemeinwohl wechselseitig sich ausschließende politische Zielvorstellungen zu formulieren und zu verfolgen, so dass der politische Wettbewerb nicht nur nicht ausgeschaltet wird, sondern im Gegenteil gefordert ist. Daher ist – kurz gesagt – vorauszusetzen, dass eine (explizite oder implizite) Ausrichtung der Politik auf das Gemeinwohl zwangsläufig ein expansives Politikverständnis transportiert, nutzt und ausformt insofern, als eine Steigerungsfähigkeit unterstellt und erprobt wird, die ermöglicht, die Politik X als – pauschal gesagt – *besser* als die Politik Y auszuzeichnen und zuzuschreiben. Dass die Systemlogik der Politik diesen Steigerungszwang einfordert, zeigt sich auch daran, wenn z.B. ein kollektiver Trend zur Reduktion der Steuerlast politisch gestaltet werden soll. Dann findet ein Wettbewerb von Politiken zur Steuerentlastung statt, also ein Wettbewerb um die jeweils *höchste* Steuerentlastungsquote. Typischerweise wird stets dann, wenn diese Systemlogik bzw. dieser Systemzwang auf eine – immer nur temporäre – „Auflösung" hinausläuft, auf eine punktualisierte „Aussetzung" (also auf eine Entscheidung), eine Art Ersatzlogik bemüht. Da Politik X und Politik Y *nicht gleichzeitig* durch eine Entscheidung manifest werden können, muss zwangsläufig Politik X falsch sein, wenn Politik Y richtig ist (und schließlich durch eine entsprechende Entscheidung umge-

---

[10] Dies wird näher ausgeführt in *Bußhoff* (2001). Dort werden auch Überlegungen zum Gemeinwohl als einer Hybridkategorie angestellt.

setzt wird) – und umgekehrt. Nach der Selbstzuschreibung ist die „richtige" Politik z. B. vernünftig, überzeugend, verantwortungsbewusst usw., nach der Fremdzuschreibung die „falsche" Politik z. B. unglaubwürdig, unseriös, unanständig usw.. Dies ist sattsam bekannt und muss nicht näher dargelegt werden.

Wichtig im Kontext unserer Überlegungen ist die Feststellung, dass die Systemlogik der Politik, die sich durch den umschriebenen Steigerungszwang ausweist, sich durch eine spezifische Komplementarität auszeichnet. Diese Komplementarität bestätigt die Notwendigkeit der Verzeitlichung der Zeit (durch Versozialisierung von Gemeinsinn) als Bedingung für die *Operationsfähigkeit* der Politik. Das heißt, durch die Verzeitlichung der Zeit können Politiken, die *gleichzeitig* aktualisiert werden, in Rücksicht auf Entscheidungen *hintereinander* geschaltet werden, ohne dass *dadurch* Politiken ausgeschaltet werden. Diese Komplementarität sorgt also dafür, dass der politische Wettbewerb über politische Entscheidungen hinweg nicht nur erhalten bleibt und weiter geführt wird, sondern trotz/wegen andauernden Steigerungszwangs auch an jeweils *aktuelle* Verzeitlichungsgrenzen stößt. Diese Verzeitlichungsgrenzen sorgen dafür, dass der politische Prozess stets wieder auf sich selbst zurückverwiesen wird und dadurch in seiner jeweiligen Aktualität auch punktualisiert und manifest werden kann. Insofern sorgen diese Verzeitlichungsgrenzen nicht nur für den Erhalt der Operationsfähigkeit der Politik und dafür, dass der politische Prozess weiter geht und nicht ausser Kontrolle gerät, sondern auch dafür, dass der politische Prozess, obwohl er *kein Ziel* kennt, dennoch *nicht richtungslos* verläuft.[11]

Der die Operationsfähigkeit der Politik ermöglichende und sichernde Steigerungszwang funktioniert unter der Bedingung eines Entscheidungszwanges. Ohne Entscheidungszwang und somit ohne Entscheidungen würde nicht beobachtbar und bestimmbar sein, ob überhaupt Steigerungen stattfinden und worin sie bestehen. Insofern ist der Entscheidungszwang Bedingung für den Steigerungszwang. Damit die Politik diesem Steigerungs- und Entscheidungszwang folgen kann, also operationsfähig bleibt und ein letztlich „expansives" Selbstverständnis (Politikverständnis im erläuterten Sinne) pflegen kann, ist jede Einzelpolitik, wie widersprüchlich zu anderen Politiken sie auch sein mag, grundsätzlich auf ein Tolerieren (selbstverständlich unter der oben umschriebenen Systembedingung) ausgerichtet. Dieses Tolerieren ist Grundbedingung der Politik der Gesellschaft, weil sie – kurz gesagt – nur so ihre Operationsfähigkeit auf Dauer stellen kann.

Operationsbedingung der Politik ist nicht nur jenes Tolerieren und insbesondere ein Tolerieren ihrer eigenen Entscheidungen, sondern auch der

---

[11] Damit ist die typische Funktion eines Wandlers bezeichnet. Vgl. dazu auch *Bußhoff* (2001).

Zwang, diese Entscheidungen, weil sie Bedingung für Beobachtbarkeit und Bestimmbarkeit von Steigerungen sind, umzusetzen und folglich mit einem Erzwingungspotenzial auszustatten. Ohne ein solches Erzwingungspotenzial würden „Entscheidungen der Politik" letztlich richtungslos, also beliebig und insofern nutzlos und sinnlos sein. Welche allgemeinverbindlichen Entscheidungen auch immer zustande kommen könnten, sie könnten nicht als politische Entscheidungen, als Entscheidungen der Politik der Gesellschaft, gelten. Man kann – kurz gesagt – festhalten, dass die Politik der Gesellschaft ihre Entscheidungen mit einem solchen Erzwingungspotenzial ausstatten muss, um ihre Verzeitlichungsgrenze gegenüber der gesellschaftlichen Umwelt mit Stabilität zu versorgen. Wo und mit welcher Stabilität diese Grenze jeweils wirksam ist, wird daran beobachtbar und bestimmbar sein, mit welchen jeweiligen Sanktionen bzw. Freistellungen davon die einzelnen Entscheidungen ausgestattet werden. Die Freistellung von Sanktionen bedeutet jedoch nicht, dass jegliches Erzwingungspotenzial prinzipiell und folglich auf Dauer aufgelöst werden sei; es bedeutet lediglich eine – wie auch immer zeitlich begrenzte – Nichtanwendung von Sanktionen, so dass die Freistellung davon nicht nur durch eine neue Entscheidung widerrufbar ist, sondern auch, dass die Beachtung jener Freistellung letztlich auch erzwungen werden kann. Damit ist – so scheint es – die Frage „Ist Tolerieren erzwingbar?" grundsätzlich und klar beantwortet.

Dagegen kann man zunächst einmal einwenden, eine „Zwangstoleranz" sei – wie etwa eine „Zwangssolidarität" – ein Widerspruch in sich. Toleranz setze wie Solidarität Freiheit und Freiwilligkeit voraus und könne folglich nicht erzwungen werden. Dieser Einwand übersieht, dass z. B. unsere sozialen Sicherungssysteme Solidarität durch Zwang einfordern; er übersieht auch, dass – um es umfassend und grundsätzlich festzuhalten – Achtung und Schutz der Menschenrechte laufend erzwungen werden. Wenn man also feststellen kann, dass es zwingend sein kann, Zwang anzuwenden, um die Nichtanwendung von Zwang, nämlich ein Tolerieren, zu ermöglichen und zu sichern, kann man ebenfalls feststellen, dass es zwingend sein kann, Freiheit als Bedingung für ein Tolerieren zu ermöglichen und zu sichern, dass es aber zwingend ausgeschlossen ist – und das ist für unsere Überlegungen entscheidend –, eine Freistellung von Sanktionen aufgrund allgemein bindender politischer Entscheidungen festzulegen und damit zugleich die Anwendung von Sanktionen zur Beachtung dieser Entscheidung grundsätzlich und dauerhaft auszuschließen.

Dass die vorstehenden Feststellungen nicht im Kontext moralischer bzw. ethischer Überlegungen diskutiert werden sollen, ist offenkundig. Es geht – um es zu betonen – um die Systemlogik bzw. den Steigerungszwang der Politik (durch die beiden oben angeführten Formeln gekennzeichnet). Von einer Systemlogik der Politik kann, da das System der Politik ein dynamisches ist, nur dann die Rede sein, wenn sie auch Aussagen zur Zeit einfordert und ermöglicht, und zwar Aussagen zur Systemgrenze als Verzeitlichungsgrenze. Erste Feststellungen dazu wurden bereits gegeben. Gemeint ist zum einen die Feststellung, dass politische Entscheidungen *im* politischen System eine Freistellung von Erzwingungssanktionen, also ein Tolerieren verlangen, zum anderen, dass jene Entscheidungen in der *gesellschaftlichen Umwelt* des politischen Systems entweder mit Erzwingungssanktionen oder einer Freistellung davon ausgestattet werden, jedoch die Beachtung der Entscheidungen trotz/wegen der Freistellung erzwungen werden können. Dieses Erzwingen ist letzlich in jedem Falle zwingend, um die Stabilität der Grenze zwischen dem politischen System und – allgemein gesagt – der Antipolitik der gesellschaftlichen Umwelt zu sichern. Ohne diese Möglichkeiten zur Stabilisierung der Grenze würde das politische System seine Funktion letzlich nicht leisten können, und dies zur Selbstauflösung des politischen Systems führen. Das politische System würde – und darauf kommt es letzlich an – seine Entscheidungskompetenz an eine wie auch immer sich formierende „politische Selbstorganisation" seiner gesellschaftlichen Umwelt abtreten. Welche Entscheidungen dann auch immer zustande kämen, ihnen käme ein völlig anderer Status zu, in letzten Konsequenz den der Anarchie.

Dieser Hinweis zeigt an, dass Freiheit nicht zureichend als Abwesendheit von Zwang begriffen werden kann, sondern Freiheit fungiert als Bedingung für ein Tolerieren bei Gewährleistung durch Zwang. Die Freistellung von Erzwingungssanktionen als Bedingung des Tolerierens impliziert einen zweifachen Freiheitsbegriff, zum einen die Nichtanwendung von Erzwingungssanktionen, also die Eröffnung und Sicherung eines Freiheitsraumes für die gesellschaftliche Umwelt, zum anderen die freiheitliche Nutzung des Freiraumes. In beiden Fällen ist ein Zwang Bedingung für die Ermöglichung und Gewährleistung von Freiheit; in dem einen Fall handelt es sich um eine Freiheit, die einem allgemeinen bzw. unspezifischen Zwang zugeordnet ist, einem Zwang, der eingreift, wenn in der gesellschaftlichen Umwelt eine gesellschaftliche Instanz sich anmaßt, selbst diesen Freiraum zu definieren (und insofern auch eine Kompetenz zur Festlegung von Zwangsmaßnahmen sich anmaßt); zum anderen um eine Freiheit, die einem jeweils spezifischen Zwang zugeordnet ist, einem Zwang, der dann eingreift, wenn die Freistellung von Sanktionen genutzt wird, um eine nicht zugelassene (nicht-tolerierte) Nutzung in Anspruch zu nehmen und auszuführen (und insofern den vorgegebenen Zwang auf Unterlassung missachtet).

Diese wenigen Bemerkungen zum Verhältnis von Zwang, Freiheit und Tolerieren sollen darauf aufmerksam machen, dass erforderlich ist, dieses Verhältnis systemisch zu fassen, wenn es einer näheren Betrachtung zugänglich gemacht werden soll. Im Kontext unserer Überlegungen heißt das,

140　　　III. Zeitoperationen der Politik als Sozialoperationen des ...

dass dem politischen System jene Kompetenz zur Gestaltung dieses Verhältnisses zukommt aufgrund seiner am Gemeinwohl als dem *politisch* nicht überbietbaren Wert orientierender Versozialisierung von Gemeinsinn, und dass deshalb das politische System auch für die Nutzung der Zeit eine Sonderstellung einnimmt. Wenn diese Sonderstellung sich durch die Nutzung der Zeit ausweist, dann muss sie sich – so ist anzunehmen – am Status der Entscheidungen des politischen System nachweisen lassen. Demnach müsste die generelle Freistellung dieser Entscheidungen von Erzwingungssanktionen *im* politischen System einerseits und die nur partiell und bedingt mögliche Freistellung dieser Entscheidungen in der *gesellschaftlichen Umwelt* andererseits darauf zurückzuführen sein. Kurz gesagt bedeutet das: Die Entscheidungen des politischen Systems sind ihrem *internen* Status nach mit keinen Zeitgrenzen versehen, während sie ihrem *externen* Status nach aufgrund des mit ihnen verknüpften Erzwingungspotenzials stets Zeitgrenzen implizieren.

Dass die Entscheidungen des politischen Systems intern prinzipiell mit keinen Zeitgrenzen versehen seien, heißt selbstverständlich nicht, dass sie nicht aktuell auf Zeitgrenzen stoßen, z. B. dadurch, dass die Entscheidungen außer Kraft gesetzt bzw. durch andere ersetzt werden. Dass solche Aktualisierungen stets möglich bleiben und genutzt werden können, setzt voraus, dass sie prinzipiell keine Zeitgrenzen kennen. Somit ist also die Zeitlosigkeit Bedingung für Zeitunterbrechungen und ihre Anschlüsse. Salopp formuliert, könnte man sagen: Diese „Ewigkeitsorientierung" ist Bedingung für jedes „Jetzt" und insofern dafür, dass es weitergehen kann, und dass dieses Weitergehen, obwohl es kein Ziel kennt, dennoch nicht richtungslos ist, also *kontrolliert* weitergehen kann.

Bedingung für dieses kontrollierbare bzw. kontrollierte Weitergehen ist Zwang. Dieser Zwang ist deshalb erforderlich, weil – kurz gesagt – jedes „Jetzt", also die Inanspruchnahme, Zeitgrenzen einzuziehen, zugleich in Anspruch nimmt, die „Ewigkeitsorientierung" zumindest zurückdrängen oder hintansetzen zu können, und dabei zwangsläufig mitbeansprucht, *Interessen* begründen und rechtfertigen zu können. Demnach ist klargestellt, dass Interessen und Interessenverfolgungen stets Verzeitlichungsgrenzen unterliegen. Folglich muss auch das politische System als ein System der Verzeitlichung der Zeit aufgrund einer Versozialisierung von Gemeinsinn letztlich ebenfalls ein Interesse manifestieren. In diesem Zusammenhang spricht man von einem *Allgemeininteresse*. Dieses Allgemeininteresse muss jedoch spezifiziert werden, damit das politische System sich selbst kontrollieren kann. Insofern ist auch das politische System einem Zwang, nämlich einem *Systemzwang* unterworfen bzw. muss sich einem selbst erzeugten Zwang der Selbstkontrolle unterwerfen. Davon war bereits im Zusammenhang der Überlegungen, die zu der Feststellung führten, dass die Politik *im* politischen System prinzipiell durch ein Tolerieren gekennzeichnet sei, die Rede. Für diese Spezifizierung des politischen Systems bzw. den hier in Frage stehenden Systemzwang steht „Demokratie". Danach ist das politische System in seiner Selbstorganisation als Demokratie Bedingung *sowohl* für die Orientierung auf Gemeinwohl *als auch* für die Pluralität der Orientierungen auf Interessen.

Diese eigenartige Komplementarität bestimmt auch den Status des Politikers, insbesondere sofern er Amtsinhaber ist. An den Funktionen, die dem Politiker zugeordnet sind, vor allem an der zugeordneten Entscheidungskompetenz, an der Dauer der Amtszeit, an den Voraussetzungen zur Wiederwahl, an den Bestimmungen zur Immunität und Indemnität, an den Voraussetzungen für eine Amtsanklage usw. ist die Komplementarität dieses Status ablesbar. Darauf kann hier nicht eingegangen werden. Hinzuweisen ist jedoch darauf, dass die Freistellung von Erzwingungssanktionen auch in diesen Fällen nicht ohne Zwang auskommt. Zwar kann der Rücktritt vom Amt – von Ausnahmefällen abgesehen – grundsätzlich nicht mit Zwangsmaßnahmen erzwungen werden. Insofern ist ein Rücktritt immer ein freiwilliger. Die Entlassung aus dem Amt während der üblichen Amtszeit kann zwar als eine Zwangsmaßnahme aufgefasst werden, ist aber nicht als Sanktion zu begreifen, die eingesetzt werden muss, weil sie etwa aufgrund einer Entscheidungsvorschrift vorprogrammiert ist. Der „erzwungene Rücktritt" ist darauf zurückzuführen, dass dem betreffenden Amtsinhaber für seine Amtsführung nicht mehr – allgemein gesagt – das notwendige Maß an Aktivitäten des Tolerierens seiner dafür zuständigen Politikerkollegen zur Verfügung steht.

Jene eigenartige Komplementarität bestimmt auch den Status der Parteien, besonders ausgeprägt in der Bundesrepublik Deutschland. Den Parteien ist einerseits die Funktion der Artikulation, Vertretung und Umsetzung partikulärer Interessen, d.h. von Interessen aus der gesellschaftlichen Umwelt des politischen Systems zugeordnet, andererseits die Funktion, das Allgemeininteresse, d.h. das Interesse, das nicht auf Partikularinteressen zu reduzieren ist, zu berücksichtigen und sicherzustellen. Jene Komplementarität hat auch Auswirkungen auf den Status des Bürgers. Dem Bürger wird einerseits zugerechnet, seine Interessen, ob für sich allein oder in Gruppen, in Vereinen und in Verbänden, zu vertreten, ihm wird andererseits die Funktion zugewiesen, das Gemeinwohl zu befördern, durch Übernahme eines Ehrenamtes oder durch Mitarbeit in gemeinnützigen Vereinigungen. Auch auf den Status des Bürgers wie auf den der Parteien kann hier nicht eingegangen werden. Die vorstehenden Bemerkungen sollen lediglich darauf aufmerksam machen, dass jene Komplementarität, die das eigenartige Verhältnis von Erzwingen/Tolerieren bestimmt, sich auch auf den Status des Politikers, der Parteien und des Bürgers auswirkt und dadurch bestätigt, wieso die Entscheidungen des politischen Systems *im* System einerseits und in der *gesellschaftlichen Umwelt* andererseits auch in der Zeitdimension einen unterschiedlichen Status einfordern. Dieser Unterschied wird begründet und gesichert einerseits und wieder aufgehoben andererseits – und das ist festzuhalten – durch jene Komplementarität.

Danach ist die Bedingung des Systemzwangs, die das Tolerieren *im* politischen System ermöglicht und sichert, auch als die Bedingung zu sehen, die die Freistellung von Erzwingungssanktionen, also ebenfalls ein Tolerieren, ermöglicht und sichert, nämlich „Demokratie" als Substanz- und Bewegungsbedingung. Da jedoch in der gesellschaftlichen Umwelt des politischen Systems „Demokratie" nur, weil sie dort nicht als Systemzwang fungiert und daher nur unter einschränkenden Bedingungen als Substanz- und Bewegungsbedingung zugelassen ist, als Antipolitik agiert, sind dort nicht nur allgemein Erzwingungssanktionen als zwingend vorauszusetzen, sondern speziell auch dann, wenn die Freistellung von Sanktionen nicht beachtet wird. Somit können wir feststellen: Das politische System kann aufgrund des Systemzwanges unendlich viel Zeit einsetzen und seine Zeitgrenzen gleichsam permanent vor sich herschieben, es ist also nicht gezwungen, Zeitgrenzen als starre und dauerhaft unüberwindbare Markierungen respektieren zu müssen. Die gesellschaftliche Umwelt des politischen Systems dagegen wird permanent durch die Politik des politischen Systems unter Zeitdruck gesetzt, also gezwungen, Zeitressourcen aufgrund *externer* Vorgaben durch die Politik zu verbrauchen. Somit verhält sich das politische System trotz/wegen seiner Grenzen zur gesellschaftlichen Umwelt gegenüber dieser Umwelt *parasitär*. Indem es der gesellschaftlichen Umwelt für die Nutzung ihrer Zeitressourcen Bedingungen stellt, kann es sich selbst vom Zeitdruck aus der gesellschaftlichen Umwelt entlasten und die eigenen Zeitressourcen, ohne mit funktionsgefährdenden Knappheiten zurechtkommen zu müssen, dauerhaft auf Überschuss stellen und halten.

Diese Zeitverhältnisse zwischen dem politischen System und seiner gesellschaftlichen Umwelt haben eine entscheidende Voraussetzung – und dies kann nicht nachdrücklich genug betont werden –, nämlich den durch Gemeinwohlorientierung bestimmten Systemzwang in seiner Ausprägung von „Demokratie" als Substanz- und Bewegungsbedingung. Da dieser Systemzwang des politischen Systems Bedingung dafür ist, gegenüber der gesellschaftlichen Umwelt Erzwingungssanktionen anzuwenden, aber nur insoweit, als in der gesellschaftlichen Umwelt jene Orientierung gleichsam eingehegt, also gegen die „Übermacht" von Partikularinteressen geschützt werden muss, sind jene Zeitverhältnisse zwischen dem politischen System und seiner gesellschaftlichen Umwelt durchweg Belastungen ausgesetzt, so dass die Selbstregulierung dieses Verhältnisses von beiden Seiten überlastet und aus der Balance geworfen werden kann. Hinweise dazu kann man gewinnen, sofern man herausfindet, in welchem Ausmaße das „allgemeine Parasitentum" des politischen Systems durch entgegengesetzte partikuläre Nutzungen aus der gesellschaftlichen Umwelt, also durch eine Vielheit eines „partikulären Parasitentums" gefährdet wird. Woran es fehlt, sind *dynamische Regler,* die in der Lage wären, jenes Verhältnis *optimal* zu steuern. Solche dynamischen Regler könnten nur dann zur Verfügung stehen, wenn sie als *dynamische Beobachter* fungieren könnten, die zugleich als *dynamische Schätzer* aus bekannten Zustandswerten der *Vergangenheit* unbekannte (nicht direkt beobachtbare) Werte bestimmen könnten und daraufhin aufgrund von Entscheidungen der *Gegenwart* Zustandswerte der *Zukunft* festlegen würden.[12]

Solche dynamischen Beobachter bzw. Regler müssen, um die Funktion zur Optimierung des Verhältnisses eines Systems zu seiner Umwelt leisten zu können, eine *Grenzfunktion* erfüllen. Sie müssen als Steuerungsinstanz zur Veränderung der System-/Umweltgrenze fungieren; sie müssen unter den Bedingungen von Veränderungen die Stabilität jener Grenze sichern und zugleich ermöglichen und gewährleisten, dass Veränderungen in der Umwelt *interne* Entscheidungsrelevanz erhalten und Entscheidungen des Systems auf ihre *externen* Auswirkungen überprüft und kontrolliert werden, so dass festgestellt werden kann, ob das System seine Funktion, weshalb es ausdifferenziert wurde, auch adäquat und insofern richtungsorientiert leistet. Diese Leistung der Grenzfunktion des dynamischen Reglers bzw. Beobachters schließt ein, dass er selbst als ein System mit eigener Entscheidungskompetenz eingerichtet ist.

Was das System-/Umweltverhältnis des politischen Systems zu seiner gesellschaftlichen Umwelt anlangt, kann man das Bundesverfassungsgericht trotz möglicher Einwände – etwa weil es nur auf Antrag hin tätig werden kann – als einen solchen dynamischen Beobachter bzw. Regler begreifen. Ohne die Möglichkeiten der Verfassungsbeschwerde und der konkreten Normenkontrolle würde allerdings das Bundesverfassungsgericht seine Grenzfunktion nur einseitig bedienen können. Die überragende *Richtungsorientierung* des Bundesverfassungsgerichts ist auf der Grundlage der Verfassungsbestimmungen im Konfliktfalle, sofern das Verhältnis des politischen Systems zu seiner gesellschaftlichen Umwelt in Frage steht, die *Einschätzung,* welche Auswirkungen auf das *Gemeinwohl* zu erwarten sind. Aufgrund dieser Funktion sind auch grundlegende Feststellungen zum Verhältnis Erzwingen/Tolerieren, das jeweils durch Entscheidungen des politischen Systems definiert wird, zu erwarten. Als spezialisierte Beobachter bzw. Regler für das Verhältnis des politischen Systems zu seiner gesellschaft-

---

[12] Ob hierfür „Politische Kultur" etwa im Sinne einer „demokratischen Kultur" eingesetzt werden könnte, muss hier offen bleiben.

lichen Umwelt kann man z. B. die Ärzte-, Apotheker- und Anwaltskammern, die Industrie- und Handelskammern, die Handwerkskammern, aber auch – wenn auch mit weiteren Spezifizierungen – Regulierungsbehörden betrachten, somit auch als Instanzen, die – als Folge der Entscheidungskompetenz des politischen Systems – für einen durch Entscheidungen des politischen Systems eingegrenzten gesellschaftlichen Bereich diese Kompetenz ausüben, also hierfür das Verhältnis von Erzwingen/Tolerieren definieren. Auf die Frage, ob und inwiefern man auch solche Einrichtungen wie z. B. das „Bündnis für Arbeit" oder etwa Einrichtungen, die geschaffen wurden, um externes Expertenwissen in den politischen Entscheidungsprozess einzubringen, oder auch der bereits angesprochene Nationale Ethikrat als dynamische Beobachter bzw. Regler betrachten kann, kann hier nicht eingegangen werden;[13] erst recht nicht auf die Frage, ob und inwieweit der Nationale Bildungsrat dazu zu rechnen ist.

Eine grundlegende Frage im vorstehend umschriebenen Zusammenhang ist die, ob und ggf. in welchem Ausmaß die erwähnten dynamischen Beobachter bzw. Regler im Sinne einer optimalen Nutzung des System-/Umweltverhältnisses auch mit solchen Entscheidungskompetenzen auszustatten sind, die ermöglichen, Themen nicht nur intern entscheidungsorientiert zu kommunizieren und durch Entscheidungen zu punktualisieren, sondern auch einen *Zwang* zur Entscheidung jedenfalls im Sinne eines Transfers von zu erledigenden Entscheidungsaufträgen an das politische System auszuüben. Diese Frage ist entscheidend, wenn es darum geht, die optimale Ausstattung der Regler zur Bedienung ihrer Funktion herauszufinden. Damit können wir uns hier nicht beschäftigen. Diese Frage wurde kurz vorgestellt, um darauf hinzuweisen, dass unsere Frage nach dem Verhältnis von Erzwingen/Tolerieren diese Frage grundsätzlich mit einschließt. Lediglich darauf hinzuweisen ist auch, dass mit der – oben kurz umschriebenen – Statusfrage bezüglich Bürger, Politiker und Parteien die Frage verknüpft werden kann, in welcher Hinsicht Bürger, Politiker und Parteien als dynamische Beobachter bzw. Regler für das Verhältnis des politischen Systems zu seiner gesellschaftlichen Umwelt zu betrachten sind und in Folge dessen auch hierfür die Frage nach dem Verhältnis Erzwingen/Tolerieren entscheidend sein kann.

Zur grundlegenden Fragestellung im Zusammenhang unserer Überlegungen nach Erzeugung, Bereitstellung, Gebrauch und Verbrauch von Zeitressourcen durch Politik gehört auch die Frage, wie die Politik das *Erinnern* und infolge dessen auch das *Vergessen* regelt. Die grundlegende Antwort auf diese Frage lautet: durch Erzwingen/Tolerieren. Somit verweisen die

---

[13] Jedoch ist grundsätzlich in Frage zu stellen, ob der nationale Ethikrat als ein dynamischer Beobachter bzw. Wandler fungiert.

vorstehenden Bemerkungen zu dynamischen Beobachtern und Reglern auf spezifische Antworten hin insofern, als dadurch festgestellt wird, dass die Politik über eine Vielzahl von Möglichkeiten verfügt und diese zumindest teilweise nutzt, um das Erinnern und Vergessen in der gesellschaftlichen Umwelt zu regulieren. Grundlage und folglich Bezugspunkte für dieses Erinnern und Vergessen sind die Entscheidungen des politischen Systems. Demnach erfolgt über die Ausstattung mit Erzwingungssanktionen und die Freistellung davon die Regulierung des Erinnerns und Vergessens. Dieses Erinnern und Vergessen ist daher kennzeichnend dafür, wie die Politik des politischen Systems die Aktualisierbarkeit und Aktualisierung ihrer Entscheidungen einerseits für sich selbst und andererseits für seine gesellschaftliche Umwelt definiert, und zwar nicht nur, was die Beachtung jener Entscheidungen anlangt, sondern darüber hinaus als Bedingungen für Thematisierungen, also als Bedingungen der *Kommunikation*.

Wenn die Politik des politischen Systems ihre Entscheidungen für sich selbst generell – wie vorausgesetzt – von Erzwingungssanktionen freistellt, dann muss sie diese Entscheidungen – so kann man folgern – zugleich mit der Punktualisierung des Entscheidens dem Vergessen anheim geben. Diese Folgerung ist nicht so ohne weiteres von der Hand zu weisen. Für die Stützung dieser Folgerung können sicherlich viele Beobachtungen vorgebracht werden. Jedoch ist zunächst einmal grundsätzlich darauf zu verweisen, dass die Politik des politischen Systems allgemein dem oben umschriebenen Systemzwang und speziell den Zwängen des Wettbewerbs unterliegt. Die Politik des politischen Systems unterliegt insoweit selbst erzeugten Bedingungen des Erinnerns. Die eigenbestimmte Freistellung von Erzwingungssanktionen zur Beachtung der eigenen Entscheidungen fungiert als Komplement des Erinnerns. Die Freistellung von Erzwingungssanktionen als Bedingung für dieses Erinnern bestätigt die obige Feststellung, dass die Politik des politischen Systems prinzipiell sich nicht selbst privatisieren kann. Die Politik ist Substanz- und Bewegungsbedingung ihrer selbst; ein Ende wäre dann konstatierbar, wenn sie Entscheidungen nicht mehr mit Erzwingungssanktionen ausstatten könnte, demnach die Grenze politisches System/gesellschaftliche Umwelt aufgehoben wäre. Politik ist zwar Substanz- und Bewegungsbedingung ihrer selbst, aber nur so lange und insoweit, wie sie in der Lage ist, eine Asymmetrie des Erinnerns und Vergessens aufrecht zu erhalten.

Diese Asymmetrie wird durch die jeweilige Ausprägung des Verhältnisses Erzwingen/Tolerieren als System/Umweltverhältnis des politischen Systems zu seiner gesellschaftlichen Umwelt markiert. Grundsätzlich kann man dazu aufgrund vorstehender Ausführungen feststellen: In jedem Falle handelt es sich um ein versozialisiertes Erinnern und Vergessen, das jedoch durch das Erzwingen einerseits und das Tolerieren andererseits differenziert wird. Danach wird das Erinnern und Vergessen im politischen System geregelt über ein Tolerieren, das dafür sorgt, dass die Politik gemäß der Systemlogik operiert, also Anschlüsse hergestellt werden, die die Politik als Substanz- und Bewegungsbedingung aktivieren und aktualisieren und dadurch diesen Prozess als Ausweis der *Kultur* der Politik repräsentieren. Diese Kultur des Tolerierens wird ermöglicht und kann sich ausbilden, sofern der oben beschriebene Systemzwang funktioniert; und sofern das der Fall ist, ist das Vergessen als vorprogrammiert zu betrachten. Was dann erinnert wird, unterliegt den Zwängen des politischen Wettbewerbs, so dass dieses Erinnern – unter permanentem Mitlaufen des beschriebenen Systemzwangs – sich an jeweils aktuelle (gegenwärtige) Resonanz- und Erfolgsaussichten ausrichtet. Diese Ausrichtung wird ermöglicht, indem die Politik die kurz umschriebenen dynamischen Beobachter bzw. Regler als Produzenten und Lieferanten von entscheidungsrelevanten Nachrichten aus der Umwelt nutzt. Danach fungiert die Politik nicht als Instanz gesamtgesellschaftlicher Führung, also nicht als eine Instanz, die gesamtgesellschaftlichen Zukunftsentwicklungen vorgibt und für deren Einhaltung sorgt. Salopp formuliert, kann man sagen, dass die Politik des politischen Systems nicht an der Spitze des gesellschaftlichen Fortschritts marschiert. Dazu ist sie außer Stande. Jedoch kann sie – wie oben angedeutet – beobachtbare Zukunftsentwicklungen eine, stets temporär begrenzte Richtung geben. Sofern dies als eine Führungsleistung begriffen wird, kann man der Politik des politischen Systems eine gesamtgesellschaftliche Führungsfunktion zurechnen.

Diese Funktion kann die Politik des politischen Systems deshalb leisten, weil die Antipolitik, also die Politik der gesellschaftlichen Umwelt, ebenfalls jene dynamischen Beobachter bzw. Regler nutzt; allgemein in der Tendenz auf Einflussnahme auf die Entscheidungskompetenz des politischen Systems, konkret jedoch, weil die Systeme der gesellschaftlichen Umwelt sehr unterschiedliche Interessen haben und diese intern regulieren müssen, in einer Vielheit spezifischer Ausprägungen. Auch deswegen ist die Informationslage des politischen Systems in der Regel unklar und unsicher. In seltenen Fällen kommt es über alle diese Differenzen hinweg zu einem gesamtgesellschaftlichen Konsens, der eine relativ klare Entscheidungslage generiert, die *rasch* genutzt werden muss, wenn sie überhaupt genutzt werden kann. Ein solcher gesamtgesellschaftlicher Konsens verweist darauf, dass eine gesamtgesellschaftliche Kultur unterstellt werden kann, die diese Gesellschaft punktuell als eine Einheit aktualisiert und präsentiert und dadurch das gesamtgesellschaftliche Erinnern und Vergessen reguliert. Somit fungiert Kultur auch hier als ein Gedächtnis, das an- und wieder abgeschaltet wird, sofern über jeweilige Systemgrenzen und Systemlogik hinweg die „Zeitlosigkeit der Zeit" für Aktualisierungen genutzt wird bzw. werden muss, d.h. sofern Orientierungen an („zeitlosen") *Werten* für Verzeitlichungen der Zeit als Bedingung von Versozialisierungen von Gemeinsinn eingefordert werden. Was und wie dann erinnert wird, ist eine Frage der Ausstattung von Entscheidungen mit Erzwingungssanktionen und der Freistellung davon.

Tolerieren fungiert als Grundbedingung für Nachhaltigkeit an Dauerpräsenz demokratischer Politik und insofern als Grundbedingung ihrer selbst dadurch, dass die Politik dieses Tolerieren als Wert, als dominanten *Funktionswert* voraussetzt und aktuell laufend akzeptiert. Dadurch wird das laufende Vergessen durch Entscheidungen prinzipiell für das Erinnern verfügbar gehalten. Was jedoch jeweils erinnert wird, unterliegt – wie erwähnt – den Zwängen des politischen Wettbewerbs in der Ausrichtung auf jeweils aktuelle (gegenwärtige) Resonanz- und Erfolgseinschätzungen. Diese werden entscheidend bestimmt von den jeweiligen Mehrheits-/Minderheitsverhältnissen. Danach kann die Politik des politischen Systems aufgrund von stabilen und z. B. über mehrere Legislaturperioden andauernden Mehrheits-/Minderheitsverhältnissen *intern* eine deutlich ausgeprägte Asymmetrie des Erinnerns/Vergessens ausbilden. Das heißt, es entsteht eine relativ stabile Erinnerungsstruktur, die selektiert, was aktualisiert und folglich in Entscheidungen umgesetzt wird, so dass sich das ausbildet, was man einen konservativen Trend nennen könnte. Insofern wird auch eine „progressive" Politik zwangsläufig „konservativ". Kennzeichnend für das Erinnerungsvermögen der Politik des politischen Systems ist daher eine Unfähigkeit, „Zukunft zu erinnern". Jene stabile Erinnerungsstruktur determiniert ein Erinnerungsvermögen, das auf ein kurzfristiges Erinnern an die Vergangenheit ausgelegt ist (und sei es nur, dass dieses Erinnern nicht enttäuscht wird), so dass das jeweils aktuelle bzw. gegenwärtige Erinnern aufgrund seines beschränkten Erinnerungsvermögens die Zukunft nur rudimentär erinnern kann. Das schließt jedoch nicht aus, sondern im Gegenteil ein, dass die Politik des politischen Systems mit ihren Entscheidungen Zukunft mit tief greifenden und weit reichenden Auswirkungen einfängt und dadurch *Risiken* produziert, deren Verantwortbarkeit höchst fragwürdig ist.

Instabile Mehrheits-/Minderheitsverhältnisse würden – so kann man nach den vorstehenden Bemerkungen folgern – die Chancen dafür, „Zukunft zu erinnern", beträchtlich steigern. Diese Folgerung ist insofern zutreffend, als instabile Mehrheits-/Minderheitsverhältnisse die durch Entscheiden begründete Asymmetrie Erinnern/Vergessen labilisieren, und zwar deshalb, weil unsicher ist, was schließlich entschieden wird und was in diese Entscheidungen eingeht. Demnach kommt es darauf an, ob diese Latenz für ein Entscheiden mit einer ausgeprägten „Zukunftserinnerung" genutzt werden kann. Insofern ist jene Folgerung nur mit einer Zusatzbedingung gültig. Diese Zusatzbedingung besagt, dass die gesteigerten Chancen gleichsam nur punktuell sich einstellen, also das Zeitfenster hierfür nur äußerst kurzfristig geöffnet ist. Man kann vielleicht von Zufall sprechen, sofern diese Chancen erkannt und genutzt werden. Ansonsten tendieren instabile Mehrheits-/Minderheitsverhältnisse dazu, das Entscheiden auszuschalten oder Partikularinteressen zu bedienen, also gezielt danach Ausschau zu halten, ob überhaupt ein Zeitfenster offen ist bzw. zur Bedienung von Partikularinteressen geöffnet und genutzt werden kann. Man könnte von einem puren Zeitopportunismus sprechen. Zwar wird dadurch die Erinnerungsstruktur labilisiert, aber zugleich die Möglichkeit blockiert, dass die Politik ihrer Systemorientierung (Gemeinwohl) gerecht wird.

Auch bei stabilen Mehrheits-/Minderheitsverhältnissen ist Zeitopportunismus virulent (ansonsten könnte sinnvollerweise von solchen Verhältnissen keine Rede sein). Dieser Zeitopportunismus hat den Vorzug, Legitimität reklamieren zu können insofern, als Entscheidungen, wenngleich auch sie als Zukunftsentscheidungen zu betrachten sind, nicht auf rein opportunistisch koordinierten Zufallsmehrheiten beruhen. Solche Zufallsendscheidungen kommen zustande aufgrund von überraschenden Ereignissen, die z.B. die Gesellschaft in ihrer Grundorientierung betreffen und die darauf mit einem spontanen und umfassenden Konsens reagiert, so dass auch die Parteien bzw. Entscheidungsträger den Wettbewerb zurückstellen müssen und mit einer ungewöhnlich raschen und einvernehmlichen (einstimmigen) Entscheidung sich als integrierter Teil dieser Gesellschaft präsentieren. Man könnte von einem Systemzwang der Gesellschaft reden, dem sich die Politik des politischen Systems nicht entziehen kann. Die Frage nach dem Tolerieren erledigt sich dann von selbst.

Solche Systemzwänge fungieren als Erinnerungszwänge, d.h. als Zwänge, sich der Grundorientierungen zu vergewissern und daraufhin „Zukunft zu erinnern", also Entscheidungen zu treffen. Solche als Erinnerungszwänge fungierende Systemzwänge bestätigen Tolerieren als grundlegenden und dominanten Funktionswert der Politik des politischen Systems und „rechtfertigen" so das Vergessen durch Entscheiden. Das „Vergessen durch Entscheiden" wird zur Norm, zur Pflicht oder zumindest zur Tugend. Dem Erinnern wird so der Status der Freiheit zugerechnet und gesichert. Man könnte auch sagen, das Erinnern würde dem Zufall überantwortet. Mit dem Tolerieren bzw. dem Freistellen von Erzwingungssanktionen ihrer Entscheidungen für sich selbst – Politiker als Bürger unterliegen selbstverständlich wie alle anderen auch den gleichen Erzwingungssanktionen – verschafft sich die Politik des politischen Systems die Fähigkeit, das Erinnern prinzipiell offen zu halten, so dass sie dafür keine Inklusions- bzw. Exklusionsregeln voraussetzt, aber über die Nutzung der Entscheidungskompetenz aufgrund jeweiliger Mehrheits-/Minderheitsverhältnisse, also durch das jeweilige Entscheiden, dennoch die Fähigkeit behält, aufgrund solcher Ungleichheiten auch das Erinnern ungleich zu verteilen, und so durch das

Entscheiden trotz vorprogrammierten Vergessens ein Erinnerungspotenzial zur Verfügung stellt.

Für die gesellschaftliche Umwelt des politischen Systems verkehrt sich das Verhältnis Vergessen/Erinnern in sein Gegenteil. Der dominante Funktionswert ist nicht das Tolerieren, sondern das Erzwingen (selbstverständlich soweit es sich um den Adressatenraum der Entscheidungen des politischen Systems handelt). Wie weit dieses Erinnern im Einzelnen jeweils reicht, ist schwer zu sagen. Jedenfalls ist grundsätzlich festzustellen, dass dieses Erinnern getragen wird von der generellen Einschätzung, bei Nichtbeachtung der durch Entscheidungen des politischen Systems vorgegebenen Normen mit bestimmten Sanktionen rechnen zu müssen. Man kann sagen, dass dieses *erzwungene Erinnern* die gesellschaftliche Ordnung sichern soll insofern, als für dieses Erinnern der *Gleichheitsgrundsatz* Geltung hat. Prinzipiell ist niemandem zugestanden, sich von diesem Erinnern freizustellen. Vielleicht kann man dazu sagen, dass durch dieses erzwungene Erinnern versucht wird, das Trittbrettfahrerproblem zu fassen und unter Kontrolle zu halten. Dieses Trittbrettfahrerproblem besteht – allgemein gesagt – darin, das Erinnern als ein „Erinnern an die Zukunft" auszulegen und sich dabei zu entlasten, indem das „Erinnern an die Vergangenheit" dem Vergessen überantwortet wird. Dafür wird dann ein Tolerieren in Anspruch genommen.

In der Regel wird dieser Anspruch gerechtfertigt – ohne Rechtfertigung kann in einer Demokratie ein solcher Anspruch nicht vorgetragen werden – mit einem stets gleichen Argument, das je nach Gegebenheiten angepasst wird. Da ein solcher Anspruch Vorteile und insofern die Durchsetzung von Partikularinteressen[14] rechtfertigen soll, liegt es auf der Hand – was auch laufend zu beobachten ist –, dass dafür die umfassende Wertorientierung des politischen Systems bemüht wird, nämlich das Gemeinwohl. Damit wird eine Verzeitlichung der Zeit in Anspruch genommen, die die „Zeitlosigkeit der Zeit" einfordert und daher diesen Anspruch letztlich als unangreifbar unterstellt. Dieses Unterstellen impliziert zwar einen bestimmten „Zwang des Erinnerns", nämlich jenem Anspruch zu entsprechen, da jener Wertorientierung in der Vergangenheit stets ein Vorrang eingeräumt wurde, aber dieses Unterstellen erinnert vielfach zugleich ein Vergessen, nicht das Vergessen durch Entscheiden, sondern ein Vergessen aufgrund einer Relevanzeinschätzung. Dieses Vergessen beruht auf einer Einschätzung, nach der – salopp formuliert – ein Erinnern sich nicht lohnt, dieses heißt, dass jener unterstellte Anspruch keine ausreichenden Aussichten auf Beachtung

---

[14] Gemeint sind nicht nur unmittelbar materielle Interessen, sondern auch solche, die „Gesinnungsvorteile" und insofern Unterstützungsvorteile versprechen, z.B. in der Frage, wem in welchem Umfange welche *Geschichte* gehöre.

bzw. Resonanz und Erfolg hat. Dieses Vergessen ist funktional äquivalent dem Vergessen durch Tolerieren.

Mit diesem Vergessen durch Tolerieren wird das Erinnern grundsätzlich gesellschaftlichen (und in weiterer Konsequenz auch individuell-privaten) Bedingungen und Aktivierungsbemühungen überlassen, auch dann, wenn das Erinnern aufgrund von Erzwingungssanktionen aktiviert und aktualisiert wird. Entscheidend ist demnach, dass bei dem, was geschieht, kein Eingreifen aufgrund von Entscheidungen des politischen Systems erfolgt. Diese Feststellung zeigt an, dass jenes Vergessen durch Tolerieren ein Nichterinnern der Politik des politischen Systems bedeutet, und d.h., dass dazu kein entscheidungsrelevanter Kommunikationsprozess aktiviert und aktualisiert wird. Ob das der Fall ist oder sein wird, das wird auch von der Antipolitik, der Politik der gesellschaftlichen Umwelt des politischen Systems, bestimmt. Bestimmend hierfür ist die Fähigkeit, die jeweiligen Bedingungen für das Erinnern (also auch für das Nichterinnern) des politischen Systems zu beeinflussen.

Diese Fähigkeit impliziert ein spezifisches Einschätzungsvermögen, nämlich wie die Politik des politischen Systems aufgrund ihrer eigenen Einschätzungen jeweils die Aktivitäten der Antipolitik der gesellschaftlichen Umwelt einschätzt. Das dabei den oben beschriebenen dynamischen Beobachtern bzw. Reglern eine entscheidende Rolle zukommt, ist offensichtlich. Darauf kann auch hier nicht weiter eingegangen werden.[15] Grundsätzlich kann dazu unterstellt werden, dass diese dynamischen Beobachter bzw. Regler zur Regulierung des Erinnerns bzw. Nichterinnerns in einer durchweg routinisierten Weise genutzt werden. Damit wird nicht nur der – wie oben umschrieben – durchweg konservative Trend der Politik des politischen Systems bestätigt, sondern darüber hinaus auch (trotz und wegen der immer wieder konstatierten stillen bzw. schleichenden Revolutionen) der prinzipiell nicht revolutionäre bzw. auf Evolution angelegte Charakter demokratischer Gesellschaften. Diese Gesellschaften werden, sofern man dafür überhaupt ein zeitliches Ende, eine Punktualisierung angeben will, jedenfalls nicht durch Revolutionen enden, sondern allenfalls in einer – durch Politik gesteuert, jedenfalls durch Politik ermöglichten – evolutionären Sackgasse.

Wenn – wie unterstellt – die Politik der Gesellschaft (sowohl die Politik des politischen Systems als auch die Politik (Antipolitik) der gesellschaftlichen Umwelt) grundlegende und durchgängig wirksame Bedingung für ge-

---

[15] Auch auf die damit verknüpfte Problematik der vielen, sehr unterschiedlichen Entscheidungskompetenzen der gesellschaftlichen Umwelt einerseits und der letztlich zentralen Entscheidungskompetenz des politischen Systems andererseits kann hier nicht eingegangen werden.

sellschaftliche Evolution ist, dann besteht sie nach vorstehenden Überlegungen darin, dass dadurch ein Zeitmechanismus bedient wird, nämlich der des Erinnerns/Vergessens. Dieser Mechanismus wird bedient und in Gang gehalten dadurch, dass Politik und Antipolitik sich an entgegen gesetzten Funktionswerten orientieren und daraufhin entgegen gesetzte Dominanzen in der Bedienung dieses Mechanismus ausprägen. Worauf es dabei ankommt, ist, dass dadurch dieser Mechanismus sich als ein Komplementaritätsverhältnis auswirkt. Diese Komplementarität ist von besonderer Art; sie ist höchst kompliziert und nur partiell fassbar. Diese Besonderheit besteht – kurz gesagt und daher den Umfang für weitere Überlegungen und Untersuchungen nur andeutend – darin, dass die Politik des politischen Systems letztlich nur eine Entscheidungskompetenz einsetzt und über die Nutzung dieser Kompetenz die Gesellschaft als ganze mit Entscheidungen (ausgestattet sowohl mit Erzwingungssanktionen als auch einer Freistellung davon) versorgt. Die Antipolitik dagegen nutzt aufgrund der Vielheit und Vielfalt der gesellschaftlichen Differenzierung entsprechend viele und mit sehr unterschiedlichen Reichweiten ausgestattete Entscheidungskompetenzen, wodurch das Komplementaritätsverhältnis zur Politik des politischen Systems eine jeweils andere Ausprägung erhält.

IV. Politik als Zeitmanagement – durch Politiken des ...

Vorbemerkung

Managementaufgaben werden herkömmlicherweise als Koordinationsaufgaben begriffen, zu deren Handhabung Hierarchien mit abgestuften, durch Ebenendifferenzierung (nach Über-/Unterordnung) unterschiedene Entscheidungs- und Durchsetzungskompetenzen eingerichtet werden. Diese Auffassung hat sich inzwischen teilweise geändert. Kennzeichnend für diese Veränderung ist die Rede einerseits von der Abflachung von Hierarchien und andererseits von der Zunahme an Selbstständigkeit und Eigenverantwortung von Gruppen und Teams unter Organisationsmitgliedern. Diese Veränderung wird allgemein als Frage nach dem Verhältnis von formaler und informaler Organisation diskutiert. Was auch immer im Einzelnen darunter verstanden wird, Management verweist durchweg auf Organisation und den Umgang damit.

Politik als Management bedeutet zunächst einmal Organisation des politischen Kommunikationsprozesses als eines Entscheidungsprozesses. Diese Feststellung verdeckt jedoch ein grundlegendes Problem. So zwingend wie Politik zur Bedienung ihrer gesellschaftlichen Funktion (der Herstellung allgemein verbindlicher und bindender Entscheidungen) auf Organisation angewiesen ist, so sicher ist, dass die Bedienung dieser Funktion paradox wird durch ihre Ausrichtung auf die politisch nicht mehr steigerbare Wertorientierung des Gemeinwohls. Denn Organisation bedeutet stets die Verfolgung von Partikularinteressen, nicht nur von jeweils besonderen Interessen, weswegen die betreffende Organisation eingerichtet wird bzw. wurde, sondern auch von spezifischen Interessen, die typischerweise jede Organisation als Eigeninteressen (als Bestandsinteressen) nach je eigenen Erfordernissen mitverfolgen muss.

Politik als Management bedeutet zudem sowohl Management durch Politik als auch Politik durch Management. Insofern geht es bei der Organisation des politischen Kommunikationsprozesses als eines Entscheidungsprozesses nicht nur um Leistungen zur *Aktivierung bestehender* Organisationsstrukturen und der Koordination dieser Leistungen für bestimmte Kommunikationszwecke, sondern auch um Leistungen der Selektion von kommunikativen Aktivitäten für die Koordination von kommunikativen

Anschlüssen zur Herstellung jeweiliger Entscheidungen, also zur *Herstellung aktueller* Organisationsstrukturen der politischen Kommunikation. Darüber hinaus bedeutet Politik als Management die Einrichtung eines (positiven/negativen) Koordinationsverhältnisses mit ihrer gesellschaftlichen Umwelt unter der grundlegenden Bedingung der Differenz von Politik/Antipolitik. Insofern muss die Politik als Management kommunikative Aktivitäten organisieren, um Antworten auf die Frage geben zu können, welche Partikularinteressen wie den politischen Kommunikationsprozess in der Ausrichtung auf Entscheidungen hin bestimmen und über welche Entscheidungen welche Wirkungen auf die Verfolgung jener Interessen bewirkt werden sollen. Dadurch bekommt das Problem, das aufgrund der Bedienung der gesellschaftlichen Funktion der Politik entsteht, eine besondere Ausprägung und Schärfe.

So sehr die Politik sich auch bemüht, bei ihren Entscheidungen Partikularinteressen der gesellschaftlichen Umwelt auf Gemeinwohlorientierung hin zu überprüfen und solche Interessen nachrangig zu bedienen, wird sie dabei ihren Eigeninteressen, ihren Organisations- bzw. Bestandsinteressen, nicht entkommen können. Ihre Entscheidungen werden sich daher zwangsläufig durch Tendenzen ausweisen, bestimmte Partikularinteressen der gesellschaftlichen Umwelt zu begünstigen, zu ignorieren oder gar zu benachteiligen. Diese zwangsläufigen Tendenzen aufgrund der Bindung an Eigeninteressen werden verstärkt/geschwächt dadurch, dass sich Entscheidungen der Politik an Werten orientieren und insofern Partikularinteressen transzendieren. Die Lage ist also verwirrend. Vereinfachend und zugespitzt kann man dennoch feststellen: Indem sich die Politik mit sich selbst als Organisation beschäftigt, also Politik durch Management betreibt, antwortet sie auf Herausforderungen von Seiten der gesellschaftlichen Umwelt – allgemein: der Antipolitik –, um so ihre Entscheidungskompetenz gegenüber dem Partikularismus der Interessen zu sichern. Indem die Politik sich mit den Organisationsstrukturen ihrer gesellschaftlichen Umwelt beschäftigt und dazu Entscheidungen fällt, also Management durch Politik betreibt, antwortet sie auf Herausforderungen von Seiten ihrer internen Organisationsumwelt, ihrer Infrastruktur – allgemein: der Politik (des politischen Systems) als organisiertem Kommunikationszusammenhang –, um so die Selektivität und Stabilität ihrer kommunikativen Operationen gegenüber den Unsicherheiten zufälliger oder willkürlicher Anschlüsse zu sichern.

Die vorstehende Kurzumschreibung des Verhältnisses von Politik und Management verweist wieder zurück auf die Frage nach den Organisationsbedingungen von Politik. Zu fragen ist insbesondere nach Anerkennungsregeln, nämlich danach, wie Zugehörigkeit bzw. Nichtzugehörigkeit festgestellt wird. Solche Anerkennungsregeln werden weithin formalisiert und als Mitgliedschaftsregeln angewandt, so dass sie über den Status der Mitgliedschaft Auskunft geben, also darüber, ob man als Mitglied (mit entsprechenden Rechten und Pflichten) zweifelsfrei dazugehört oder nicht. Ungeachtet weitergehender Anerkennungsregeln für Zugehörigkeit/Nichtzugehörigkeit genügt der Hinweis auf die Anerkennungs- bzw. Mitgliedschaftsregeln hinsichtlich des Staats- und Wahlbürgers, um feststellen zu können, dass die Mitgliedschaftsregeln der Organisation „Politik" eine Vielzahl höchst unterschiedlicher und insgesamt diffuser Beteiligungs- und Anforderungsprofile erfassen und kennzeichnen. Dabei ist sowohl an die Parteien – mit ihren Teilorganisationen und Netzwerken – als auch an die spezialisierten Interessenverbände und die sogenannten Freizeitvereine zu denken. Bedingung für diese Mitgliedschaften ist die Mitgliedschaft als Bürger. Insofern bezieht Politik als Management prinzipiell *alle* Mitglieder der Gesellschaft ein, wenngleich aktuell durchweg nur Teile davon adressiert und aktiviert werden.

Die Zurechenbarkeit auf formale Entscheidungskompetenzen der Politik des politischen Systems ist vergleichsweise einfach, eben deshalb, weil diese in der Regel formalisiert vorgegeben sind. Daraufhin sind auch die entsprechenden Mitgliedschaftsregeln ausgelegt. Die Organisationsstruktur der Politik des politischen Systems ist insofern transparent und sicher, so dass Politik als Management entweder nicht gefordert ist, weil Managementaufgaben dauerhaft durch Organisationen erledigt sind bzw. werden, oder es müssen besondere Managementleistungen erbracht werden, damit die „richtigen" Entscheidungen zustande kommen. Diese besonderen Managementleistungen sind wiederum durch besondere Strukturentscheidungen, die als Regeln angewandt werden, vorgegeben, nämlich aufgrund welcher Stimmenverhältnisse Entscheidungen allgemeinverbindliche Geltung erlangen. Unter den Bedingungen dieser Sturkturvorgaben, der formalen Organisationsstrukturen und der Geltungsstrukturen, werden die informalen Strukturen umso interessanter, und zwar deshalb, weil diese genutzt werden können und müssen, um die „richtigen" Entscheidungen herbeizuführen. Hierzu sind besondere Managementleistungen (Politik durch Management) unabdingbar. Die Zurechenbarkeit auf informale Entscheidungskompetenzen ist jedenfalls für Beobachter (d.h. für Outsider) durchweg schwierig. Die informalen Organisationsstrukturen sind für jene Beobachter (für Insider sieht das anders aus) intransparent, so dass unsicher ist, welche Anerkennungs- bzw. Mitgliedschaftsregeln hierfür jeweils zum Zuge kommen.

Die entscheidende Voraussetzung, die jene Organisations- bzw. Strukturbedingungen der Politik des politischen Systems im Unterschied zu denen der Antipolitik kennzeichnet, besteht – was auf der Hand liegt – in den unterschiedlichen Entscheidungskompetenzen hinsichtlich des gesellschaftlichen Geltungsstatus und damit gesellschaftlichen Verbindlichkeit und Bindungswirkung der Entscheidungen. Demnach besteht in jener Hinsicht die entscheidende Differenz zwischen Politik und Antipolitik darin, dass die Politik ihre Managementleistungen entsprechend ihren formalen und informalen Organisations- bzw. Strukturbedingungen aufspaltet und dadurch das Verhältnis zur Antipolitik gestaltet und stabilisiert. Damit verfügt die Politik des politischen Systems über die Möglichkeit, im System der Öffentlichkeit den Code öffentlich/geheim auch mit vertauschten Codewerten anzuwenden. Deswegen kann das politische System sich sowohl an seine gesellschaftliche Umwelt anpassen als auch diese Umwelt dominieren. Die Antipolitik kann – insgesamt gesehen – ihr Verhältnis zur Politik zwar hochdifferenziert und hochvariabel ausrichten und dabei ebenso mit vertauschten Codewerten (des Codes öffentlich/geheim) operieren, dies aber mangels gesamtgesellschaftlicher Entscheidungskompetenz prinzipiell nur entweder „negativ" oder nur „positiv akzeptierend" gestalten; sie wird insofern zwangsläufig mit dem grundsätzlichen „Vorbehalt" der Politik ihr gegenüber zurecht kommen müssen.

In Fortführung der vorstehenden Kurzumschreibung zum Verhältnis von Politik und Managementleistungen kann nun – ebenfalls nur kurz gefasst – festgestellt werden: Aufgrund der Aufspaltung ihrer Managementleistungen kann die Politik des politischen Systems zur Bedienung ihrer gesamtgesellschaftlichen Funktion die Antipolitik der gesellschaftlichen Umwelt grundsätzlich zweifach nutzen, nämlich sowohl zur Förderung ihrer Eigeninteressen als auch zur Förderung und Zurückweisung von Partikularinteressen der gesellschaftlichen Umwelt, und das deshalb, weil sie prinzipiell das umfassende Argument der politisch nicht mehr steigerbaren Wertorientierung des Gemeinwohls mit dem Anspruch auf allgemeine Akzeptanz einsetzen kann. Bedingung für diese Nutzung sind Etablierung und Unterhalt von Aktualitätssystemen. Die Aufspaltung in der Bedienung ihrer gesamtgesellschaftlichen Entscheidungsfunktion ermöglicht der Politik des politischen Systems, zur Erbringung ihrer Managementleistungen den Code aktuell/inaktuell – und daraufhin relevant/irrelevant – mit vertauschten Codewerten anzuwenden. Demzufolge kann das politische System seine Leistungen sowohl der Anpassung an seine gesellschaftliche Umwelt als auch der Dominanz ihr gegenüber noch einmal steigern. Die Antipolitik kann für ihre Managementleistungen zur Gestaltung ihres Verhältnisses zur Politik des politischen Systems ebenfalls mit vertauschten Codewerten Aktualitätssysteme etablieren und unterhalten. Jedoch wird sie stets mit dem „Vorbehalt" der Politik des politischen Systems rechnen müssen, dass diese selbst bestimmt und dafür sorgt, was in Rücksicht auf gesamtgesellschaftlichen Entscheidungsbedarf als aktuell bzw. inaktuell bzw. relevant/irrelevant zu gelten hat.

Wie das Verhältnis zwischen der Politik des politischen Systems und der Antipolitik jeweils ausgeprägt und gestaltet ist und welche Managementleistungen daraufhin erbracht werden, ist schwer zu sagen. Eine Möglichkeit, auf diese Frage eine Antwort zu finden, ist, danach zu fragen, wie die Politik dabei mit der Zeit umgeht, also danach zu fragen, wie dabei durch Politik Verzeitlichungen der Zeit eingerichtet und genutzt werden.

1. Synchronisierens/Monochronisierens

Wenn gilt, dass „alles, was geschieht, gleichzeitig geschieht", dann markiert Gleichzeitigkeit den Zeitpunkt, an dem das Geschehen sowohl durch strikte Notwendigkeit als auch reinen Zufall gekennzeichnet ist. Gleichzeitigkeit kann demnach als der Zeitpunkt bestimmt werden, der prinzipiell für jede Zeitstelle in der Geschichte den Satz bestätigt „aller Anfang ist paradox".

Jeder dieser Anfänge – an welcher Zeitstelle auch immer – entzieht sich jeglichem Zugriff. Man kann weder auf eine punktualisierte strikte Notwendigkeit noch einen punktualisierten reinen Zufall zugreifen. Daher ist auch eine einfache Entparadoxierung als Bedingung für einen Zugriff schlichtweg auszuschließen. Es bliebe zu „allen Zeiten" bzw. an jeder Zeitstelle, in jeglicher Vergangenheit und jeglicher Zukunft, entweder die strikte Notwendigkeit oder der reine Zufall. Es wäre keine Zeitstelle vorstellbar, die als Gegenwart identifiziert werden könnte; es sei denn, man würde dafür Willkür oder/und (und/oder) eine bestimmte Entscheidung akzeptieren. Ohne eine solche, durch eine Entscheidung erfolgte zeitliche Festlegung wäre es nicht einmal möglich, eine Differenz von einem Vorher und einem Nachher einzuführen und damit zu operieren. Ein so festgelegter Zeitpunkt könnte prinzipiell jederzeit widerrufen, also prinzipiell auf einer Zeitachse in Vergangenheit und Zukunft hin und her geschoben werden,[1] so dass Gegenwart als Zeitpunkt jederzeit bestimmt werden könnte. Ebenso könnte prinzipiell auch für jede Zukunft bestimmt werden, was jeweils als Gegenwart gelten sollte. Hinweise dazu, wie auf dieser Grundlage Gleichzeitigkeit bestimmt werden könnte oder müsste, sind jedoch nicht erkennbar. Selbst wenn man für jedes Geschehen jeweils eine Zeitachse unterstellen und zudem voraussetzen würde, Gleichzeitigkeit fassen zu können, indem man für verschiedene Geschehen einen gleichzeitigen Zeitpunkt auf den verschiedenen Zeitachsen festlegen würde, käme man nicht weiter. Man müsste, um eine solche Gleichzeitigkeit bestimmen zu können, zumindest eine für die betreffenden Zeitachsen verbindliche Zeitachse als Referenzachse voraussetzen. Aber wie soll das möglich sein, ohne dass die betreffende Referenzachse ihrerseits einer Referenzachse bedarf, also eine andere Gleichzeitigkeit voraussetzt? Eine solche „Gleichzeitigkeit" würde nur bestätigen, dass sie

---

[1] Dies schließt ein, auch für eine Zukunft zu bestimmen, was für sie Gegenwart sein soll, so dass daraufhin Aktivitäten zu entfalten wären.

Ungleichzeitigkeit ausweist, die als Differenz verschiedener Zeitachsen fungiert. Das Bemühen, auf diese Weise Gleichzeitigkeit zu bestimmen, ist also zum Scheitern verurteilt.

Man könnte versucht sein, einen Ausweg aus dieser Schwierigkeit in der Annahme zu finden, „alles, was geschieht, hat gleichzeitig begonnen und unterliegt bei allen Veränderungen derselben Geschwindigkeit". So verführerisch diese Annahme auch erscheinen mag, sie versperrt jedoch weiterführende Überlegungen, einfach deshalb, weil dadurch die Frage nach Gleichzeitigkeit prinzipiell erledigt wird. Diese Annahme impliziert nämlich, dass jedes Geschehen zu jedem Zeitpunkt mit jedem anderen Geschehen gleichzeitig geschieht. Zwar wird dadurch der Satz bestätigt, dass „alles, was geschieht, gleichzeitig geschieht", aber der Satz „aller Anfang ist paradox" wird zwingend zurückgewiesen. Die Implikation der strikten Notwendigkeit zur Wahrung der bezeichneten Gleichzeitigkeit erübrigt jegliche Frage nach einer Entparadoxierung, also auch die nach der Zuordnung des Zufalls. Würde man den reinen Zufall als „Organisationsprinzip" des Geschehens zugrunde legen (etwa nach der Devise: „wie es der Zufall arrangiert"), würde Gleichzeitigkeit eine Angelegenheit willkürlicher Festlegungen (Entscheidungen). Jede Festlegung dieser Art wäre zu dem Zeitpunkt, zu dem sie erfolgt, bereits belanglos. Es stünde keine fixierte Zeitstelle zur Verfügung, die ermöglichen würde, der Willkür zu entkommen.

Würde man einen solchen zeitlichen Fixpunkt aufgrund einer allgemein akzeptierten Entscheidung festlegen, indem man etwa ein bestimmtes Ereignis dazu bestimmen würde, hätte man zwar den ersten notwendigen Schritt getan. Man würde dennoch nicht weiterkommen, wenn man nicht eine weitere Bedingung schaffen würde, nämlich den Einbau einer zeitlichen Notwendigkeit. Diese Notwendigkeit müsste ein allgemein akzeptierter Zeitmesser sein, so dass verschiedene Ereignisse unter Bezugnahme auf den zeitlichen Fixpunkt und unter Verwendung des Zeitmessers einander zugeordnet werden könnten. – Aber, würde dadurch Gleichzeitigkeit bestimmbar?[2]

Aufgrund des Einbaus jener Notwendigkeit wird es jedenfalls möglich, bestimmte Ereignisabfolgen festzulegen, so z.B. Legislaturperioden bzw. Termine für Wahlentscheidungen oder Amtszeiten bzw. Termine für Antritt von und Ausscheiden aus Ämtern. Solche Termine kann man verändern, ohne jene Notwendigkeit prinzipiell aufzuheben oder einzuschränken. Solche Veränderungen sind dann, da sie einmal mit Bezugnahme auf einen zeitlichen Fixpunkt eingeführt sind, zwar nicht mehr als willkürlich, jedoch als beliebig zu unterstellen (wodurch Gründe für oder/und gegen bestimmt

---

[2] Voraussetzung dafür wäre, dass nur ein einziger Zeitmesser dazu eingesetzt würde. – Aber welcher? Die Uhr kann sicherlich nicht gemeint sein.

Terminierungen nicht ausgeschlossen sind). Solche zeitlichen Veränderungen sind, eben weil sie eine eingebaute Notwendigkeit mittransportieren, Bedingung für soziale Veränderungen. So werden z. B. durch Veränderungen von Wahlterminen das Konkurrenzverhältnis von Parteien oder/und Merkmale von Wahlkämpfen und/oder das Stimmverhalten der Wähler verändert. Insofern können solche Veränderungsmöglichkeiten auch Ansatzpunkte für Managementleistungen der Politik sein. Andererseits bestätigen sie, dass dadurch Gleichzeitigkeit nicht zu fassen ist. Dennoch liefern sie Hinweise dazu, wie Nachhaltigkeit an Dauerpräsenz geschaffen und verändert werden kann, so dass für die Fassung von „Gleichzeitigkeit" zumindest ein Ordnungs- und somit ein Organisationsrahmen zur Verfügung steht.

„Gleichzeitigkeit" muss organisierbar sein, um weder strikte Notwendigkeit noch reinen Zufall voraussetzen zu müssen. Demnach wird „organisierte Gleichzeitigkeit" der Paradoxie von Zufall und Notwendigkeit nicht entkommen können. Dennoch ist eine Entparadoxierung gefordert in dem Sinne, dass eine Notwendigkeit bedient werden muss, und zwar deshalb, weil Notwendigkeit Bedingung für Gleichzeitigkeit ist und erst dadurch die Voraussetzung für den Einsatz von Zeitmessern geschaffen wird. Aus der Notwendigkeit wird insofern ein durch Organisation erzeugter Zwang (den man umfassend als Ordnung kennzeichnen kann), der ermöglicht, die Willkür des Zufalls als Beliebigkeit zuzuordnen, so dass die Notwendigkeit als Zwang Veränderungen unterworfen werden kann.

Eine solche Zuordnung von Zwang/Beliebigkeit ist das Grundmuster „organisierter Gleichzeitigkeit". Bei dieser Gleichzeitigkeit handelt es sich um eine Gleichzeitigkeit in der Zeit, also um eine Gleichzeitigkeit, die erst in einer Abfolge von solchen Gleichzeitigkeiten fassbar wird. Daher ist jede Gleichzeitigkeit dieser Art gekennzeichnet durch die Tendenz, sich als Zufall zu „verselbstständigen" und durch willkürliche Anschlüsse in irgendwelche zeitliche Abfolgen einzudringen. Dieser Tendenz muss entgegengewirkt werden, wodurch zwangsläufig eine Begrenzungsfunktion aktiviert wird, die schon mehrfach angesprochen wurde, nämlich die der Systemisierung. Die aufgrund dieser Voraussetzung organisierbare bzw. organisierte Gleichzeitigkeit ist jene Verzeitlichung der Zeit, die als *Synchronisation* bezeichnet werden soll.[3]

Synchronisierte Zeit als organisierte Gleichzeitigkeit ist Bedingung für Nachhaltigkeit von Dauerpräsenz. Synchronisierte Zeit ermöglicht, die Gleichzeitigkeit der *einzigen* Zeit, also Gleichzeitigkeit in ihrer Monochronie (bzw. umgekehrt), also die *monochrone* Zeit in Ungleichzeitigkeiten zu differenzieren und dabei die Bedingung für Gleichzeitigkeit dauerhaft zu

---

[3] Die Erstellung von Synopsen sind hilflose Versuche, mit dieser Fragestellung umzugehen.

etablieren. Aus der permanenten und alles erfassenden Flüchtigkeit der Dauerpräsenz der monochronen Zeit werden andauernde Linearisierungen von Ungleichzeitigkeiten als Dauerpräsenz.[4] Dieses Bedingungsverhältnis von Gleichzeitigkeit/Ungleichzeitigkeit ermöglicht und fordert ein Zeitmanagement, insbesondere wenn Zeitpunkte bzw. Entscheidungen fixiert und gewahrt werden sollen. Man versuche sich nur vorzustellen, wie z. B. durch *eine* Wahlentscheidung *alle* sonstigen (aktuellen) Fragestellungen der Politik zugleich spezifisch bestimmt und entschieden werden sollen.

Durch Systemisierung wird die dadurch synchronisierte Zeit des Systems von der monochronen bzw. monochronisierten Zeit der Umwelt des Systems differenziert. Mit der monochronen bzw. monochronisierten Zeit der Systemumwelt ist nicht die einzige Zeit (in ihrer permanenten und alles erfassenden Fluidität) gemeint, kann auch nicht gemeint sein. Diese Feststellung muss nicht weiter erläutert werden. Sie soll lediglich darauf aufmerksam machen, dass durch jene Differenz unterschiedliche Zeitlogiken begründet werden, die Politiken des Synchronisierens einerseits und des Monochronisierens andererseits ermöglichen. Diese Zeitlogiken sind gekennzeichnet einerseits durch Notwendigkeit, andererseits durch Zufall. Man kann vielleicht von Modallogiken sprechen, nicht nur deswegen, weil sie durch die Systemumweltgrenzen differenziert werden, sondern auch und insbesondere deswegen, weil die Notwendigkeit keine strikte und der Zufall kein willkürlicher ist. Es handelt sich um einen systemisch bedingten Zwang einerseits und darauf bezogene Zufälligkeiten andererseits. Jene Notwendigkeit ist Bedingung für herstellbare bzw. hergestellte Gleichzeitigkeit, nämlich die durch Synchronisieren organisierbare bzw. organisierte Gleichzeitigkeit zur Etablierung und Nutzung von nachhaltiger – sowohl struktur- als auch prozessorientierter – Dauerpräsenz. Sie ist auch Bedingung für die Akzeptanz und Zuordnung des Zufalls, nämlich die Gleichzeitigkeit der monochronen Zeit den „Zufälligkeiten" von Ungleichzeitigkeit zuzuweisen. Somit wird – kurz gefasst – unterstellt: Durch Synchronisieren wird die absolute Gleichzeitigkeit der einzigen Zeit (der monochronen Zeit) als organisierbare und organisierte Gleichzeitigkeit für die Etablierung und Nutzung von Dauerpräsenz zugänglich und insofern auch für die Etablierung und Nutzung von zeitlichen Abfolgen. Durch Monochronisieren (als Ausschließungsfunktion des Synchonisierens) wird die absolute Gleichzeitigkeit der einzigen Zeit (der monochronen Zeit) den Zufälligkeiten von Ungleichzeitigkeiten (was impliziert, dass die Umwelt eines Systems wiederum auch Systemen besteht) überantwortet und insofern

---

[4] Will man dafür eine Metapher wagen, könnte man von einer Flüssigkeit ohne Gefäß und folglich ohne Form, aber dennoch und gerade deswegen mit einer prinzipiell unendlichen Formenvielfalt sprechen.

auch Präsenz bzw. Aktualität und Relevanz von „zufälligen Gleichzeitigkeiten" hingenommen.

Die Unterscheidung von Synchronisieren und Monochronisieren ist deshalb von entscheidender Bedeutung, weil sie eine Entparadoxierung zulässt, die ermöglicht, die soziale Dimension in der Zeitdimension zu fassen und zu thematisieren, somit auch und insbesondere die Anwendung von Anerkennungs- bzw. Mitgliedschaftsregeln. Durch die Anwendung solcher Regeln werden nicht nur Inklusionen/Exklusionen ausgeführt, sondern auch jeweils bestimmte Eigenschaften der Mitglieder von allen sonstigen Eigenschaften der Mitglieder unterschieden. Durch Mitgliedschaft werden individuell-zuschreibbare Eigenschaften – wenn auch jeweils aufgrund von Systemisierung – generalisiert. Das bedeutet, dass durch Systemisierung eine Synchronisation erreicht wird, die die Relevanz von Mitgliedereigenschaften auf Dauer stellt und somit als jederzeit aktualisierbar unterstellt. Dadurch wird – und darauf kommt es hier an – dem Prinzip der *Gleichheit* Geltung verschafft bzw. die Anwendung des Gleichheitsgrundsatzes ermöglicht und gesichert. Demnach impliziert Synchronisation durch Systemisierung bzw. durch Versozialisierung von Gemeinsinn, also die Herstellung einer Nachhaltigkeit von Dauerpräsenz, notwendigerweise die Etablierung sozialer Gleichheit (wie auch immer jeweils ausgestattet). Auch die Umkehrung gilt, nämlich dass durch die Anwendung des Gleichheitsgrundsatzes das Prinzip der Gleichheit nur dann als geltend vorausgesetzt werden kann und wird, wenn durch Systemisierung bzw. Synchronisation eine Nachhaltigkeit von Dauerpräsenz ermöglicht und gesichert wird.

Aufgrund dieses Zusammenhangs von Synchronisation und sozialer Gleichheit kann man vermuten, dass soziale Gleichheit Bedingung für die Stabilität sozialer Zusammenhänge ist und dass diese Stabilität umso dauerhafter ist, je umfassender und tiefgreifender das Prinzip der sozialen Gleichheit verwirklicht ist bzw. wird. Ganz allgemein kann man feststellen, dass Stabilität und Überlebensfähigkeit einer Gesellschaft davon abhängen, inwiefern sie das Prinzip der sozialen Gleichheit verwirklicht. Die Frage ist, wie das ermöglicht werden kann. Die grundsätzliche Antwort liegt auf der Hand: Es müssen Mitgliedereigenschaften identifiziert und bestimmt werden, die die Mitgliedschaft aller Individuen ermöglichen und sichern, und zwar insofern, als die Individuen in Rücksicht auf diese Eigenschaften als gleich zu gelten haben. Da diese Eigenschaften jedem zuzuschreiben sind, sind sie hoch abstrakt. Diese Abstraktheit ermöglicht, daraufhin sowohl einen (allgemein geltenden) Wert in Geltung zu setzen als auch jedem Individuum (also allen) ein Recht (ein Grund- bzw. Bürgerrecht) zuzurechnen, aufgrund dessen das Individuum fordern kann, dass jedes andere Individuum (also alle) die Geltung jenes Wertes anerkennt und demzufolge jedes andere Individuum die Anwendung als Gleichheitsgrundsatz akzeptiert.

Eine prägnante Formulierung hierzu ist im Artikel 3 GG zu finden: „Alle Menschen sind vor dem Gesetz gleich".

Diese, jedem bzw. allen zugeschriebene Eigenschaft, Gleichheit vor dem Gesetz, kann man als Bestandsmerkmal mit „Ewigkeitsrang" jeder demokratischen Gesellschaft kennzeichnen. Deswegen ist entscheidend, dass die Geltung dieser Gleichheit umfassend gesichert wird und möglichst keine zeitlichen Unterbrechungen bzw. Lücken entstehen. Diese Eigenschaft der Gleichheit muss nicht nur hochabstrakt vorausgesetzt werden, wenn ihr eine entsprechende und insbesondere zeitlich unbegrenzte Geltung zukommen soll, sondern muss auch hoch formalisiert Anwendung finden, wenn die Sicherung dieses Wertes (als Recht eines jeden bzw. aller) zeitlich unbegrenzt gelingen soll. In konsequenter Zuspitzung lässt dieser Abstraktionsgrad letztlich keine zeitbedingten Auffassungsunterschiede zu. Deswegen kann man sagen, dass einer anderen, üblicherweise als vorrangig gekennzeichneten Eigenschaft des Menschen, seiner Würde, sowohl in der Geltung als auch Absicherung als Wert ein nachrangiger Zeitstatus zukommt. Anders ausgedrückt heißt das, dass die Würde des Menschen im Vergleich zu seiner Gleichheit vor dem Gesetz notwendigerweise einen entschieden geringeren Abstraktionsgrad bzw. höheren Konkretheitsgrad ausweist und folglich zu unterschiedlichen Auffassungen herausfordert. Und solche Auffassungsunterschiede, sowohl was verschiedene Werte anlangt als auch einzelne Werte für sich genommen, lassen sich als Konsequenzen der Verzeitlichungen der Zeit durch Versozialisierungen von Gemeinsinn begreifen.

Die wenigen Bemerkungen zur Gleichheit und zur Würde des Menschen können hier nicht weiterverfolgt werden. Sie sollen nur ansatzweise aufzeigen, dass es bei der Synchronisation als Bedingung für Nachhaltigkeit von Dauerpräsenz entscheidend darauf ankommt, welcher Abstraktions- bzw. Formalisierungsgrad erreichbar ist und erreicht wird, wenn nach der Organisierbarkeit von Eigenschaften für Mitgliedschaften gefragt und daraufhin der Status der Mitglieder bestimmt wird. Demokratische Politik jedenfalls ist insofern in einer besonderen – um nicht zu sagen: einzigartigen – Lage, als sie keinem Menschen den Status eines Mitglieds z. B. der Rechtsgemeinschaft verweigern kann. Ansonsten müsste unterstellt werden, die Politik könne die umfassende Eigenschaft des Menschseins einzelnen Menschen verbindlich und bindend, also durch Entscheidungen, aberkennen bzw. die Zuerkennung ausschließen. Aber – welche Eigenschaften des Menschen bzw. der Menschen sind gemäß Mitgliedschaftsregeln organisierbar, und welche dieser Eigenschaften sollten wie organisiert werden?

Häufig kann man beobachten, wie sowohl in der Politik selbst als auch außerhalb der Politik die Auffassung (die durchweg als Aufforderung begriffen wird) geäußert wird, die Politik sei für die Menschen da, sie habe den Menschen zu dienen. Solche oder ähnliche Äußerungen deuten darauf hin, dass in solchen Fällen keine Argumente mehr zur Verfügung stehen, um Forderungen an die Politik zu rechtfertigen. Zudem verweisen solche Äußerungen darauf, dass es sich dabei um Forderungen mit hoher Aktualität, ausgeprägter Konkretheit und hoher Dringlichkeit handelt. Das heißt kurz gesagt, dass zwar die kurzfristige Bedienung von Interessen gefordert wird, aber andererseits dafür keine oder keine zureichenden Kurzfristargumente eingesetzt werden können. Da Langfristargumente nicht taugen, wird ein Zeitlosargument benutzt, also ein Argument, das spezifisch-konkret nur insofern von Bedeutung sein kann, als dafür – zeitpunktbedingt – eine allgemein abstrakte Zustimmung erwartet werden kann.

Da Zeitlosargumente keinen unmittelbaren Bezug zu Mitgliedereigenschaften haben, können sie auch nicht unmittelbar für die Organisation von solchen Eigenschaften genutzt werden. Dieser Bezug wird hergestellt über die Verknüpfung mit Mitgliederinteressen. Das Problem dabei ist, dass die organisierten Mitgliederinteressen stets generalisierte sind und deshalb mit den individuellen Mitgliederinteressen in Konflikt geraten. Die „Lösung" solcher Konflikte besteht – trotz aller sonstigen Regelungen – letztlich in einem (allgemeinen) Zwang durch die Organisation und einem (spezifischen) Trittbrettfahren von je einzelnen Mitgliedern. Solche Konflikte können – allerdings nur vorübergehend – weithin ausgeschaltet oder zumindest abgeflacht und gedämpft werden, indem Mitgliederinteressen als Überlebensinteressen der Organisation (bzw. umgekehrt) ausgegeben und behandelt werden. Solche Konflikte und ihre Regulierungen sind Ansatzpunkte für Politik. Daher ist der Politik – so kann man annehmen – zwangsläufig eine Tendenz des Synchronisierens inhärent. Diese Tendenz ist zwar generell der Zeitlogik der Synchronisation inhärent, aber die Politik ist ihr in einem herausragenden Maße ausgeliefert, und zwar deshalb, weil sie – wie bereits erwähnt – dem Zwang zur Inklusion unterliegt. Umso dringlicher stellt sich die Frage nach dem Monochronisieren durch Politik.

Wenn – wie oben festgestellt – durch Synchronisieren die Ausschließungsfunktion des Monochronisierens bedient wird, dann können Politiken des Monochronisierens, so kann man folgern, nur mittelbar eingeleitet und durchgeführt werden. Demnach würden Politiken des Synchronisierens notwendigerweise nicht nur in ihren Folgen als Politiken den Monochronisierens begriffen und betrachtet werden müssen, sondern auch Politiken des Monochronisierens als solche des Synchronisierens angesetzt und umgesetzt werden müssen. Dieses Paradoxon, nämlich durch Synchronisieren zwangsläufig ein Monochronisieren zu bewirken, verweist auf seine eigene Möglichkeit der Entparadoxierung, nämlich das Monochronisieren als ein Synchronisieren zu begreifen. Aber die Nutzung dieser Möglichkeit hat ihren – manchmal zu hohen – Preis (der auf Grenzen der Politik hindeutet).

1. Synchronisierens/Monochronisierens

Wenn durch Synchronisieren zwangsläufig dem Prinzip der Gleichheit – in welchem jeweiligen Umfange auch immer – Geltung verschafft bzw. die Anwendung des Gleicheitsgrundsatzes ermöglicht und gesichert wird, dann muss dies auch für Politiken des Monochronisierens, die ja nur als Politiken des Synchronisierens möglich sind, vorausgesetzt sein. Demzufolge ist zunächst einmal anzunehmen, dass *jede* systemisch basierte und orientierte Politik als eine synchronisierte Politik zu gelten hat und aufgrund ihrer Entscheidungen die Anwendung des Gleichheitsgrundsatzes einfordert. Andererseits ist ebenfalls vorauszusetzen, dass jede synchronisierte Politik zwangsläufig Ungleichheit erzeugt. Ansonsten könnte von synchronisierter Politik keine Rede sein. Somit ist festzuhalten: Synchronisierte Politik ist zwangsläufig auf Sicherung und Ausbau von Gleichheit ausgerichtet. Dadurch erzeugt und steigert sie ebenso zwangsläufig Ungleichheit. Demnach steigert synchronisierte Politik nicht nur den Zwang, die Synchronisation voranzutreiben, sondern beschleunigt auch das Tempo, diesem Zwang zu folgen. Aus der Inklusionsfalle gibt es kein Entkommen. Dennoch – es gibt die Möglichkeit der Entparadoxierung durch eine „paradoxe Politik", durch eine synchronisierte Politik des Monochronisierens.

Vordergründig könnte man üblichen Politiken der Entstaatlichung, der Deregulierung, der Entbürokratisierung, der Flexibilisierung usw. die Merkmale jener „paradoxen Politik" zuschreiben, aber eben nur vordergründig. Solche Politiken sind zwar als synchronisierte Politiken zu kennzeichnen, sie sind aber durchweg nicht durch die Erkenntnis und Einsicht geprägt, dass sie Ungleichheit zwar unter Gleichheitsbedingungen konstituieren und demzufolge auf Ausschließungsentscheidungen (Entscheidungen, die – allgemein gesagt – Politik in Antipolitik oder Nichtpolitik überführen) ausgerichtet sind, die aber keine Mittel oder gar langfristige Vorausschau betreiben, da sie keine oder nur unzureichend gesicherte Ankerpunkte für Überprüfungen und insbesondere Korrekturen durch die Politik vorsehen. Solche Politiken kann man zusammenfassend als Politiken der Entpolitisierung bezeichnen, als Politiken, denen die Politik keine Zukunft für sich selbst (also keine Fortsetzung durch die Politik) zubilligen, also durch Entscheidungen definitive zeitliche Grenzen setzen will. Politiken der Entpolitisierung können auch dazu führen, dass sich eine Gefälligkeitspolitik etabliert und ausbreitet, einfach deshalb, weil die politischen Entscheidungen selbst keine zeitliche Perspektive ausweisen (demnach Augenblicks- bzw. ad hoc-Entscheidung darstellen) und deswegen laufend weitere Entscheidungen eingefordert werden. Eine solche Entpolitisierung durch Politik mit der Folge einer andauernden „Politisierung zur Entpolitisierung" verweist darauf, dass falsche Orientierungen zugrunde liegen. Grundsätzlich sind damit Orientierungen gemeint, die deshalb falsch sind, weil sie inadäquat auf das vorhin umschriebene Verhältnis Gleichheit/Ungleichheit angewandt werden.

Diese Problematik wird erkennbar, wenn es z. B. darum geht, durch politische Entscheidungen dem Leistungsprinzip in Sozialbereichen Geltung zu verschaffen. Die Einführung des Leistungsprinzips mittels politischer Entscheidungen ist nur dann sinnvoll, wenn Leistung gemessen wird, Leistungsunterschiede festgestellt und entsprechend bewertet werden, so dass in der Zuerkennung leistungsbezogener Verdienste die Statuszuschreibung an die Mitglieder durch Ungleichheit gekennzeichnet ist. Die entscheidende Frage ist, ob und ggf. wie die Politik, wenn sie die Durchsetzung des Leistungsprinzips erreichen will (in welchem Sozialbereich auch immer), in die „Logik der Ungleichheit" als Folge des Leistungsprinzips eingreifen soll. Dass sie das kann, ist zu unterstellen. Ob sie das soll, ist jedoch fraglich. Wenn sie das unternimmt, muss sie zwangsläufig die Anwendung des Gleichheitsgrundsatzes beachten. Das bedeutet Einschränkung oder Aufhebung des Leistungsprinzips. Sofern das der Fall ist, ist ein Zwang eingerichtet, der auf Ausprägung einer fortlaufenden – sich beschleunigenden oder sich steigernden – Tendenz zur Sicherung der Gleichheit ausgerichtet ist. Sofern jedoch diese „Logik der Gleichheit" ausgeschaltet werden oder bleiben und statt dessen einer „Logik der Ungleichheit" durch Geltung des Leistungsprinzips Vorrang verschafft werden soll, muss Beliebigkeit ermöglicht und gesichert werden. Dies wird der Fall sein, sofern die Anwendung des Leistungsprinzips für exkludierte bzw. nicht organisierte Eigenschaften vorbehalten ist. Damit stellt sich zwangsläufig die Frage nach der Zeitdimension.

Da jene Exkludierung bzw. Monochronisierung eine synchronisierte Politik voraussetzt, muss die dafür eingesetzte politische Entscheidung, um den beschriebenen Zwang der „Logik der Gleichheit" auf Dauer blockieren zu können, eine Zeitgrenze einrichten, die – kurz gesagt – die betreffende Beliebigkeit vor dem Zwang des politischen Zugriffs schützt. Die Politik müsste sich mit einer solchen Entscheidung – zugespitzt formuliert – für alle Zeiten von der betreffenden Angelegenheit als Gegenstand politischer Entscheidungen verabschieden. Diese Forderung ist selbstverständlich illusionär; sie gibt dennoch zwei Hinweise. Zum einen verweist sie darauf, dass Politik ein andauerndes Selbstmanagement betreiben muss, zum anderen darauf, dass die Politik als Organisation die Frage nach der Organisierbarkeit bzw. Nichtorganisierbarkeit von Eigenschaften ihrer Mitglieder (und insofern Mitgliederinteressen) stets nur diffus und nur vorläufig zu beantworten vermag. Die Mitgliedereigenschaften bzw. Mitgliederinteressen können – pauschal gesagt – alle nur denkbaren Grade an Allgemeinheit bzw. Konkretheit umfassen. Daher kann die Politik sich selbst nicht dauerhaft monochronisieren, bestenfalls sich vorübergehend verabschieden oder still stellen.

Dass jedenfalls demokratische Politik sich letztlich nicht selbst monochronisieren kann, zeigt sich daran, dass sie auf Zeitlosargumente zurückgreifen muss, wenn sie ihre Funktion der Herstellung allgemeinverbindlicher und bindender Entscheidungen bedient. Sie kann keine Entscheidung dieser Art rechtfertigen, wenn diese – vereinfacht gesagt – offenkundig dem Gemeinwohl zuwiderläuft. Sie kann daher nicht – ebenfalls vereinfacht gesagt – jene Funktion dazu benutzen, ihre Selbstorganisation so zu betreiben, dass dadurch der Bedienung von Partikularinteressen Vorrang vor dem Gemeinwohl eingeräumt wird. Man denke dabei etwa an die Einrichtung von Ausnahmegerichten (vgl. dazu Art. 101 GG) oder an die Einrichtung von Sonderrechten für bestimmte Interessengruppen bei der Gesetzgebung. Für solche Entscheidungen bzw. die Rechtfertigung solcher Einrichtungen lassen sich deshalb keine Zeitlosargumente verwenden, weil diese *ausschließlich* der Berücksichtigung spezifisch-konkreter und somit zeit-punktbedingter Interessen dienen.

Sofern keine Zeitlosargumente verwendet werden, handelt es sich – so kann man folgern – jedenfalls dominant um Politiken des Monochronisierens. Dafür spricht zunächst einmal, dass in solchen Fällen spezifisch-konkrete Interessen bedient werden sollen. Insofern kann man grundsätzlich annehmen, dass vom Abstraktions- bzw. Konkretheitsgrad der jeweils zur Entscheidung anstehenden Angelegenheit abhängt, welche Zeitargumente zum Zuge kommen und dass Politiken zunehmender Konkretheit bzw. abnehmender Abstraktion als Politiken in Richtung des Monochronisierens zu kennzeichnen sind – und umgekehrt. Demnach sind Politiken, die aufgrund politischer Entscheidungen das Leistungsprinzip einführen oder seine Durchsetzung steigern wollen, deshalb als Politiken des Monochronisierens zu begreifen, weil sie stets Dringlichkeit einfordern, d.h. eine Dringlichkeit zur politischen Entscheidung. Insofern sind die Argumente hierfür als Kurzfristargumente aufzufassen, als Argumente, die jeweils nur kurzfristige Geltungskraft haben. Typisch dabei ist, demnach typisch für Politiken des Monochronisierens, dass sie keine Zeitgrenzen für die Geltung z.B. des Leistungsprinzips bestimmen. Man könnte sagen, dadurch werde für Zeitlosigkeit eine Nachhaltigkeit von Dauerpräsenz ermöglicht. Danach würde die Politik aus ihrer Sicht z.B. dem Leistungsprinzip den Rang eines Wertes verschaffen, eines Wertes, um dessen Realisierung sie sich selbst allerdings nicht mehr kümmern müsste und der in der Umwelt der Politik nach den dort je geltenden Auffassungen und Ausprägungen sowohl zur Prozess- als auch zur Strukturorientierung dienen könnte.

Sofern die Politik das Leistungsprinzip zur eigenen Orientierung verwendet, bekommt es einen anderen Status. Die Politik kann dem Leistungsprinzip für die eigene Verwendung nicht den Rang eines Wertes verschaffen. Ansonsten würde die Politik auf diese Weise sich selbst ihre eigene Begründungs- und Rechtfertigungsgrundlage verschaffen können. Die Politik kann das Leistungsprinzip zur eigenen Orientierung insofern nutzen, als sie auf diese Weise Leistungsvergleiche ermöglicht und dadurch die Politik in Bewegung hält. In Rücksicht auf die Nutzung als Argument kann man von einem Jederzeitargument sprechen, einem Argument, das zwar nicht als Zeitlosargument, aber in Zusammenhängen mit allen möglichen Fristigkeiten eingesetzt werden kann.

Der Status als Jederzeitargument, demzufolge dieses Argument nicht für ein jeweiliges System als Zeitlosargument zur Verfügung steht, eröffnet die Möglichkeit, dieses Argument über Systemgrenzen hinweg einzusetzen. Diese Feststellung mag überraschen; sie muss daher kurz erläutert werden. Sowohl Zeitlos- als auch Jederzeitargumente fungieren als systemische Argumente. Zeitlosargumente unterliegen als systemische Argumente dem oben umschriebenen Zwang zur Gleichheit. Insofern ist ihre Anwendung – so befremdlich das zunächst auch erscheinen mag – zumindest systemrelativ bzw. systemspezifisch. Die Politik kennt für ihre Entscheidungen keine andere soziale Gleichheit als eine systemisch organisierbare bzw. organisierte Gleichheit. Daher ist für die Politik die Anwendung des Prinzips der Gleichheit so außerordentlich problematisch. Das grundlegende Problem besteht für sie darin, dass sie zwingend eine Vielzahl unterschiedlicher (eben systemischer) Gleichheiten voraussetzen muss. Diese Voraussetzung kann den Umgang mit dem Problem der Gleichheit einerseits vereinfachen insofern, als jeweilige Begrenzungen und Konzentrationen der Anwendung des Gleichbehandlungsgrundsatzes gefordert und begründet werden können, andererseits erschwerend insofern, als die Unterschiede wieder zur Anwendung des Gleichheitsprinzips herausfordern und dafür zur Rechtfertigung herangezogen werden können. Dieser Problematik ist die Politik deshalb in besonderer Weise ausgeliefert, weil sie – kurz gesagt – einerseits Partikularinteressen und andererseits das Gemeinwohl bedient. Insofern ist die Politik durch zwei grundlegende, sich widersprechende Argumentationstendenzen gekennzeichnet: die Tendenz, Zeitpunktargumentationen anzuwenden einerseits, und die Tendenz, Zeitlosargumente anzuwenden andererseits.

Diese Argumentationstendenzen argumentativ auszuhalten, darin besteht offenbar eine besondere Herausforderung an die Politik. Diese Argumentationstendenzen führen in ihren Konsequenzen letztlich zu Begrenzungspunkten, an denen die Argumentation gleichsam aus ihren Verzeitlichungen herausgenommen wird, indem Argumente verwendet werden, die man, da sie nicht systemrelativ genutzt werden, als außerzeitliche oder axiomatische Argumente bezeichnen kann. Gemeint sind Argumente, die zum einen eine *lokale* (bzw. örtliche) und zum anderen eine *universelle* (bzw. globale) Geltung unterstellen und beanspruchen. Axiomatische Argumente mit universeller Geltung kann man als Geltungsansprüche kennzeichnen, nach denen z. B. die Menschenrechte über die Grenzen aller politischen Systeme hinweg gleichermaßen anzuerkennen und zu beachten sind. Als eine Perversion solcher axiomatischen Argumente sind Geltungsansprüche zu kennzeichnen, die z. B. Rassismus zur Grundlage politischer Entscheidungen machen. Axiomatische Argumente mit lokaler Geltung zeichnen sich dadurch aus, dass die Evidenz ihrer Geltungsansprüche offenkundig ist (also der Nachweis dieser Geltungsansprüche sich letztlich erübrigt), demnach „vor Ort" unmittelbar und konkret Leistungen zu erbringen sind, z. B. bei Naturkatastrophen, Unglücksfällen, akuten Notlagen usw.. Auch solche axiomatischen Argumente können in ihrer Perversion genutzt werden, indem z. B. vorausgesetzt wird, dass Hilfe in jenen Fällen zu verweigern ist, sofern diese den eigenen Interessen nicht förderlich ist.

Axiomatische Argumente sind nicht grundsätzlich zu verwerfen. Ihre überzeitlichen bzw. außersystemischen (zur Erinnerung: gemeint sind soziale Systeme) Geltungsansprüche sind sinnvoll und notwendig, um – einmal emphatisch formuliert – die Einheit der *Weltgesellschaft* zu ermöglichen und voranzubringen. Ihre Perversion ist darauf ausgerichtet, jene Axiomatik – allgemein gesagt – systemrelativ zu nutzen. Dadurch wird den axiomatischen Argumenten die *Funktion* von (systemischen) Jederzeitargumenten zugewiesen, deren *Status* sie jedoch *nicht* erreichen können. Der Grund hierfür ist, dass diesen (pervertierten) Jederzeitargumenten kein Zeitlosargument kohärent und konsistent zugeordnet werden kann. Solche pervertierten Jederzeitargumente könnte man – salopp formuliert – als „Allerweltargumente" bezeichnen. Präziser formuliert, könnte man von Populismusargumenten sprechen.

Populismusargumente verweisen darauf, unter welchen Bedingungen Jederzeitargumente grenzüberschreitend genutzt werden können. Grundlegende Bedingung ist und bleibt zum einen, mit ihrer Anwendung ihre Kohärenz und Konsistenz im Kontext jeweiliger (systemgebundener) Zeitlosargumente zu erhalten. Insofern sind sie von Populismusargumenten klar unterscheidbar. Ihre grenzüberschreitende Verwendbarkeit setzt zum anderen voraus, dass die betreffenden Jederzeitargumente im Verhältnis zueinander gleichen Zeitlogiken folgen. Diese beiden Grundbedingungen zusammengenommen bedeuten, die jeweiligen Versozialisierungen von Gemeinsinn bzw. Verzeitlichungen der Zeit (als Synchronisierungen durch Systemisierungen) müssen in der Anwendungslogik ihrer Zeitlosorientierungen (als Voraussetzungen für Zeitlosargumente) vergleichbar sein. Das heißt, für die zur Anwendung gelangenden Jederzeitargumente muss ihr *Status* nachweisbar sein, so dass deren Funktion jedenfalls nicht zweifelhaft ist. Dieser Statusnachweis ist zu erbringen, indem aufzuzeigen ist, dass die Verwendung der Jederzeitargumente zwingend *intern* ist und bleibt und ihre grenzüberschreitende Nutzung dann möglich wird, wenn die allgemeinabstrakten Zeitlosorientierungen durch spezifische Substratorientierungen konkretisiert werden. Aufgrund solcher internen Substratorientierungen wird deutlich, dass Jederzeitargumente sich – allgemein formuliert – auf die *Bewegungsabläufe* (mögliche Stichworte dazu: Evolution, Entwicklung, Fortschritt) und insofern deren strukturelle Bedingungen beziehen. Kurzum: Die grenzüberschreitende Verwendbarkeit von Jederzeitargumenten ist dann als möglich anzunehmen, wenn diese selbst versozialisierte Verzeitlichungen erfassen derart, dass sie *Zukunft* projizieren.

Wenn also z. B. Leistung als Bewegungsprinzip sozialer Systeme vorausgesetzt werden kann, dann ist für das Wirtschaftssystem (mit seiner Zeitlosorientierung: Bereitstellung von knappen materiellen Gütern) als eine mögliche Substratorientierung „Verbesserung (Verschlechterung) der optimalen Versorgung mit materiellen Gütern" voraussetzbar; und für das politische System (mit seiner Zeitlosorientierung: Herstellung gemeinwohlfördernder gesamtgesellschaftlich verbindlicher und bindender Entscheidungen) als eine mögliche Substratorientierung „Verbesserung (Verschlechterung) der Versorgung mit Gesetzen". Die Grundlage für die Verwendung von grenzüberschreitenden Jederzeitargumenten ist hier – wie oben bereits angedeutet – der jeweils interne Leistungsvergleich, der ermöglicht, Argumente für übertragbare bzw. grenzüberschreitende Verfahren, Instrumente, Methoden usw. zur Verbesserung von Leistungen zu identifizieren und zu bestimmen.

Die übertragene bzw. grenzüberschreitende Verwendung von Jederzeitargumenten ist und bleibt problematisch. Der Grund hierfür ist, dass durch Systemisierungen bzw. Verzeitlichungen der Zeit durch Versozialisierungen von Gemeinsinn je eigene Zwänge der Gleichheit (also Zwänge unterschiedlicher Gleichheit bzw. unterschiedliche Zwänge zur Gleichheit) eingerichtet und durch die grenzüberschreitende Verwendung von Jederzeitargumenten mit „systemneutralen" Zeitelementen versehen werden, die gleichsam als Fremdkörper eigensinnige Wirkungen erzeugen und so zu Störungen und Abstoßungen führen können. Daher ist für die Verwendung von grenzüberschreitenden Jederzeitargumenten die Forderung zu stellen: andauernd gesteigerte Aufmerksamkeit für die Berücksichtigung der jeweiligen systemspezifischen Vorgaben (der jeweiligen Zeitlos- und Substratorientierungen).

Diese Forderung gilt für die Politik in besonderer Weise; sie muss sich aufgrund ihrer gesamtgesellschaftlichen Funktion einer zweifachen Herausforderung stellen. Diese wird angenommen zum einen dadurch, die eigene Zeitlogik der gesellschaftlichen Umwelt aufzuzwingen, zum anderen dadurch, sich von der gesellschaftlichen Umwelt deren Zeitlogik aufzwingen zu lassen. Die grundlegende inhaltliche Antwort auf diese zweifache Herausforderung wird davon bestimmt, wie die Politik mit dem Zwang zur Gleichheit umgeht, entweder mit Synchronisieren oder mit Monochronisieren. Sie muss jedes Mal eine Grundsatzentscheidung treffen. Mit der Entscheidung für Synchronisieren beansprucht sie, das Zeitmanagement über

Gleichheit, mit der Entscheidung für Monochronisieren, das Zeitmanagement über Ungleichheit bzw. Verschiedenheit zu organisieren. Da – wie oben bereits erläutert – Politik als synchronisierte Politik stets dem Zwang zur Gleichheit unterliegt, also auch mit ihren Entscheidungen für Monochronisieren, kann man von Entscheidungen sprechen, die zum einen darauf angelegt sind, den Zwang auf Dauer zu stellen, zum anderen, den Zwang der Beliebigkeit zu überlassen, also ein Tolerieren zu fordern. Diese grundlegend unterschiedlichen Entscheidungen sind mit den von ihnen transportierten Zwängen darauf ausgerichtet, Zukünfte zu gewinnen, nämlich Gleichheit zu sichern, und zwar zum einen durch Präferieren von Gleichheit und zum anderen durch Präferieren von Ungleichheit bzw. Verschiedenheit.

Der Zwang zur Gleichheit ist nicht nur Bedingung für das Präferieren von Ungleichheit bzw. Verschiedenheit, sondern auch Bedingung für funktionale bzw. zwangsläufige Ungleichheit. Wenn nämlich – wie ebenfalls bereits erläutert – Politik grundsätzlich unterschiedliche soziale Gleichheiten voraussetzen muss und deswegen auch keine anderen Gleichheiten verändern kann, wird sie mit solchen Veränderungen zwangsläufig auch die mit den Politiken zur Etablierung sozialer Gleichheiten erzeugten sozialen Ungleichheiten verändern. Demnach kann die Präferierung von Ungleichheit der Forderung und Ausprägung von Gleichheit dienlich sein. Das grundlegende Problem besteht darin, dass Politiken der Gleichheit ein *Erzwingen* und Politiken der Ungleichheit ein *Tolerieren* implizieren (was letztlich ein „Erzwingen des Tolerierens" einschließt) und dass demnach Politiken des Synchronisierens einerseits und des Monochronisierens andererseits – ungeachtet aller sonstigen Unterschiede der Politiken – grundlegend verschiedene Bedingungen der *Zukunftssicherung* voraussetzen und etablieren.

Zukunftssicherung bedeutet Sicherung jeweils bestimmter Zukünfte. Der Anspruch, *die* Zukunft (der Gesellschaft) sichern zu wollen und zu können, zeugt von Unkenntnis und Überheblichkeit. Man denke z.B. an die vielen Aussagen zur Sicherheit von Arbeitsplätzen. Sofern Feststellungen zur Sicherheit von Arbeitsplätzen mit allgemeiner Zustimmung rechnen können, werden diese Sicherheiten typischerweise nicht den Bedingungen des Arbeitsmarktes zugerechnet, sondern besonderen rechtlichen Sicherungen vorbehalten, wie etwa denen für die Arbeitsplätze des öffentlichen Dienstes. Mit diesem Hinweis wird angezeigt, dass die Politik Sicherheit erzeugt, indem sie mit ihren Entscheidungen eine Zeitdimension erschließt, deren Logik eigenen Bedingungen folgt dadurch, dass sie z.B. die üblichen Unsicherheiten des Arbeitsmarktes ausschließt. Mit dieser Art der Erzeugung von Sicherheit produziert die Politik zugleich Unsicherheit, Unsicherheit darüber, wann und wie sie mit welchen Entscheidungen was ausschließt, um Sicherheit zu erzeugen. Sofern die Politik mit ihren Entscheidungen sich der Zeitlogik von anderen Sozialbereichen anpasst und so aus ihrer Sicht das Tolerieren ermöglicht und sichert, erzeugt sie mit der Sicherheit ihrer Entscheidungen zugleich Unsicherheit. Das heißt, es wird unsicher, wann und wie die Politik aufgrund welcher Entscheidungen eingreifen und ihre Sicherheit aufprägen wird. Somit postuliert und perpetuiert die Politik, sowohl mit Politiken des Synchronisierens als auch Politiken des Monochronisierens, eine paradoxe Sicherheitsperspektive, so dass wiederum der Satz bestätigt wird: „Aller Anfang ist paradox".

Die wenigen vorstehenden Bemerkungen zur Erzeugung paradoxer Sicherheits- und insofern Zukunftsperspektiven aufgrund politischer Entscheidungen geben keine Auskunft darüber, nach welchen Kriterien sie welche Sicherheiten bzw. Unsicherheiten erzeugt und das jeweilige Verhältnis von Sicherheit/Unsicherheit wie bestimmt. Eine grundsätzliche Antwort darauf wurde bereits gegeben mit der Feststellung, dass die Politik mit ihren Entscheidungen dem Zwang zur Gleichheit unterliege. Diese Feststellung gilt vor allem für demokratische Politik. Insofern wird man soziale Gleichheit als herausragendes Merkmal von Demokratien bzw. demokratischen Gesellschaften annehmen können. Andererseits wird man ebenfalls soziale Ungleichheit als herausragendes Merkmal solcher Gesellschaften unterstellen können. Die grundlegende Feststellung hierzu ist, demokratische Gesellschaften zeichnen sich dadurch aus, dass sie soziale Ungleichheit in hohem Maße *differenziert* ausprägen, indem sie sich auf eine Vielzahl unterschiedlicher sozialer Gleichheiten orientieren. Die entscheidende Frage ist demnach, wie demokratisch Gesellschaften durch politische Entscheidungen Gleichheit und Ungleichheit (bzw. Verschiedenheiten) organisieren und so ihre Zukunft bzw. ihre Zukunftsfähigkeit als Ausprägungen einer Vielzahl von Zukünften ermöglichen und sichern.

Wegen des Zwanges zur Gleichheit kann man grundsätzlich annehmen, dass die Politik sich einerseits durch Politiken des Synchronisierens auszeichnet, aber andererseits Politiken des Monochronisierens ausführen muss (also notwendigerweise hierfür auch Präferenzen ausbilden muss), und zwar deshalb, weil sie sich ansonsten permanent überfordern und letztlich scheitern würde. Im Kontext unserer Überlegungen zur Zeitlichkeit der Politik stellt sich die Frage, ob und wie sie Politiken des Synchronisierens und des Monochronisierens an Kriterien orientiert, die der Politik durch ihre Zeitlichkeit vorgegeben sind. Man kann lapidar fragen: Wie organisiert Politik Zeitlichkeit? – An dieser Frage entscheidet sich, wie intelligent oder borniert Politik sich ausweist.

2. Programmierens/Vergleichgültigens

Jede Politik impliziert „Prognosen" – worauf auch immer sie beruhen und wie konkretisiert und spezifiziert auch immer sie sein mögen. Diese Implikationen sind zwingend, auch für den Fall, dass nicht oder nicht deutlich beobachtbar ist, ob die Träger einer Politik wissen, welche Implikationen bzw. Zukunftswirkungen sie mit ihrer Politik transportieren. Insofern ist grundsätzlich zwischen einer Selbst- und Fremdwahrnehmung solcher Implikationen zu unterscheiden. Diese Unterscheidung ist bestimmend und insofern typisch für Auseinandersetzungen mit diesen Implikationen. Politische Konkurrenten setzen vorzugsweise bei der Selbstwahrnehmung an, bei der eigenen oder der ihrer jeweiligen Konkurrenten.

Politische Konkurrenten tendieren dazu, ihre eigene Leistungs- bzw. Politikfähigkeit nachzuweisen, indem sie ihre bereits erbrachten und auch noch zu erbringenden Leistungen im Vergleich zu den Leistungen ihrer Konkurrenten hervorheben dadurch, dass sie behaupten, die von ihren Konkurrenten zugesagten Leistungen seien nicht erbracht worden, da die vorhergesagten Wirkungen nicht oder nur als entgegen gesetzte Wirkungen eingetreten seien; und auch in Zukunft sei nichts anderes zu erwarten. Umfassend begründet wird der Vorrang der eigenen Leistungsfähigkeit und das Defizit der Konkurrenten damit, die Konkurrenten seien unfähig – sei es aus Unkenntnis, Unerfahrenheit, Kurzsichtigkeit usw. oder ideologischer Verblendung – gesamtgesellschaftliche Zukunft nicht oder nicht zureichend organisieren zu können.[5]

Die so ansetzenden Einschätzungen der Leistungs- bzw. Zukunftsfähigkeit von Politiken unterstellen eine weitere, ebenfalls grundsätzliche Unterscheidung; sie ist ebenfalls bestimmend und insofern typisch für Auseinandersetzungen mit den jeder Politik implizierten Prognosen. Diese Unterscheidung wird ermöglicht und gefördert durch Zeitpunktmarkierungen, die zustande kommen, wenn Entscheidungen (auf repräsentativer oder plebiszitärer Grundlage) mit allgemeiner Bindungswirkung ausgestattet werden. Solche Zeitpunktmarkierungen ermöglichen, Prognosen einzuteilen in diejenigen, die aufgrund dieser Markierungen eine Überprüfbarkeit mit einem definitiven Ergebnis zulassen und insofern das *Ende* der implizierten Prognose jedenfalls für *diesen* Teil der betreffenden Politik fixieren, und in diejenigen, für die jene Zeitpunktmarkierungen den *Anfang* fixieren, auf den hin Prognoseaussagen erfolgen. Typisch für diese zweite Kategorie der Prognosen ist, dass sie zukunftsoffen sind, nicht mit Zeitpunktmarkierungen versehen werden und folglich konkrete Ergebniskontrollen ausschließen.

---

[5] Die eigenen Fehler und das eigene Versagen werden dann Bedingungen zugerechnet, die man nicht oder nur mangelhaft beeinflussen konnte.

Allgemeingültigkeit ist das entscheidende Merkmal dieser Zeitpunktmarkierungen. Dazu gehören auch Zeitpunktmarkierungen aufgrund allgemeiner Wahlentscheidungen; diese Zeitpunktmarkierungen haben jedoch Zusatzfunktionen, die ebenfalls ein Ende und einen Anfang fixieren. Das Ende manifestiert sich in der Überprüfbarkeit von Politiken aufgrund von Wahlergebnissen. Gemeint ist nicht die Überprüfung von Wahlprognosen (von wem und auf welcher Grundlage auch immer erstellt). Ein Ende wird insofern markiert, als für Träger von Politiken festzustellen ist, dass sie mit ihren Politiken gescheitert sind, also sie die mit diesen Politiken verfolgten Ziele nicht erreicht haben. Das heißt nicht, für die so genannten Wahlsieger sei mit solchen Markierungen zwangsläufig kein Ende gesetzt. Auch für Wahlsieger gilt, dass sie, wenn sie nicht an der Regierung beteiligt sind, in der Regel ihre Politik nicht in gesamtgesellschaftlich verbindliche Entscheidungen umsetzen können. So genannte Wahlverlierer können andererseits durchaus an Regierungen beteiligt sein. Worauf es im Kontext unserer Überlegungen also ankommt, ist, für welche Politiken durch die Entscheidungen des Wahltages welche Bedingungen geschaffen werden, um Zukunft bzw. Zukünfte aufgrund weiterer Entscheidungen zu ermöglichen und zu sichern. Die grundlegende Frage hierzu ist folglich: Welche Wahlprogramme finden welche Berücksichtigung im Regierungsprogramm? – Die Antwort auf diese Frage gibt Auskunft darüber, für welche Politiken in welcher Weise und in welchem Umfang jene Zeitpunktmarkierungen (Wahlentscheidungen) Bedingung dafür sind, ein Ende in einen Anfang spezifischer Zukunftsermöglichung und Zukunftssicherung zu transformieren.

Solche Fälle sind kennzeichnend für Politik; sie belegen in spezifischer Weise, dass jedes Programm der Politik schon vorprogrammiert und dass Politik ohne Programme letztlich nicht möglich ist, jedenfalls dann nicht, wenn vorausgesetzt wird (was wohl nicht zu bezweifeln ist), dass Politik durch ihre Entscheidungen bestimmt wird. Entscheidungen der Politik ohne Anbindung an Programme sind willkürlich. In solchen Fällen könnte man – paradox formuliert – von einem „Programm" sprechen, das *keine* Entscheidung ausschließt. In gegenteiligen Fällen müsste die Rede sein von einem „Programm", dass *jede* Entscheidung ausschließt. Dieser Zusammenhang bestätigt erneut, dass aller Anfang paradox ist.

Programme ermöglichen Entscheidungen und sichern Freiheitsgrade des Entscheidens nicht nur zwischen verschiedenen Programmen, sondern auch innerhalb eines Programms. Andererseits unterliegen programmgeführte Entscheidungen, weil Programme über Zurechnungen und Richtigkeit von Entscheidungen entscheiden, den durch die Programme vorgegebenen Zwängen. Insofern konstituieren und projizieren Programme Erwartungssicherheit; sie leisten also eine Verzeitlichung der Zeit. Diese Sicherheit ist wegen jener Freiheitsgrade des Entscheidens stets eine bedingte. Das führt dazu, dass politische Entscheidungen häufig nicht nur (negative oder positive) Enttäuschungen bewirken und dadurch die Anwendung anderer Verzeitlichungen durcheinander bringen können, sondern auch dazu, dass diese Entscheidungen keinem der vorliegenden systemtypischen Arbeitsprogramme exklusiv zurechenbar sind, demnach Entscheidungen darstellen, die man üblicherweise als *Kompromisse* bezeichnet. Die Frage ist, auf welche programmatischen Verzeitlichungen (also Programme) diese Entscheidungen zuzurechnen sind.

Zunächst ist festzustellen, dass Programme der Politik als Konkurrenzprogramme fungieren. Insbesondere in Mediengesellschaften wird Konkurrenz auf Personen projiziert, so dass diese für Programme stehen. Solche Funktionszurechnungen auf Personen verweisen besonders deutlich auf Verzeitlichungen durch Programme, vor allem was die Dauerpräsenz und damit das Aktualitätspotenzial dieser Programme anlangt. Solche „Personenprogramme" konzentrieren den systemisch versozialisierten Gemeinsinn; dadurch spezifizieren sie diesen Gemeinsinn und schaffen so Bedingungen für spezialisierte Verzeitlichungen, die wiederum weitere spezifische Verzeitlichungen ermöglichen. Genau dadurch werden Entscheidungen ermöglicht, die als Kompromiss bezeichnet wurden. Auf die Frage, welchen Programmen solche Kompromissentscheidungen zuzurechnen sind, ist eine erste Antwort gegeben. Es handelt sich um spezialisierte Programme, die sich dadurch auszeichnen, dass sie Bedingungen der Konkurrenz partiell und vorübergehend neutralisieren und daraufhin ihre Programmfunktion entfalten können. Es handelt sich also um Personenprogramme, die sich von Abarbeitungsprogrammen dadurch unterscheiden, dass sie in der Lage sind, Anschlüsse herzustellen, also Koordinationsleistungen zu ermöglichen, die mit der ausschließlichen Führung durch vorgegebene – selbstverständlich systemische – Abarbeitungsprogramme nicht zu erzielen wären. Auf diese Weise ermöglichen Personenprogramme, Systemzeiten zu transformieren und in spezifischer Weise zu nutzen. Solche Programme fungieren – kurz gesagt – als *Wandler* von Systemzeiten. Das schließt ein, dass Personenprogramme in ihrer Funktion als Wandler auch als Systemprogramme bzw. systemische Abarbeitungsprogramme *personaler* Systeme fungieren. Wandler fungieren demnach als Zurechnungen für Nutzungen von Systemzeiten dadurch, dass sie ermöglichen, unterschiedliche Systemzeiten und somit unterschiedliche Nutzungsmodi aufeinander zu beziehen und zu koordinieren.

Durch den Einsatz von Personenprogrammen als Wandler von Systemzeiten werden Tempoveränderungen (Beschleunigungen/Verlangsamungen) von Zeitverbräuchen ermöglicht. Dies gilt trotz der grundlegenden Unterschiede für beide Richtungen, also sowohl von Seiten des sozialen Systems gegenüber dem personalen System als auch umgekehrt. Diese *Bifunktionalität* von Wandlern ist Bedingung nicht nur dafür, ihre Nutzung zu beiderseitigem Vorteil zu betreiben (z.B. in schwierigen Zeiten Vereinfachungen oder in unruhigen Zeiten Beruhigungen zu bewirken), sondern auch dafür, einen einseitigen Vorteil zum Nachteil der anderen Seite zu erreichen (indem z.B. eigene Abarbeitungsprogramme zu Abarbeitungsprogrammen der anderen Seite transformiert werden). Wandler werden so zur parasitären Nutzung von Systemzeiten genutzt. Sofern solche parasitären Nutzungen von personalen Systemen betrieben werden, demnach Personenprogramme als Wandler eingesetzt werden, werden sie z.B. mit Führungsqualitäten einerseits und sozialer bzw. politischer Korruption andererseits gekennzeichnet. Auf eine sehr spezifische Ausprägung parasitärer Nutzungen – die durchaus massenhaft auftreten können – wurde bereits oben hingewiesen, nämlich auf das sogenannte Trittbrettfahren. Andererseits ist insbesondere für das politische System kennzeichnend, dass es umfassend und tiefgreifend die Abarbeitungsprogramme personaler Systeme dominiert, vorherrschend durch Programme in Form von Gesetzen.

Der Hinweis auf Gesetze zeigt an, dass nicht nur Personenprogramme als Wandler fungieren. Auch Sozialprogramme (Gesetze fungieren, weil sie gesamtgesellschaftlich bindend sind, durchweg als Gesellschaftsprogramme)[6] können als Wandler genutzt werden. Die grundlegende Frage ist die nach der Bifunktionalität solcher Wandler. Die Antwort hat bei dem Sachverhalt anzusetzen, dass solche Sozialprogramme zwar als Wandler sowohl für das Verhältnis zu und von Personensystemen als auch Sozialsystemen genutzt werden, dass sie aber grundsätzlich nicht personalisierbar sind. Weil solche Programme notwendigerweise allgemein und abstrakt sind, bieten sie vielfache und vielfältige Ansatzpunkte für Konkretisierungen und Spezifisierungen. Das heißt – kurz gesagt –, sie sind Ansatzpunkte für Ausbildung und Anbindung von *Interessen*. Über solche Interessenanbindungen können jene Wandler ihre Bifunktionalität ausbilden. Wenngleich jene Sozialprogramme als Wandler nicht in ein Konkurrenzverhältnis gesetzt werden können (sie gelten), werden sie dennoch über Interessenanbindungen konkurrierend genutzt. Aufgrund dieser Konkurrenz wirkt die Bifunktionalität dieser Wandler in dieser Hinsicht nicht nur diversifizierend, sondern auch jedenfalls mittelbar auf die Etablierung neuer und die Nutzung bisheriger Wandler (z.B. Parteiprogramme, Wahlprogramme, Regierungsprogramme) hin.

Die Unterscheidung von Sozialprogrammen als Wandler in solche mit Status und Funktion unmittelbarer und solche mittelbarer Konkurrenz verweist auf grundlegende Unterschiede der Verzeitlichung der Zeit. Die erste-

---

[6] In einem noch umfassenderen Sinne kann die Verfassung mit ihren Bestimmungen als Wandler begriffen werden. So kommt z.B. der Bundesverfassungsrichter *Di Fabio* zu der Feststellung, dass im Artikel 6 des Grundgesetzes (Ehe und Familie) ein „ursprüngliches Humanitätsprogramm" angelegt sei. (*Di Fabio* (2002), S. 7).

ren sind ihrer politischen Relevanz nach bestimmt von Konkurrenzbedingungen und insofern in der Regel weithin streitanfällig; ihre Unsicherheitsabsorption bzw. ihre Funktion zur Erzeugung der Nachhaltigkeit von Dauerpräsenz ist daher vergleichsweise schwach ausgeprägt (wenngleich im einzelnen beträchtliche Unterschiede auftreten). Die letzteren sind durch eine vergleichsweise hohe Unsicherheitsabsorption gekennzeichnet; ihre politische Relevanz ist in dieser Hinsicht weithin unstreitig, jedoch ist in der Regel politischer Streit vorprogrammiert, wenn es darum geht, Veränderungen herbeizuführen. Dieser politische Streit wird wiederum – wie erwähnt – programmgeführt betrieben. Somit kann dieser Streit auch entscheidungsorientiert geführt werden. Sofern Personalprogramme ins Spiel kommen und dabei als Wandler Status und Funktion mittelbarer Konkurrenz übernehmen, bleibt die oben angesprochene Neutralisierungsfunktion dauerhaft ausgeschaltet, da in solchen Fällen Personenprogramme nicht als „Kompromissprogramme" fungieren können. In solchen Fällen ist die Neutralisierungsfunktion Bedingung für deren Funktion als Wandler. Das heißt, die Personenprogramme fungieren, da sie in ihrer Funktion der Zurechenbarkeit von Richtigkeit als interessenneutral vorausgesetzt sind, als spezialisierte Abarbeitungsprogramme für personale Systeme derart, dass dabei den personalen Systemen selbst keine Kompromissentscheidung zugerechnet wird, so dass jeweils nur eine programmgemäße Entscheidung zugelassen ist. Die jeweilige Entscheidung hat letztlich Status und Funktion einer ja-/nein-Entscheidung. Das schließt nicht aus, dass solche Entscheidungen von Betroffenen und Beobachtern als Kompromissentscheidungen bewertet und genutzt werden.

Auch solche Entscheidungen bestätigen die obige Feststellung, dass ohne Ausrichtung auf und Anbindung an Programme Entscheidungen der Politik willkürlich sind. Diese Feststellung impliziert, dass für die Abarbeitung von Programmen, da dafür Zeit genutzt werden muss, wiederum Programme, und zwar als Wandler zur Verfügung stehen müssen. Diese Programmbindung politischer Entscheidungen begreift Politik als Prozess, der auf Entscheidungen zur eigenen Strukturbildung angewiesen ist, damit die Politik ihre gesellschaftliche Funktion der Herstellung von allgemein bindenden Entscheidungen leisten und mit ihren Entscheidungen strukturbildend wirken und somit den gesellschaftlichen Wandel bestimmen kann. Wenn also der politische Prozess – kurz gesagt – darin besteht, durch aufeinander bezogene Entscheidungen – durch Entscheidungen, die wiederum Entscheidungen sowohl voraussetzen als auch einfordern – eine Struktur bzw. eine Ordnung zu generieren und zu verändern, muss – ebenfalls kurz gesagt – für diesen Prozess ermöglicht und sichergestellt sein bzw. werden, dass er nicht willkürlich abläuft. „Nicht willkürlich" heißt zunächst, dass durch das jeweilige Anknüpfen an Entscheidungen die „Logik dieses Prozesses" diesen als einen *politischen* Prozess ausweist.

Die Frage nach der Logik des politischen Prozesses ist vorrangig eine Frage nach den Bedingungen der Zeit, eine Frage nach dem aufgrund von Entscheidungen hergestellten Zusammenhang von Zeitpunktmarkierungen. Die grundsätzliche Antwort ist, dass die Logik des politischen Prozesses Regeln der *Aktualität* folgt, die Grade der *Dringlichkeit* von Entscheidungen, die sehr unterschiedlich ausfallen können, ausweisen. Bedingung für die Herstellung *politischer* Aktualität ist *Öffentlichkeit*. Öffentlichkeit ermöglicht und sichert die Anschlüsse an Entscheidungen nach Regeln der Aktualität. Daher kann man sagen, dass Aktualität sowohl das „Führungs-" als auch das „Abarbeitungsprogramm" der Öffentlichkeit und dass Öffentlichkeit den umfassendsten und vielseitigsten Wandler darstellt, den Politik und Antipolitik nutzen können und nutzen. Man kann daher lapidar feststellen, dass Öffentlichkeit die prozessorientierte Nachhaltigkeit von Dauerpräsenz, nämlich Aktualität, ermöglicht und sichert.

Indem Aktualität Bedingung für die Herstellung von Entscheidungen der Politik ist, ist sie auch Bedingung für das Programmieren durch Politik. Programme sind Entscheidungen, an die wiederum Entscheidungen anschließen. Insofern fungieren Programme als Kriterien für die Richtigkeit weiterer Entscheidungen. Programme unterscheiden sich danach, nach welchen Richtigkeitsregeln sie welche Entscheidungen an welche Entscheidungen anschließen und so *Kontinuitäten,* d.h. auch Bedingungen für Synchronisationen sichern. Aktualität als Bedingung für das Programmieren durch Politik heißt dann, dass Programme in ihrer Funktion als Kriterien für die Richtigkeit weiterer Entscheidungen aufgrund von Aktualisierungen jeweils neu programmiert werden. Programme der Politik sind demnach grundsätzlich *doppelt* programmiert und verlangen, dass jede weitere Programmierungsleistung doppelt erbracht wird bzw. erbracht werden muss. Zu fragen ist, wie das geleistet werden kann, da Aktualität als Programm prinzipiell gegenüber jedem bisherigen Programm als ein „Gegenprogramm" fungiert insofern, als Aktualität als Zeitpunktaktualität (als vergangene Gegenwart) Irreversibilität und insofern Diskontinuität einführt.

Zunächst ist festzustellen, dass hier wiederum der Satz „aller Anfang ist paradox" bestätigt wird, nämlich *Kontinuität* durch *Diskontinuität* bzw. *Reversibilität* durch *Irreversibilität* zu sichern. Weiterhin ist festzustellen, dass ein Programm der Politik sowohl durch die *Notwendigkeit* zur Abarbeitung als auch durch den *Zufall,* wie es abgearbeitet wird, gekennzeichnet ist (insofern wird Willkür verhindert, aber Beliebigkeit zugelassen). Zudem ist festzustellen, dass jene Paradoxie als *Konkurrenz-* und *Koordinations-*bedingung fungiert, nämlich aufgrund von Aktualität jeweils eigene Abarbeitungsprogramme gegenüber fremden Abarbeitungsprogrammen zu profilieren (was aktuelle Veränderungen einschließt), aber auch aufgrund von Aktualität eigene, bisher miteinander konkurrierende Abarbeitungsprogramme zu neutralisieren und *gemeinsame* Abarbeitungsprogramme zu generieren (wodurch Geschlossenheit und Offenheit systemischer Aktivitäten möglich und gefordert sind). Schließlich ist festzustellen, dass Aktualität als „Führungs-" und „Abarbeitungsprogramm" nur fungieren kann, wenn dadurch ermöglicht wird, das *Aktuelle* bzw. Aktualisierte vom *Nichtaktuellen* bzw. Nichtaktualisierten zu unterscheiden, und zwar deswegen, weil ansonsten programmgeführtes Entscheiden und damit letztlich Politik nicht möglich wären.

Politik ist stets aktuell – oder sie ist nicht. Das heißt nicht, dass das, was jedenfalls Gegenstand von Politik, also aktuell ist, sei auch so wichtig und insbesondere dringlich, dass es in Entscheidungen umgesetzt werde, die als Programme fungieren könnten. Jedoch ist damit gesagt, dass die Politik selbst darüber entscheidet, was sie in Entscheidungen umsetzt und was nicht. Demnach sind Politiken des Programmierens stets auch Politiken des Selektierens insofern, als sie Wichtigkeiten und Dringlichkeiten bestimmen und insofern zurückweisen, was sie nicht berücksichtigen wollen. Es geht also darum, einen Mechanismus zu bedienen, der ermöglicht, Nichtwichtiges und Nichtdringliches zu qualifizieren. Der dafür genutzte Mechanismus ist der des *Vergleichgültigens*.

Die Bedienung dieses Mechanismus verlangt ebenfalls eine doppelte Leistung, nämlich die des Entprogrammierens. Von einem Entprogrammieren kann sinnvollerweise nur die Rede sein, wenn das, was entprogrammiert wird, jedenfalls hätte auch programmiert werden können, also als Gegenstand für eine mögliche Programmierung zur Disposition stand. Ein Entprogrammieren ist zwangsläufig, weil aufgrund von Aktualität als „Gegenprogramm" stets eine Veränderung bisheriger Programme gefordert ist. Programmieren durch Politik umschreibt daher einen Selektionsprozess, der danach unterscheidet, was unter Bedingungen von Aktualität wie fortgeführt und was wie entaktualisiert wird. Zu diesem Entprogrammieren wird deshalb der Mechanismus des Vergleichgültigens genutzt, weil das, was aufgrund von Entscheidungen von einer Programmierung ausgeschlossen bzw. nicht zur Abarbeitung fixiert wird, letztlich nicht vom Kriterium der Dringlichkeit eingefangen wird. Selbst wenn etwas als wichtig qualifiziert wird, so ist damit noch nicht bestimmt, ob es auch als dringlich fixiert wird. Entscheidend ist, dass das Wichtige – so kann man umgangssprachlich formulieren – auf eine wie auch immer im einzelnen strukturierte Prioritätenliste kommt. Dadurch wird angezeigt, dass die Unterscheidung zwischen „Wichtigkeit" und „Dringlichkeit" aufgehoben ist und Dringlichkeit als eigener Wert für Vorrangigkeit fungiert.

Was nicht als dringlich deklariert wird, mag zwar trotzdem wichtig sein, wird aber dennoch als gleichgültig abgewiesen, nämlich als gleich gültig mit dem, was nicht auf die Dringlichkeitsliste gekommen ist. Das schließt selbstverständlich nicht aus, dass das, was in Rücksicht auf die Dringlichkeitsliste A als gleichgültig abgewiesen in Rücksicht auf eine Dinglichkeitsliste B oder C usw. als dringlich akzeptiert wird. Dieser Sachverhalt ist kennzeichnend für politische Konkurrenz und insofern typisch dafür, dass Politik, weil sie unter Konkurrenzbedingungen agiert, mit unterschiedlichen Verzeitlichungen der Zeit operiert. Ungeachtet dieser Unterschiede ist grundsätzlich festzustellen, dass Politik mit den Programmentscheidungen Entscheidungen des Vergleichgültigens trifft und dass sie mit diesem Vergleichgültigen für sich ein jeweiliges Ende markiert, und zwar ein Ende (was auf einen Anfang verweist), das deswegen markiert wird, weil wegen fehlender Zurechnung von Dringlichkeit keine Prognose impliziert bzw. kein Abarbeitungsauftrag erteilt wurde.

Mit dieser Feststellung ist ein aufschlussreicher Hinweis dazu gegeben, wodurch sich Programme der Politik auszeichnen und voneinander unterscheiden. Sofern Dringlichkeit – unter Nutzung von Wandlern (z. B. Experten und/oder Öffentlichkeit) – als vorrangige Wertorientierung zugerechnet wird, ist die entscheidende Bedingung für eine Zurechnung des Programmstatus erfüllt. Zur Konstituierung eines Abarbeitungsprogramms der Politik muss eine weitere Bedingung hinzukommen. Sie muss die Abarbeitung organisatorisch ermöglichen und sichern. Dabei kommt es nicht nur auf eine „arbeitende Organisationsstruktur" an, sondern auch und insbesondere auf eine jeweilige politische Einfassung (und somit Abgrenzung). Damit sind wir wieder auf die Frage nach der Aktualität verwiesen, d. h. auf die Frage nach dem Aktualitätspotenzial von Programmen und dem Umgang damit.

Entscheidend für eine Antwort auf diese Frage ist, welche Zurechnungen aufgrund welcher Aktivitäten für welche Abarbeitungen erfolgen. Demnach kommt es nicht darauf an, welche Programme welche Akteure als ihre Programme voraussetzen, sondern welche Abarbeitungen jeweils zugerechnet werden. Darauf richten sich die Entscheider ein, so dass dem, was jeweils zur Entscheidung ansteht und entschieden wird, seine Dringlichkeit letztlich nach Opportunitätsgesichtspunkten der Entscheider zugewiesen wird. Wer nicht über die jeweils geforderte aktuelle Entscheidungskompetenz verfügt, mag zwar alle möglichen Forderungen und Versprechungen (für den Fall, dass er die betreffende Entscheidungskompetenz einsetzen kann) vortragen, er muss jedoch zur Kenntnis nehmen, dass seine Programme aufgrund der aktuellen Nutzung anderer Entscheidungsprogramme jedenfalls aktuell und bis auf weiteres vergleichgültigt werden.

Wenn vorauszusetzen ist, dass die Politik ihre Programme durch Entscheidungen nach Dringlichkeiten abarbeitet, dann wird man grundsätzlich unterstellen können, dass die Dringlichkeiten – wie bereits angedeutet – nach Opportunitätsgesichtspunkten bestimmt werden. Dazu zählen z. B. Gewinnung und Erhalt von Mitgliedern oder das Erreichen von Wahlzielen

2. Programmierens/Vergleichgültigens 179

(wie etwa Ablösung der aktuellen Regierung, Wiederwahl usw.). In Rücksicht auf einander folgende Wahltermine lautet eine bewährte Regel für Regierungen „Grausamkeiten zuerst – Wohltaten zuletzt".

Opportunitätskriterien werden genutzt als Instrumente, um Entscheider auf Entscheidungen zu verpflichten (was auch zur Rechtfertigung bestimmter Entscheidungen genutzt wird), jedenfalls in Rücksicht auf die Setzung von Zeitpunktmarkierungen. Insofern fungieren Opportunitätskriterien als Instrumente der Politik, ihre eigenen Zeitprobleme zu managen. Dadurch kommen Verzeitlichungen zustande, die zwar die Programmführung des politischen Prozesses und die Programmbindung politischen Entscheidens nicht außer Kraft setzen, jedoch die Fixierung von Programmen und deren Abfolge und insbesondere deren Abarbeitungen laufend Veränderungen unterwerfen, so dass nicht nur die Unsicherheitsabsorption steigt, sondern die Steigerung der Unsicherheit selbst laufend beschleunigt wird. Die Vielzahl und Vielfalt an Programmen nimmt zu, aber auch die Unsicherheit, was jeweils wie abgearbeitet wird. Sehr allgemein könnte man sagen, dass die Fixierung von Zwängen zwar laufend ausgeweitet wird, aber das „Reich der Zufälle" dominant wird und sich laufend ausbreitet. Diese Dominanz ist Folge einer Dominanz der Aktualität und ihrer Nutzung aufgrund von Opportunitäten.

Dass die Programmbindung politischen Entscheidens nicht hintergehbar ist, wird erkennbar an der Feststellung, die Politik sei derart auf Entscheidungen angelegt, dass ihr auch das Nichtentscheiden als ein Entscheiden ausgelegt werde. Das Nichtentscheiden kann man als eine spezifische Form des politischen Entscheidens auffassen, nämlich als ein „Entscheiden des prozessualen Vergleichgültigens". Das hierfür in Frage kommende Programm ist „perfekt"; man kann es umschreiben als ein öffentliches Programm, mit dem jedes andere Programm dieser Art ausgeschaltet wird.[7] Entscheidende Bedingung hierfür ist die Ausschaltung von Öffentlichkeit und die davon bestimmte Aktualität. In der oben verwendeten Begrifflichkeit könnte man sagen, dass Öffentlichkeit als Wandler ausgeschaltet wird. Dabei handelt es sich also nicht um eine parasitäre Nutzung (wie oben erläutert), sondern darum, die „Logik des politischen Prozesses" zu unterbrechen und dadurch Ansprüche zu rechtfertigen, die – pauschal gesagt – einer „höherrangigen Logik" folgen. Damit ist auch schon angedeutet, dass das Nichtentscheiden nur deshalb als ein Entscheiden ausgelegt werden kann, weil vorausgesetzt wird, dass dem „öffentlichen Nichtentscheiden" ein Entscheidungsprogramm zugrunde liegt, dass einen anderen Wandler als Öffentlichkeit nutzt, so dass jederzeit – jedenfalls für die Öffentlichkeit nicht

---

[7] Ansatzweise erkennbar, wenn man – salopp formuliert – von einem „Aussitzen von Entscheidungen" spricht.

beobachtbar und erkennbar – Öffentlichkeit als Wandler wieder angeschaltet werden kann. Das dem „Entscheiden durch Nichtentscheiden" zugrunde liegende Programm ermöglicht keine – und darauf kommt es an – programmgestützte und insofern öffentlich zu erstellende und zu kontrollierende Prognose mit dem Anspruch auf Unsicherheitsabsorption (was Vermutungen, Unterstellungen usw. nicht ausschließt, sondern provoziert).

Typisch für ein „Entscheiden durch Nichtentscheiden" ist eine zweifache Vergleichgültigung; zum einen gegenüber der Politik selbst, wodurch die Ausschaltung von Konkurrenz betrieben wird, zum anderen gegenüber der Gesellschaft, wodurch das Zeitmanagement der Gesellschaft mit Unsicherheit belastet wird. Diese Belastung mit Unsicherheit durch Vergleichgültigen des „Entscheidens durch Nichtentscheiden" ist von der durch definitives Entscheiden (in Form von Gesetzen) zu unterscheiden. Im letzteren Falle ist das Entscheiden stets mit Unsicherheitsabsorbtion, also Erwartungssicherheit, verknüpft. Diese Sicherheit bezieht sich darauf, was sowohl die Entscheidungen selbst an Sicherheit definieren, als auch darauf, was die Entscheidungen offen lassen, eben als gleichgültig ausschließen und damit – jedenfalls vorerst – die Sicherheit vermitteln, diese Offenheit nicht durch Eingriffe zu begrenzen. Die Diskussionen hierzu werden in der Regel von den Wertorientierungen der Mündigkeit einerseits und der Fürsorge andererseits geleitet.

Diese Wertorientierungen sind zwar kennzeichnend für ein Programmieren durch Politik, die entscheidende Frage ist jedoch, wie und in welchem Ausmaße ihre Umsetzungen in allgemeinverbindliche Entscheidungen (in Form von Gesetzen) die Gesellschaft bzw. die Aktivitäten ihrer Mitglieder programmieren, also welche Zwänge sie für diese einrichten bzw. Spielräume erschließen und absichern. Im Kontext unserer Überlegungen handelt es sich also – pauschal gesagt – um die Frage nach Synchronisieren/Monochronisieren, also um die nach den Verzeitlichungen der Zeit.

Wie oben erläutert, werden Verzeitlichungen der Zeit aufgrund von Versozialisierungen von Gemeinsinn eingerichtet. Die Versozialisierungen von Gemeinsinn setzen – wie ebenfalls oben erläutert – auf Dauer gestellte Entscheidungen voraus, so dass der so systemisierte Gemeinsinn prinzipiell permanent aktualisierbar ist. Diese Systemisierungen unterscheiden sich letztlich dadurch – auch das wurde bereits oben erläutert –, dass sie Verschiedenheiten manifestieren, indem sie nach dem Grundsatz der *Gleichbehandlung* Mitgliedschaften begründen und somit *Inklusionen* ausführen, aber dadurch zugleich *Exklusionen* und somit *Verschiedenheiten* begründen. Die durch diese Exklusionen bewirkten Verschiedenheiten sind wiederum Bedingung für Inklusionen. Daher ist grundsätzlich festzuhalten, dass die Politik mit ihren Verzeitlichungen der Zeit durch Versozialisierungen von Gemeinsinn stets *zweiwertig* operiert, wenngleich sie dabei ausschließlich

2. Programmierens/Vergleichgültigens   181

die Wertorientierung der Gleichbehandlung bedient. Für keine andere gesamtgesellschaftliche Disziplin gilt in dem Maße wie für die Politik, dass sie stets *alle* (alle Mitglieder) gleich behandelt und dabei zugleich für *jeden* (jedes Mitglied) die sozialen Bedingungen seiner Verschiedenheit begründet. Man kann daher annehmen, dass die Politik aufgrund ihrer gesamtgesellschaftlichen Entscheidungskompetenz und aufgrund der Bedingungen zur Bedienung dieser Kompetenz hervorragend dafür disponiert ist, die Mitglieder der Gesellschaft nach Kriterien sowohl der Gleichheit als auch Verschiedenheit zu behandeln und dabei insbesondere die durch die einzelnen Mitglieder selbst manifestierten Verzeitlichungen der Zeit – also den jeweiligen Einzelfall der Person und somit die Vielzahl und Vielfalt der Biographien – zu berücksichtigen. – Diese Annahme wird jedoch laufend widerlegt.

Die Widerlegbarkeit liegt darin begründet, dass die Politik mit ihren Versozialisierungen von Gemeinsinn aufgrund von Entscheidungen die oben bezeichnete Zweiwertigkeit weitgehend unberücksichtigt lässt, wenngleich sie ihr nicht ausweichen kann. Sie setzt sich laufend dem *Zwang* von Dringlichkeiten aus und akzeptiert diese Dringlichkeiten als vorrangige Wertorientierungen. Daher muss sie sich notwendigerweise auf Gleichbehandlung als Wertorientierung konzentrieren und die dadurch bewirkten Verschiedenheiten vergleichgültigen. Was auch immer an Unterschieden bzw. Ungleichheiten und damit an Zwängen und Belastungen für Mitglieder der Gesellschaft bewirkt wird, grundsätzlich gilt, dass auch dies von der Politik toleriert wird. Nicht selten wird dieses Tolerieren beklagt, indem davon die Rede ist, man werde mit seinen Problemen allein gelassen, die Politik bzw. Politiker würden sich nicht darum kümmern.

Dieses *Tolerieren durch Vergleichgültigen* kennt nicht nur Verlierer, sondern auch Gewinner. Wäre das nicht der Fall, wäre nicht mehr verständlich, warum in einer nach Interessenorientierungen hochgradig differenzierten Gesellschaft Politik möglich und auch notwendig wäre.[8] Indem jenes Tolerieren durch Vergleichgültigen auch Gewinner hervorbringt, wird zwar die oben erwähnte grundsätzliche Zweiwertigkeit der durch Politik bewirkten Versozialisierungen von Gemeinsinn bestätigt, damit wird aber auch bestätigt, dass die Politik sich aus ihrer *Dringlichkeitsfalle* nicht befreien kann. Was sie jedoch kann, allerdings zu wenig und zu selten erkannt und nutzt, ist, Dringlichkeiten besser zu programmieren. Dies setzt voraus, nicht nur grundsätzlich die Zeit als entscheidende Bedingung des Programmierens zu berücksichtigen und als entscheidendes Programmelement einzubauen, sondern auch im einzelnen das Programmieren und folglich das Abarbeiten

---

[8] Diese Feststellung kann als ein Hinweis dazu aufgefasst werden, die übliche Regel „Gleiches gleich, Ungleiches ungleich zu behandeln", grundsätzlich zu überdenken.

von Programmen danach zu betreiben, worauf und wie das Versozialisieren von Gemeinsinn als Verzeitlichungen von Zeit sinnvollerweise anzuwenden ist. Die Frage ist, wie das erreicht werden kann.

Auf diese Frage mag es sehr unterschiedliche Antworten geben. Der gemeinsame Ansatzpunkt für eine Beantwortung dürfte die Feststellung sein, dass die Politik verschiedene Dringlichkeitskategorien vorauszusetzen hat. Gemeint ist nicht das herkömmliche und übliche Verständnis, nach dem – von den Besonderheiten von Zweikammersystemen einmal abgesehen – nur eine Entscheidungs- und insofern Abarbeitungsinstanz letztlich über Dringlichkeiten (und somit die Prioritätenliste) befindet. Gefordert ist eine Struktur von Entscheidungs- und Abarbeitungsinstanzen, die dafür sorgt, dass die einzelnen Instanzen mit voneinander unabhängigen Kompetenzen ausgestattet sind, deren Operationen dennoch aufeinander verweisen. Das heißt, diese Kompetenzinstanzen können nach eigenen Interessenorientierungen und eigenen Kriterien Politiken sowohl des Programmierens (des Synchronisierens) als auch des Vergleichgültigens (des Monochronisierens) verfolgen und dadurch untereinander jeweils Dringlichkeitsinformationen liefern, so dass diese Kompetenzinstanzen im Verhältnis zueinander die jeweiligen Orientierungen sowohl des Programmierens als auch des Vergleichgültigens in ihren Dringlichkeitsdimensionen verändern und letztlich vertauschen, also insgesamt die Vielzahl und Vielfalt an Dringlichkeiten der Gesellschaft besser berücksichtigen können.

Dass die herkömmliche Kompetenz- und Instanzenstruktur das nicht oder nur unzureichend leisten kann, ist offenkundig. Diese Struktur ist gekennzeichnet durch die Kompetenz des allgemeinen Wahlrechts einerseits und die Legislativkompetenz andererseits. Die Kompetenz des allgemeinen Wahlrechts wird ausgeübt nach dem Personalprinzip (jede Person hat eine Stimme – jeder Wähler hat nur für sich selbst eine Kompetenz). Die Legislativkompetenz wird ausgeübt nach dem Territorialprinzip (jede Legislative verfügt über eine wie auch immer im einzelnen bestimmte Gebietshoheit – jede Legislative verfügt nur über eine territorial begrenzte Kompetenz). Wenn man diese Kompetenzenstruktur, die vor allem in Bundesstaaten und Regierungssystemen mit einem Zweikammersystem in einigen Varianten ausgeprägt ist, nicht von der allgemeinen Kompetenz des einzelnen Wählers her verändern will, bleiben als Ansatzpunkte die Kompetenzstrukturen der Entscheidungsinstanzen und ihr Verhältnis zueinander und die Struktur der Mitgliedschaften, soweit sie durch die veränderte Kompetenzstruktur jeweils inkludiert werden.

Betrachtet man z. B. die aktuellen Diskussionen zur Bestandssicherung und Fortentwicklung der sozialen Sicherungssysteme, die ad hoc getroffenen Dringlichkeitsentscheidungen dazu einerseits und die Verlagerung der Erarbeitung von Vorschlägen zur langfristigen Gestaltung dieser Systeme in eine von der Regierung eingesetzte Kommission, wird man nicht umhin können, die Hilflosigkeit der Politik festzustellen. Als entscheidend für jede Lösung gilt die vielfach beschworene Generationengerechtigkeit. Die Forderung nach Generationengerechtigkeit ist jedoch wohlfeil, solange nicht zumindest geklärt ist, welche Inklusionen welche Generationen ausmachen, wie viele Generationen jeweils aktuell für die Gesellschaft zu unterstellen und welche Generationen wie von jeweils aktuellen Entscheidungen betroffen sind. Bereits aufgrund dieser Fragen kann man die Frage nach der Generationengerechtigkeit als zum Scheitern verurteilt ansehen. Dennoch wird man sich damit befassen müssen.

Wird grundsätzlich unterstellt, was auch für Generationen – wie für andere Sozialinklusionen – gilt, aufgrund von jeweils besonderen Lebenslagen und bereits erbrachten und auch noch zu erbringenden Leistungen jedenfalls gegenüber der Politik durch unterschiedliche Interessenlagen gekennzeichnet zu sein, und wird weiterhin unterstellt, dass diese Interessenlagen aufgrund der Generationengebundenheit über einen vergleichsweise längeren Zeitraum als relativ stabil anzusehen sind, dann ist zwar ungewöhnlich, aber dennoch nachvollziehbar, das Generationenprinzip als Grundlage für die Zurechnung von Entscheidungskompetenzen und ihr Verhältnis zueinander einzuführen. Man kann dabei an Generationenkammern mit unterschiedlichen Entscheidungskompetenzen und unterschiedlichen Legislaturperioden denken. Man kann das passive Wahlrecht für diese Kammern auf bestimmte Lebensabschnitte (Generationenzugehörigkeit) beschränken.[9] Dabei geht es nicht um Quotenregelungen bei der Kandidatenaufstellung,[10] sondern darum, auf diese Weise zu ermöglichen, dass nach eigenen Dringlichkeitskriterien und aufgrund differenzierter Vergangenheiten und Zukünfte und unter Einsatz eigener Verzeitlichungsressourcen rechtzeitig relativ prognosestarke und insofern differenzierte Programme aufgelegt und aufeinander verweisend abgearbeitet werden. Man könnte darüber hinaus eine gemeinsame Allgenerationenkammer einrichten, um die Einheitlichkeit und Sozialverträglichkeit der Entscheidungen zu sichern (etwa auf der Grundlage von Generationenbilanzen zur Überprüfung der Nachhaltigkeit).[11] Man

---

[9] Faktisch sind durchweg Beschränkungen für Kandidatenaufstellungen vorgegeben; Parteien verfügen über ein faktisches Monopol.

[10] Quotenregelungen wie sie z.B. Bündnis90/Die Grünen für die Berücksichtigung der Geschlechter vorsehen, mögen zwar in Anbetracht bestimmter Verhältnisse sinnvoll sein, sie sind jedoch in erster Linie ein Beleg dafür, wie schwierig „kleine" Änderungen durchzusetzen sind.

[11] Geradezu „gemeingefährlich" sind Äußerungen wie „Nie zuvor in der neueren deutschen Geschichte haben die Älteren ihre Nachkommen so schamlos ausgenommen wie derzeit" (*Graf* (2002), S. 33). Solche Äußerungen sind in dem Sinne gemeingefährlich, als sie einen beträchtlichen Bevölkerungsteil und seine Leistungen in einer Weise diskriminieren, die einer pauschalen und strikten Verurteilung gleich-

könnte zudem die Zuständigkeit von Ministern daraufhin ausrichten und ihre Verantwortlichkeit gegenüber jenen Kammern festlegen. Herkömmliche nationale Parlamente würden nicht funktionslos, jedoch würden ihre Zuständigkeiten stark verändert, ebenso Zahl und Zusammensetzung ihrer Mitglieder. Kurzum, das herkömmliche Regierungssystem (einschließlich des Parteiensystems und der Systems der Interessengruppen) würde tiefgreifend verändert werden.

Die wenigen, sehr allgemeinen Bemerkungen zum Generationenprinzip als Grundlage von Funktion und Struktur eines Regierungssystems können bestenfalls nur ein Hinweis zu einem Denkanstoß sein, nämlich zu der Frage, welcher Funktions- und Strukturwandel einzuleiten wäre, damit Generationengerechtigkeit als Wertorientierung aufgrund von Verzeitlichungen der Zeit (als Versozialisierungen von Gemeinsinn) adäquat erfasst und umgesetzt werden könnte. Eine so ansetzende Fragestellung hat Konsequenzen für die Behandlung der Wertorientierungen der Mündigkeit einerseits und Fürsorge andererseits. Das heißt zunächst, dass die Politik trotz/wegen der prinzipiellen Wertorientierung der Gleichbehandlung dennoch die Zweiwertigkeit ihrer Operationen (Gleichheit/Verschiedenheit durch Inklusion/Exklusion) auseinander halten und auch adäquat bedienen könnte, sofern sie dabei trotz/wegen verschiedener Dringlichkeitsgrundlagen eine eigentümliche Gleichzeitigkeit ihrer Entscheidungen praktiziert. Diese Gleichzeitigkeit manifestiert sich grundsätzlich dadurch, dass die mit den Entscheidungen bestimmten Inklusionen ihre Exklusionen insofern wieder inkludieren, als eine *Entscheidungsverantwortlichkeit sowohl* für das Inkludieren *als auch* das Exkludieren begründet wird. Diese Entscheidungsverantwortlichkeit entbindet nicht von Verantwortlichkeiten, die aufgrund eigener Programm- und Entscheidungskompetenzen durch Entscheidungen von Mitgliedern für sich selbst als Mitglieder begründet werden. Worauf es bei jener *verschränkten* Entscheidungsverantwortlichkeit ankommt, ist, dass aufgrund jener Entscheidungen Programm- und somit Zukunftsverantwortlichkeiten für jeweilige Umwelten zugerechnet werden, sofern durch diese Entscheidungen Verzeitlichungen der Zeit und folglich Dringlichkeiten für diese Umwelten jedenfalls mitbestimmt werden. Insofern wird verständlich, wieso Verzeitlichungen der Zeit aufgrund von Versozialisierungen von Gemeinsinn Verzeitlichungen der Zeit für Personen vorgeben.

Mündigkeit ist heutzutage aufgrund von Entscheidungen der Politik eine gewährte und eingeforderte Mündigkeit. Daher kommt hierfür nur eine ver-

---

kommen und indirekt zur Vergeltung aufrufen. Wer sich so äußert, nimmt die Fakten bestenfalls äußerst selektiv zur Kenntnis. Das kann auch einem Theologen und Ethiker nicht zugestanden werden. Von einem Beitrag zur Förderung des Gemeinsinns kann keine Rede sein.

schränkte Verantwortlichkeit in Betracht. Die gewährte und eingeforderte Eigenverantwortlichkeit ist nur bedingt als eine personale Verantwortung zurechenbar. Es handelt sich dabei nicht einfach um ein Tolerieren durch Vergleichgültigen, sondern um eine spezifische Ausprägung davon, die dieses Tolerieren aufgrund der Wertorientierung der Fürsorge einschränkt (bis hin zu dem Punkt, die personale Eigenverantwortung durch gesetzliche Bestimmungen zu erzwingen). Mit der Wertorientierung der Fürsorge wird zwar versucht, Zukunft zu gewinnen, d. h. *Vorsorge* zu betreiben, aber genau dadurch wird offenbar, dass damit eine letztlich unbegrenzte Vielzahl und Vielfalt an verschränkten Verantwortlichkeiten begründet und unterhalten wird, und zwar deshalb, weil die Politik die durch ihre Fürsorge implizierte Zeitdimension nur eingeschränkt managen kann. Ihre Verantwortlichkeit wird deswegen nicht aufgehoben, jedoch verschärft.

Diese Verantwortlichkeit verlangt, dass die Politik jedenfalls Bedingungen schafft, die ermöglichen, ihr zwangsläufig abstrakt-allgemeines und insofern gegenüber den Personen distanziertes Verständnis von Vorsorge möglichst differenziert und konkretisiert zu fassen und umzusetzen. Man kann auch sagen, die Politik habe Fürsorge als Ausführungen von Dringlichkeiten zu begreifen, die ihre Vorsorgemaßnahmen so ausrichten, dass diese soweit wie möglich mit den Vorsorgemaßnahmen der Personen und deren Dringlichkeiten konvergieren. Die Nachhaltigkeit politischer Entscheidungen besteht dann darin, die jeweilige Aktualität dieser Entscheidungen so auszurichten, dass zur Befriedigung der Bedürfnisse der Gegenwart keine Belastungen programmiert werden, die verhindern, dass künftige Generationen ihre Bedürfnisse befriedigen können. Die Einrichtung von Generationenkammern kann zumindest eine Nachhaltigkeit in der Zurechenbarkeit von Verantwortlichkeiten verbessern.

Zurechenbarkeit von Verantwortlichkeit ist Bedingung für die Zurechenbarkeit von Entscheidungen. Ohne Zurechenbarkeit von Verantwortlichkeit sind Entscheidungen nicht möglich. Entscheidungen setzen die Unbestimmtheit der Zukunft und somit Ungewissheit voraus, und zugleich absorbieren sie Unsicherheit, indem sie Zukunft bestimmen. Insofern übernehmen Entscheider mit ihren Entscheidungen zwangsläufig Verantwortlichkeiten für ihre Entscheidungen. Ansonsten würden sie nicht – und das kann nicht nachdrücklich genug betont werden – entscheiden können. Das gilt in besonderer Weise für Entscheidungen der Politik, in erster Linie deswegen, weil sie die Zukünfte vieler Personen tiefgreifend und umfassend bestimmen, aber auch deswegen, weil die Entscheidungen der Politik in der Regel „Gremienentscheidungen" sind und daher die Mitglieder dieser Gremien als Mitglieder ihre (personale) Verantwortlichkeit letztlich als „Gewissensentscheidungen" mit „politischer Resistenz" ausstatten (um nicht zu sagen: „politisch immunisieren").[12]

Diese „politische Resistenz" erschwert die Zurechenbarkeit von Verantwortlichkeiten der Politik bis hin zur Unübersichtlichkeit und Unkenntlichkeit, entbindet aber nicht davon. Die Zurechenbarkeit von Verantwortlichkeit muss vielmehr geschärft werden, insbesondere dann, wenn das „Programmieren durch Vergleichgültigen" zur Verschiebung der Verantwortlichkeit (von den Programmierern bzw. Entscheidern auf die Programmierten bzw. von den Entscheidungen Betroffenen) genutzt und der Eigenverantwortung überlassen wird (wie auch immer das im einzelnen oder auch pauschal begründet sein mag).[13] Jene „politische Resistenz" begründet ein prinzipielles *Misstrauen* gegenüber der Politik. Auch dieses Misstrauen ist nicht möglich ohne ein *Vertrauen,* nämlich das Vertrauen, das dieses Misstrauen funktioniert. Daher kommt es auch hier darauf an, Bedingungen zu schaffen (worauf mit den Bemerkungen zur Generationengerechtigkeit hingewiesen wurde), damit das Vergleichgültigen nachhaltig in das Programmieren Eingang findet und dadurch die Zurechenbarkeit für die Verantwortlichkeit des Vergleichgültigens ermöglicht und diese Verantwortlichkeit von der Politik wahrgenommen wird.

3. Planens/Veralltäglichens

Jede Politik ist progammorientiert – ansonsten kann von Politik keine Rede sein. Demnach zeichnen sich Politiken des Planens dadurch aus, dass sie sich als besondere Ausprägungen von Politik identifizieren lassen. Sie sind daran erkennbar, ob ihren Entscheidungen ein besonderer Status zukommt, also ob die Entscheidungen von Politiken des Planens mit besonderen Merkmalen ausgestattet sind. Dabei geht es nicht um den Status ihrer Bindungswirkung als allgemeinverbindliche Entscheidungen. Ihr besonderer Status spezifiziert die Entscheidungen im Verhältnis zueinander, so dass daraufhin festgestellt werden kann: Diese Entscheidungen erfassen und kennzeichnen Handlungszusammenhänge, die Zurechnungen einfordern und begründen, welche rechtfertigen, sie als jeweilige *Pläne* zusammenzufassen und zu beschreiben.

Ob von Politiken des Planens die Rede sein kann, hängt demnach davon ab, ob die betreffenden Entscheidungen jeweiligen Prioritätenlisten zurechenbar sind oder nicht. Sofern eine solche Zurechenbarkeit möglich ist, handelt es sich nicht um Planungsentscheidungen. Entscheidend für die Zurechenbarkeit als Planungsentscheidungen ist ihr *Dringlichkeitsstatus*. Dringlichkeiten, die auf einer Prioritätenliste angeordnet, daraufhin auch

---

[12] Festzuhalten ist hier, dass eine Feststellung vorliegt, keine Bewertung,

[13] Ob z. B. als Rationalitätsgewinn oder als Stärkung der Selbstbestimmung deklariert, ist faktisch von geringem Interesse.

verändert und in ihrem *Ablauf* flexibel gehandhabt werden können, kennzeichnen einen Spielraum, der nach politischen Opportunitäten genutzt wird. Aufgrund dieser Opportunitäten wird der Zusammenhang hergestellt und der Ablauf sicher gestellt. Man kann auch sagen, dass aufgrund dieser Opportunitäten die Anschlussfähigkeit der Entscheidungen so genutzt wird, dass die Einheit der Prioritätenliste trotz laufender Veränderungen gewahrt wird.

Dringlichkeiten dagegen, die durch Planungsentscheidungen umgesetzt werden, werden als Einheit nicht aufgrund jener politischen Opportunitäten genutzt. Die Anschlussfähigkeit der betreffenden Entscheidungen ist jeweils *zwingend* vorgegeben. Das heißt, der Ablauf der miteinander zu verknüpfenden Entscheidungen ist festgelegt. Mit dieser Festlegung ist auch der Inhalt jedenfalls in seinen entscheidenden Merkmalen mit festgelegt, so dass ein Opportunismus nur hier seine Anschlusspunkte findet. Das schließt nicht aus, sondern setzt notwendigerweise voraus, dass es grundlegende und umfassende Planungsentscheidungen geben muss, die dafür sorgen, dass der Opportunismus auf diese Möglichkeiten beschränkt bzw. die vorausgesetzte Dringlichkeit gesichert wird. Damit ist auch gesagt, dass dennoch nicht grundsätzlich auszuschließen ist, dass diesen Planungsentscheidungen aufgrund von Opportunitäten – nicht selten als Sachzwänge ausgegeben – dieser Status genommen wird und ihnen andere Dringlichkeiten zugerechnet werden. Man kann auch sagen, diese Entscheidungen werden mit einer anderen Anschlussfähigkeit ausgestattet, was wiederum einschließt, dass die Funktion der grundlegenden Planungsentscheidung nicht durchgehend bedient wurde. Bei dieser Funktion handelt es sich um die einer Entparadoxierung.[14]

Diese Entparadoxierung besteht – wie die vorstehenden Überlegungen bereits erkennen lassen – darin, die vorausgesetzte Dringlichkeit bzw. zwingende Anschlussfähigkeit gegenüber Opportunitäten durchgehend zu sichern. Dadurch wird Aktualität ausgeschaltet, eine Aktualität, über die der Zufall Eingang findet bzw. die implizierte Notwendigkeit ausgesetzt wird. Opportunismen sind also geeignet, nicht vorgesehene Zeitpunktmarkierungen einzufügen und dadurch Pläne zu verwischen oder gar zu zerstören. Man könnte auch sagen, dass Opportunismen ermöglichen, gegenüber „selbstverschuldeten" Zwängen Entscheidungsfreiheit zurückzugewinnen. Weil Politik ständig dazu herausgefordert ist (ansonsten könnte von *politischen* Entscheidungen keine Rede sein), ist es in der Regel schwierig, Planungsentscheidungen der Politik von üblichen programmorientierten Entscheidungen zu unterscheiden.

---

[14] Diese Feststellung verweist wiederum auf die „Grundtatsache", dass aller Anfang paradox ist.

IV. Politik als Zeitmanagement – durch Politiken des ...

Grundsätzlich ist vorauszusetzen, dass Planungsentscheidungen der Politik durch Programmentscheidungen vorgeprägt und eingebunden sind; insofern sind Pläne als spezifische Programmkomponenten einzuordnen. So kann man trotz möglicher Vorbehalte z. B. das von der Hartz-Kommission entwickelte Konzept als Teil des Programms mit der Überschrift „Bekämpfung der Arbeitslosigkeit" auffassen. Dieses Konzept erhielt im Rahmen des Konzepts „Bekämpfung der Arbeitslosigkeit" den Status eines Plans durch die Festlegung (das Versprechen) des Bundeskanzlers und Parteivorsitzenden, dieses Konzept „eins zu eins" umzusetzen. Dieser Status wurde ausgesetzt, indem diese Festlegung zurückgenommen und jedenfalls Teile jenes Konzeptes aktuellen Opportunitätsentscheidungen überlassen wurden. Ob der neuen Fassung des „Hartz-Konzeptes" wiederum der Status eines Planes als Komponente des Progamms „Bekämpfung der Arbeitslosigkeit" zugerechnet werden kann, sei hier dahingestellt.

Die Statusveränderung des Hartz-Konzeptes hat beträchtliche Enttäuschungen und Kritik hervorgerufen. Zwar sind Enttäuschungen oft Auslöser und Grundlage für Kritik, jedoch ist hier klar zu unterscheiden, auch dann, wenn Enttäuschung und Kritik sich zwangsläufig auf *dieselbe* Zeitpunktmarkierung (dieselbe Entscheidung) beziehen. Kritik ist in solchen Fällen der Regelfall insofern, als es um Politik geht. Daher kann für eine Kritik die betreffende Zeitpunktmarkierung erwartungsgemäß sein (ansonsten wäre die betreffende Kritik nicht möglich gewesen), während sie andererseits Enttäuschungen bindet und daraufhin ein – wenn auch nur vorübergehendes – „politisches Verstummen" bewirkt. Wie auch immer in solchen Fällen Erwartungen sich erfüllen oder enttäuscht und welche Wirkungen (Kritik/Verstummen) bewirkt werden, sie kennzeichnen die Managementfähigkeiten von Politik. Was einerseits als Fehler (z. B. Versprechen der „eins zu eins"-Umsetzung) zugerechnet und eingestanden wird, wird andererseits als Kompetenz (für Kritik und „Besserkönnen") zugerechnet und in Anspruch genommen. Mit dieser Feststellung wird auf das „alltägliche Geschäft" der Politik verwiesen.

Das alltägliche Geschäft der Politik bzw. die „Veralltäglichung der Politik durch Politik" besteht darin, trotz der aufgrund von Aktualitäten und der nach Opportunitäten unterschiedenen Dringlichkeiten ihre Programmorientierungen im Blick- und damit Aufmerksamkeitsfeld zu behalten. Veralltäglichung der Politik durch Politik unterliegt den Zwängen von Opportunismen und entwickelt dadurch die Tendenz zu Beliebigkeiten (im Sinne von Plan- und Programmlosigkeit). Wenngleich Opportunismus Bedingung dafür ist, dass der Zufall als Unterbrecher von Notwendigkeit fungieren kann, fungiert er gleichsam als Vollstrecker von Zwang, nämlich des Zwanges zur Entscheidung. Diese „Selbstveralltäglichungen" der Politik durch Politik sind Bedingung dafür, dass Politik eine prozessorientierte Nachhaltigkeit

3. Planens/Veralltäglichens

von Dauerpräsenz entwickeln und aufrecht erhalten, also dadurch ihre andauernde und vor allem flexible Anschlussfähigkeit unter Beweis stellen kann, auch und insbesondere dann, wenn Plan und Programm ein anderes Vorgehen und andere Resultate einfordern.

Das Veralltäglichen der Politik durch die Politik selbst ist ohne Einwirkungen der gesellschaftlichen Umwelt nicht vorstellbar. Insofern sind hierfür Vorstellungen und Aktivitäten des Alltags (z. B. in Familie, in Unternehmen, am Arbeitsplatz, in Schulen, in Universitäten, auf Reisen, im Verkehr, im Theater, im Kino, vor dem Fernseher usw. usw.) bestimmend. Die grundlegende und entscheidende Frage ist, wie und in welchem Ausmaße Entscheidungen der Politik Ablauf und Gestaltung des Alltags der Bürger bestimmen. Eine Beantwortung dieser Frage scheint aufgrund der Vielfalt und Vielzahl der möglichen und tatsächlichen Ausprägungen außerordentlich schwierig – um nicht zu sagen: unmöglich – zu sein. Verschärft wird diese Frage durch die Tatsache, dass die Politik einerseits und ihre gesellschaftliche Umwelt andererseits den Alltag der Bürger grundsätzlich und grundlegend verschieden betrachten und auffassen, allein schon deswegen, weil die Politik prinzipiell *allgemein* (kollektiv bzw. versozialisiert) verbindliche Entscheidungen trifft, während in der gesellschaftlichen Umwelt prinzipiell *individuell* (natürliche und/oder juristische Personen betreffend) verbindliche Entscheidungen anstehen. Deshalb sind auch grundsätzlich und grundlegend verschiedene Prognosefähigkeiten gefordert. Dennoch oder gerade deswegen ist und bleibt die Politik herausgefordert und aufgefordert, den Alltag ihrer gesellschaftlichen Umwelt als Konstituenz ihrer Entscheidungen zu implizieren. Selbstveralltäglichungen der Politik bieten hierfür zwar Möglichkeiten und Ansatzpunkte, erfordern aber zusätzliche und spezifische und spezifizierende Voraussetzungen.

Auch Selbstveralltäglichungen der Politik sind zunächst einmal grundsätzlich „blind" gegenüber dem Alltag der gesellschaftlichen Umwelt insofern, als auch die Politik nach eigenen Dringlichkeiten ihr Geschäft betreibt, was eine eigene Verzeitlichung der Zeit aufgrund einer besonderen Versozialisierung von Gemeinsinn voraussetzt. Die Politik erreicht den Alltag ihrer Umwelt nur, indem sie ihn gleichsam „entindividualisiert". Sofern ihr das gelingt, bestimmt sie diesen Alltag nachhaltig, wenngleich diese Nachhaltigkeit sich sehr unterschiedlich auswirkt bzw. sich sehr verschieden ausprägt. Diese Nachhaltigkeit besteht in Verplanungen des Alltags der Bürger aufgrund von Entscheidungen der Politik. Diese Entscheidungen der Politik fungieren – unabhängig davon, welchen Programmen und/oder Plänen der Politik sie zugerechnet werden können – als „zwingende" Vorgaben für die Gestaltung des Alltags.[15] Das heißt, der Alltag ist zwar prinzipiell

---

[15] Damit wird bestätigt, dass Politik einerseits und gesellschaftliche Umwelt andererseits sich nach grundsätzlich verschiedenen Dringlichkeiten orientieren.

unbegrenzt vielfältig gestaltbar, aber dennoch wird dieser Alltag in seinem Ablauf markiert und bestimmt durch Ereignisse, die Strukturen ausweisen, die erst ermöglichen, von Veralltäglichungen zu sprechen. Daher werden – so wird man vorerst feststellen können – Veralltäglichungen erst dadurch beobachtbar und erkennbar, dass sie sich aufgrund jener Markierungen bzw. Strukturen etablieren. Veralltäglichungen sind typischerweise in hohem Maße individualisiert, aber *zugleich* kollektiviert bzw. versozialisiert. Auf diese Gleichzeitigkeit als kennzeichnendes Merkmal von Veralltäglichungen kommt es an.

Reisen – z. B. mit der Deutschen Bahn – ist eine alltägliche Angelegenheit. Zwar kann dieses Reisen für den *einzelnen* Reisenden ein besonderes und aufregendes Erlebnis bzw. Ereignis sein, dennoch wird er mit *vielen anderen* Reisenden eine Vielzahl alltäglich vorkommenden Begebenheiten, Begegnungen, Überlegungen, Abläufen usw. usw. *gemeinsam* haben, etwa Auskünfte über Abfahrts- und Ankunftszeiten, über Zwischenaufenthalte und Anschlusszüge usw. einzuholen, Fahrt mit dem Taxi oder der S-Bahn oder der U-Bahn zum Bahnhof, Begegnungen im Bahnhof, auf dem Bahnsteig, im Zug usw. usw.. Darauf muss hier nicht weiter eingegangen werden; dies ist alltäglich und allgemein bekannt. All dies wird organisiert durch den *Fahrplan* (bestehend aus vielen miteinander verknüpften Einzelplänen) der Deutschen Bahn. Dieser Fahrplan ist *zwingend*. Wer sich diesem Zwang nicht unterwirft, kann kein Reisender mit der Deutschen Bahn sein; er schließt sich selbst aus, er wird ausgeschlossen. Sofern er den Fahrplan und die damit implizierten Zwänge akzeptiert, hat er viele Möglichkeiten der individuellen Gestaltung, vor Antritt der Zugreise,[16] während der Reise und nach Ankunft am Zielbahnhof. Grundlegende Bedingung für diese individuellen Gestaltungsmöglichkeiten des Reisens ist – unabhängig davon, welche Bedingungen jeweils noch hinzukommen mögen –, dass *viele* Personen als Reisende am „Reisen mit der Deutschen Bahn" teilnehmen.

Diese Bedingung des „Reisens mit der Deutschen Bahn" verweist darauf, welche eigentümliche Gleichzeitigkeit gesichert sein muss, damit dieses Reisen als ein *Sozialsystem* funktioniert. Die Frage nach der Gleichzeitigkeit ist auch eine Frage nach Mitgliedschaften bzw. Inklusionen. Vorab ist festzustellen, dass Bedingung für diese Mitgliedschaft Freiwilligkeit ist, eine Freiwilligkeit, die nicht nur die erwähnten Zwänge, die über den Fahrplan ausgeübt werden, akzeptiert, sondern darüber hinaus auch Regeln befolgt, die üblicherweise für das Zusammentreffen von Mitgliedern (also Reisenden) während des Reisens gelten. Jene Gleichzeitigkeit aktualisiert sich – pauschal gesagt – immer dann (und überall dort), wenn (und wo)

---

[16] Dadurch gewinnen die Reisenden die Möglichkeit, ihrerseits – wenn auch indirekt – auf die Gestaltung des Fahrplans einzuwirken.

Reisende als Reisende sich begegnen und miteinander kommunizieren (was auch immer dann Gegenstand der Kommunikation sein mag). Insofern handelt es sich um eine Gleichzeitigkeit, die prinzipiell von jedem einzelnen Reisenden mit anderen Reisenden (als Mitglieder des Sozialsystems „Reisen mit der Bundesbahn") hergestellt werden kann und demnach jeweils einmalig ist, aber dennoch *zugleich* vielfach aktualisiert wird, und zwar deswegen, weil das Sozialsystem „Reisen mit der Deutschen Bahn" aufgrund der zwingenden Vorgaben des Fahrplans jenen Kommunikationen den Status der Alltäglichkeit verschafft.

Das durch den Fahrplan – der für das Unternehmen der Deutschen Bahn als Komponente des Unternehmensprogramms zur Erzielung von Gewinn fungiert – organisierte Sozialsystem des „Reisens mit der Deutschen Bahn" inkludiert nicht nur Reisende, sondern auch das Auskunfts-, Schalter- und Zugbegleitpersonal (insgesamt: Servicepersonal), aber nicht das Personal – pauschal formuliert –, das dafür sorgt, dass der Fahrplan erstellt und eingehalten wird. Das Servicepersonal wird allerdings nur insoweit vom Sozialsystem „Reisen mit der Deutschen Bahn" inkludiert, als es mit seinen Aktivitäten unmittelbar auf die alltäglichen kommunikativen Anforderungen des Reisenden während seiner Mitgliedschaft zum Sozialsystem „Reisen mit der Deutschen Bahn" orientiert ist. Kennzeichnend für dieses Personal ist, dass es eine Mitgliedschaft sowohl mit dem Sozialsystem der Deutschen Bahn (als Unternehmen) als auch dem Sozialsystem „Reisen mit der Deutschen Bahn" unterhält und aufgrund dieser Mitgliedschaften mit sehr unterschiedlichen Zwängen (zwingenden Vorgaben) einerseits und Veralltäglichungen andererseits zurechtkommen muss.

Solche unterschiedlichen Mitgliedschaften deuten an, dass der Bürger – etwa als Mitglied der Gesellschaft der Bundesrepublik Deutschland – mit einer Vielzahl und Vielfalt an Mitgliedschaften und somit Zwängen und Veralltäglichungen zurecht kommen muss, auch und insbesondere dann, wenn nur eine Instanz zur Herstellung allgemein (für alle Bürger gleichermaßen) verbindlicher Entscheidungen vorauszusetzen ist. Diese Instanz ist zuständig für die Erstellung und Erhaltung des „Fahrplans" (mit einer Vielzahl und Vielfalt an Einzelplänen) des Sozialsystems „Zusammenleben in der Gesellschaft der Bundesrepublik Deutschland".

Die Veralltäglichung des Alltags (und zwar rund um die Uhr) aufgrund von Verrechtlichungen vollzieht sich ungeachtet der Frage, ob die durch politische Entscheidungen festgelegten Zwänge als Programm- oder Planungsentscheidungen der Politik zurechenbar sind. Entscheidend ist vielmehr, ob diese Entscheidungen für die Bürger als zwingende Planungsvorgaben fungieren, woraufhin sie die Aktivitäten ihres Alltags ausrichten. Als ein einfaches, aber typisches Beispiel hierfür könnte auf das Ladenschlussgesetz verwiesen werden. Weitere Beispiele anzuführen, erübrigt sich, da jeder Bürger selbst genügend Beispiele aus seinem Alltag kennt.

Der „Fahrplan" des Sozialsystems „Zusammenleben in der Gesellschaft der Bundesrepublik Deutschland" hat eine Wertorientierung; sie ist erforderlich, damit er als Komponente eines Programms fungieren kann. Damit ist angezeigt, dass der „Fahrplan" verschiedene Ausprägungen haben kann und hat, einfach deswegen, weil dieser Fahrplan aufgrund unterschiedlicher Programme und aufgrund unterschiedlicher Mehrheiten durch Entscheidungen laufend wieder verändert wird. Wenn man als umfassende Wertorientierung aller Gesellschaftsprogramme der Politik das *„gute Zusammenleben"* unterstellen kann, so für die verschiedenen Ausprägungen des „Fahrplans" etwa Friedfertigkeit, Kooperation, Störungsfreiheit, Reibungslosigkeit, Konsens usw. usw.. Aufgrund solcher Wertorientierungen ist es jedenfalls nicht zwingend, diesen „Fahrplan" mit einer spezifisch inhärenten Wertorientierung im Sinne eines „zwingenden" Wertes für die Verknüpfbarkeit der Planelemente auszustatten. Dem Fahrplan der Deutschen Bahn dagegen wird nur eine bestimmte Wertorientierung zugerechnet insofern, als er unmittelbar mit dem Wert „Pünktlichkeit" verknüpft wird, einem Wert, der andere Wertorientierungen zumindest zurückstellt, und zwar deswegen, weil ohne jene Wertorientierung das Sozialsystem „Reisen mit der Deutschen Bahn" keinen Bestand hätte.

Wenngleich der „Fahrplan" für das Zusammenleben in der Gesellschaft eine Vielzahl sehr unterschiedlicher Wertorientierungen zur Voraussetzung hat, ist dennoch für die Kohärenz der Elemente dieses „Fahrplans" eine bestimmte Wertorientierung festgelegt, nämlich die der Einhaltung der Entscheidungsvorgaben der Politik. Da es sich hierbei um eine strikt anzuwendende Wertorientierung handelt, muss eine dementsprechende Vorsorge betrieben werden. Diese besorgen Verwaltung und Justiz. Dadurch wird der Alltag der Bürger mit einem hohen Ausmaß an Sicherheit versorgt. Diese Sicherheit ist grundsätzlich ambivalent; sie umfasst – allgemein gesagt – einerseits Zwänge, andererseits Freiräume, und insofern umfasst sie grundsätzlich verschiedene Versozialisierungen von Gemeinsinn und folglich Verzeitlichungen der Zeit. Damit muss der Bürger in seinem Alltag zurecht kommen.

Die grundlegende Frage ist, welche Art von Sicherheit die erwähnten Zwänge und die davon bestimmten Freiräume schaffen. Die Antwort fällt grundsätzlich unterschiedlich aus, je nachdem ob und wie diese Zwänge Freiräume für den Bürger erweitern oder verengen, und dies kann trotz/wegen der allgemeinen Bindungswirkung der Vorgaben für den Bürger sehr unterschiedliche Auswirkungen haben. Dennoch kann festgestellt werden, dass jene Zwänge trotz/wegen ihrer Allgemeinheit mit der Zunahme allgemeiner Sicherheit auch allgemeine Unsicherheit erzeugen; nicht nur in der

Frage, wie lange und mit welcher Kohärenz und Stringenz die zwingenden Vorgaben gelten oder wie verändert werden (demnach: wie verlässlich die Politik ist), sondern auch in der Frage, ob und welche Anforderungen aus der Gesellschaft an die Politik gestellt, und ob und wie diese Anforderungen von der Politik akzeptiert und in Entscheidungen umgesetzt werden. Es geht – kurz gesagt – darum, wie das Verhältnis von Politik und Antipolitik funktioniert und aufgrund dessen die Politik ihre gesellschaftliche Umwelt mit allgemein bindenden und zwingenden Vorgaben versorgt. Indem die Politik dieses Geschäft betreibt, versorgt sie sich auch selbst, nämlich mit dem, was sie zum Prozessieren braucht, so dass sie auf diese Weise ihr „Fortleben" sichert. Indem sie für ihre Selbstveralltäglichungen sorgt, schafft sie Bedingungen für Veralltäglichungen des Alltags in ihrer gesellschaftlichen Umwelt.

Weil die Politik ihre Veralltäglichungen als Selbstveralltäglichungen betreibt, stellt sich die Frage, wie die durch die Politik bestimmten Veralltäglichungen in der gesellschaftlichen Umwelt Gegenstand der Kommunikation und Entscheidung der Politik werden bzw. werden können. Worauf es dabei entscheidend ankommt, ist, welche Gleichzeitigkeit wie zum Zuge kommt. Wird vorausgesetzt, dass Bedingung für Gleichzeitigkeit Verzeitlichungen der Zeit aufgrund von Versozialisierungen von Gemeinsinn sind, dann geht es darum, die den Entscheidungen der Politik implizierten Prognosen so zu verdichten bzw. zu verbessern, dass die gesellschaftliche Umwelt – insbesondere die durch die Entscheidungen (Gesetze) adressierten und in Anspruch genommenen Bürger – die Veralltäglichungen ihres Alltags zumindest als selbst bestimmte Bedingungen und Möglichkeiten für „Selbstveralltäglichungen" anerkennen kann. Gemeint sind hier nicht die üblichen Überlegungen zur Bürgernähe der Verwaltung (wenngleich sie hilfreich sein können und sind), auch nicht die üblichen Forderungen nach größerer Bürgernähe der Politiker (z.B. durch Ausweitungen ihrer Sprechstunden im Wahlkreis). Gefragt ist eine Bürgernähe, die dadurch gekennzeichnet ist, dass der Bürger selbst seine Umwelt plant und insofern „eine Alternative zur Establishment-Demokratie"[17] praktiziert.

Ohne näher auf das von Dienel entwickelte Konzept der „Planungszelle" einzugehen, sei auf Merkmale hingewiesen, die auch für unsere Überlegungen von Bedeutung sind. Grundlegend für die Planungszelle ist, dass ein *Zufallsverfahren* zur Anwendung kommt, das also übliche Wahl- bzw. Auswahlverfahren ausschließt, aber dennoch Repräsentativität eingefordert. Folglich werden auch keine Parteien für die personelle Besetzung von Planungszellen benötigt. Die Mitgliedschaft in solchen Planungszellen ist zeitlich – auf wenige Wochen – und der Teilnehmerzahl nach – ca. 25 Teilneh-

---

[17] *Dienel* (2002^5).

mer – eng begrenzt.[18] Entscheidend ist, dass ein *Teilnahmezwang* besteht, der nur in Ausnahmefällen aufgehoben werden kann.[19] Die „Verortung" von Planungszellen kann auf allen politisch-administrativen Ebenen (von der Ebene der Kommune bist zu der des Bundes) erfolgen, und die Planungszellen können sowohl den Entscheidungsgremien als auch den Verwaltungen zugeordnet werden.

Dass solche Planungszellen mit Entscheidungskompetenzen und insbesondere Kompetenzen der Kontrolle und Zuweisung von Aufgaben an andere Entscheidungsgremien und die Verwaltungen auszustatten sind, ist offensichtlich, wenn sich ihre Funktion nicht darin erschöpfen soll, „Bürgerunruhe" aufzufangen, abzupuffern und letztlich kanalisiert abfließen zu lassen. Was solche Planungszellen leisten können und sollten (sofern man ernsthaft ihre Einrichtung betreiben wollte), wäre, eine immer wieder und zunehmend verstärkt geforderte *Flexibilität* zu ermöglichen und zu sichern. Diese Flexibilität ist nicht, jedenfalls nicht vorrangig die, die dazu dient, Ablauf- bzw. Prozessgeschwindigkeiten zu steigern. Es geht um eine Flexibilität, die – kurz gesagt – eine nachhaltige „Dauerpräsenz von Aktualität" ermöglicht und als Ressource (die durchaus als ein „öffentliches Gut" qualifiziert werden kann) zur Verfügung steht. Dabei handelt es sich um eine Aktualität, die aufgrund ihrer Dauerpräsenz Zukunft markiert und erfasst. Diese Zukunft ist eine vielfach und vielfältig differenzierte, aber durchweg eine aktuell-konkret bestimmte. Daher ist eine so markierte und bestimmte Zukunft (bzw. solche Zukünfte) nicht dazu geeignet, „weit voraus zu schauen", jedoch dazu, Zukunft an den Alltag zu binden, so dass die Veralltäglichungen des Alltags, zu denen die Bürger aufgrund politischer Entscheidungen gezwungen sind, als „Selbstveralltäglichungen" der Bürger – wenn auch in Grenzen – dauerhaft ermöglicht werden.

Auch wenn die aufgrund einer nachhaltigen Dauerpräsenz von Aktualität ermöglichten Selbstveralltäglichungen kennzeichnend für eine Gesellschaft sind, ist dennoch fraglich, inwieweit sie den „Fahrplan" für das Zusammenleben in der Gesellschaft bestimmen. Dies hängt vor allem davon ab, ob und wie diese Selbstveralltäglichungen mit der Wertorientierung des „guten Zusammenlebens" vereinbar sind. Da eine solche Wertorientierung grundsätzlich jenen Selbstveralltäglichungen „voraus läuft" (als Führungsgröße der Gesamtgesellschaft fungiert), muss Selbstveralltäglichungen jedenfalls die Chance verschafft werden, nicht „hinterher laufen" zu müssen und in letzter Konsequenz „abgehängt" zu werden (mit evt. verhängnisvollen Folgen für Bürger und Gesellschaft). Das heißt, es sind Bedingungen für

---

[18] Die zeitliche Eingrenzung und die Zahl der Teilnehmer (Mitglieder) können variieren.

[19] Erinnert sei daran, dass auch die Mitwirkung als Schöffen mit einem Zwang versehen ist.

Selbstveralltäglichungen zu schaffen, die trotz/wegen aller Individualitäten dennoch geeignet sind, den durch das „Zusammenleben in einer Gesellschaft" versozialisierten Gemeinsinn zu stützen und daran teilzuhaben, ihn mitzubestimmen, sowohl zum jeweils eigenen Vorteil als auch zum Vorteil der Gesellschaft.

Die im vorhergehenden Abschnitt angesprochenen Bedingungen zur Ermöglichung und Sicherung der Generationengerechtigkeit können als Bedingungen für jene Zukunftsfähigkeit betrachtet werden. Zu dieser Zukunftsfähigkeit gehören auch Ermöglichung und Sicherung sozialer Gerechtigkeit, ausgewiesen z.B. an der Steuergerechtigkeit. Dazu ist schon außerordentlich viel gesagt und geschrieben worden. Kristallisationspunkt ist in der Regel die Wertorientierung der Leistungsgerechtigkeit. Auch dazu gibt es eine umfangreiche Diskussion mit entsprechenden Vorschlägen und Forderungen. Auch darauf soll hier nicht weiter eingegangen werden.[20]

Der Verweis auf Steuer- bzw. Leistungsgerechtigkeit dient hier lediglich dazu, darauf aufmerksam zu machen, dass die Zukunftsfähigkeit der Gesellschaft durch die herkömmlichen Überlegungen und Festlegungen zur Steuerproblematik in hohem Maße krisenanfällig bleiben wird, solange nicht im Kontext damit Bedingungen zur Ermöglichung und Sicherung von *Ausgabengerechtigkeit* diskutiert und festgelegt werden.[21] Dazu gehören selbstverständlich nicht nur die üblichen Überlegungen zur Verteilungs- und Umverteilungsgerechtigkeit, sondern auch die herkömmlichen Forderungen zur Ausgabendisziplin durch Einsparungen, Subventionsabbau, Umbau des öffentlichen Dienstes, Kontrolle der Ausgaben und Sanktionierung bei Verschwendung von Steuergeldern usw. usw.. Grundsätzlich gilt auch hier – was durchweg missachtet oder falsch verstanden wird –, dass die Erfassung und Sicherung von Zukunft nur durch eine nachhaltige Dauerpräsenz von Vergangenheit ermöglicht und gewährleistet werden kann.[22] Das heißt allgemein, dass möglich sein und bleiben muss, Vergegenwärtigungsleistungen letztlich zu *erzwingen,* nicht nur im Sinne der üblichen Auffassung über Repräsentativität (insbesondere im Sinne der repräsentativen Zusammensetzung von Parlamenten), sondern vor allem als Entscheidungsleistungen, denen man Repräsentativität zurechnen kann im Sinne einer „nachhaltigen Aktualität von Vergangenheit". Um dies zu ermöglichen, wird man nicht umhin können, Gesetze mit Verfallsdatum zu versehen.[23]

---

[20] Man kann z.B. daran denken, die Einführung so genannter „zweckgebundener Steuern" (etwa einer Bildungssteuer oder einer Umweltsteuer) von einem Entscheid der Steuerzahler abhängig zu machen.

[21] Denkbar ist z.B., bei Erhöhungen oder Senkungen der Ausgaben die Steuerzahler darüber entscheiden zu lassen, welche Schwerpunkte (etwa Soziales, Forschung, Verteidigung usw.) zu setzen sind.

[22] Kennzeichnend für Utopien ist, dass sie diese Problematik ausblenden.

Man kann dabei Gesetze mit einem absoluten Verfallsdatum (was zeitliche Differenzierungen innerhalb des Gesetzestextes nicht ausschließt) und einem bedingten Verfallsdatum unterscheiden. Mit dem bedingten Verfallsdatum könnte – ebenfalls intern durchaus differenzierend – erreicht werden, dass das Gesetz vor dem betreffenden Datum in jedem Falle auf die Tagesordnung gesetzt und behandelt würde, und zwar ausdrücklich aufgrund bestimmter Vorrausetzungen und bestimmter Zukunftsperspektiven. Man kann daran denken, für bestimmte Fälle, in denen das Parlament solche Vorgaben missachtet, Sanktionen vorzusehen, bis hin zur automatischen Auflösung des Parlaments. Solche Parlamentsauflösungen könnten auch eintreten, wenn der Gesetzgeber Gesetzgebungsaufträge des Bundesverfassungsgerichts bis zu einen bestimmten Termin nicht erfüllt. Solche Parlamentsauflösungen würden als Unterbrecher fungieren, zwar nicht im Sinne des „reinen" Zufalls, aber doch im Sinne eines „erzwungenen Zufalls" bzw. „zufälligen Zwanges". So könnte – insgesamt gesehen – erreicht werden, dass die Politik unter den Bedingungen einer rasch sich verändernden Welt „auf der Höhe der Zeit" bleiben könnte, zumindest nicht laufend *subaktuelle* Leistungen erbringen würde.

Garant für die Aufbereitung und Verbreitung von Aktualität sind nach allgemeiner Auffassung die Medien. Ihre Ausrichtung auf Aktualität ist eine Orientierung auf einen „Wert an sich". Daher können diesem Wert alle möglichen anderen Werte zugerechnet werden, den „Wert des Verschweigens" eingeschlossen. Diese Ausrichtung auf den Wert der Aktualität blockiert sich selbst, wenn es darum geht, aktuell zu sein im Sinne einer „nachhaltigen Aktualität von Vergangenheit" zur Ermöglichung und Sicherung von Zukunft. Dafür fehlen jedenfalls bisher adäquate Medienformate. Zwar gibt es Formatelemente wie „was wurde daraus?" oder „nachgefragt", Formate der Dokumentation und historischen Darstellung, aber keine, die Aktualität als „Wert in der Zeit" bzw. als Wert für die Verzeitlichung der Zeit thematisieren. Dies ist nicht den Medien zum Vorwurf zu machen, und zwar deswegen nicht, weil aufgrund ihrer Wertorientierung dafür kein Erfordernis besteht. Also muss dafür ein Zwang eingerichtet werden. Dieser Zwang kann nur von außen kommen, d.h. von der Politik.[24] Daher wird man erwarten können (wenngleich diese Erwartung sehr niedrig anzusetzen ist), dass die öffentlich-rechtlichen Anstalten mit ihrem (von der Politik festgesetzten) und zwangsweise erhobenen hohen Gebührenaufkommen nur dann dazu verpflichtet werden, einem entsprechenden Auftrag nachzukommen.

---

[23] Vgl. dazu auch die Hinweise in *Bußhoff* (2000), S. 160 f.
[24] Mit diesem Hinweis wird darauf aufmerksam gemacht, dass ein diesbezüglicher Zwang, sollte er überhaupt in Erwägung gezogen werden, nur „weich" sein könnte.

3. Planens/Veralltäglichens

Ansatzpunkte hierfür können Sendeformate sein, die den Bürger als Wähler, als Steuerzahler, als Konsument, als Kunde, als Anleger, als Patient, als Klient, als Verkehrsteilnehmer, als Arbeitnehmer usw. usw. ansprechen und informieren. Es handelt sich dabei um spezifische Serviceformate, die zwar sinnvoll und hilfreich sind, aber eins nicht oder nur unzureichend leisten können, nämlich die „aktuelle (gegenwärtige) Aktualität" zu thematisieren und zu behandeln als Gegenstand der Verzeitlichung der Zeit und damit der Erfassung, Gestaltung und Sicherung von Zukunft durch Politik. Dazu müssten nicht nur neue Medienformate, sondern auch spezifisch darauf ausgerichtete Ausbildungsgänge für Journalisten entwickelt werden.

Die „aktuelle (gegenwärtige) Aktualität" ist in Anbetracht einer beschleunigten Technisierung aller Lebensbereiche und Industrialisierung aller Güter des täglichen Bedarfs durch Dringlichkeiten gekennzeichnet, und zwar deshalb, weil die Politik sich nachlässig orientiert. Das lässt sich z.B. daran ablesen, wie sie mit dem Verbraucherschutz (im weitesten Sinne verstanden) einerseits und den Verbraucherinteressen andererseits umgeht. Die besondere Schwierigkeit besteht darin, dass Verbraucherschutz ein Kollektivgut ist, Verbraucherinteressen aber teilbar sind. Die Teilbarkeit von Verbraucherinteressen zeigt sich z.B. dann und recht deutlich, wenn es darum geht, unter den Verbrauchsgütern des täglichen Verzehrs Lebensmittel von Genussmittel (mit ihrem Sucht- und Gefährdungspotenzial) zu unterscheiden und diese unterschiedlichen Eingrenzungen und Kontrollen zu unterwerfen. In solchen Fällen zeigt sich dann, dass Verbraucherinteressen mit Hersteller- und Verkäuferinteressen ein *gemeinsames* Interesse ausbilden. Insofern ist das Verbraucherinteresse Teil eines Verbandsinteresses, und insofern muss der Verbraucherschutz als Kollektivgut mit einer zusätzlichen Belastung fertig werden. Diese Schwierigkeiten werden bereits dann offenbar, wenn die Lebensmittel des täglichen Verzehrs wegen Zusatzstoffen (z.B. Stoffen zur Veränderung des Geschmacks oder auch nur zur optischen Verbesserung) oder Methoden der Herstellung (die deutliche Preisunterschiede bewirken) differenziert und entsprechend nachgefragt werden. Nimmt man die langlebigen Gebrauchsgüter des täglichen Bedarfs (wie elektrische Haushaltsgeräte, Möbel oder Autos und dergleichen) hinzu, ist die Verwicklung von Verbraucherinteressen und Hersteller- und Verkäuferinteressen kaum noch zu entwirren. Der Verbraucherschutz bleibt zwangsläufig auf der Strecke.

Um dennoch dem Verbraucherschutz adäquate Geltung zu verschaffen, muss – der Logik der Politik der Gesellschaft folgend – bei den Verbraucherinteressen und folglich der Antipolitik angesetzt werden. Den Verbraucherinteressen muss daher schon vom Ansatz her ein besonderer Status zugerechnet werden. Man muss für sie Körperschaften des öffentlichen Rechts (vergleichbar den Landwirtschaftskammern, Industrie- und Handelskammern, Handwerkskammern, Kammern für Ärzte, Apotheker, Rechtsanwälte, Notare)[25] einrichten. Der Status von Körperschaften des öffentlichen Rechts ist gefordert, damit vom Ansatz her ein *allgemeines,* auf ein *Kollektivgut* orientiertes *Interesse* Berücksichtigung findet.[26] Dies schließt Selbstverwaltungsrechte ein. Entscheidend sind jedoch Kontroll- und Entscheidungskompetenzen, die ermöglichen, einerseits die Hersteller- und Verkäuferinteressen und andererseits die Politikerinteressen zu zwingen, dem Kollektivgut des Verbraucherschutzes Vorrang einzuräumen. Denkbar ist, den Verbraucherkammern einerseits Kontroll- und Weisungsrechte gegenüber Einrichtungen wie z.B. dem Bundesamt für Verbraucherschutz und Lebensmittelsicherheit (und den verschiedenen anderen Aufsichts- und Prüfungsämtern auf Kommunal-, Landes- und Bundesebene) und andererseits Rechte gegenüber den Entscheidungsgremien der Politik auf den verschiedenen Ebenen einzuräumen, diesen Vorlagen zur Behandlung und Beschlussfassung vorzugeben.

Den Verbraucherkammern könnten Kompetenzen z.B. auch für Abfallvermeidung und Müllentsorgung zugestanden werden. So wäre etwa zu überlegen, ob nicht solche Kompetenzen eingerichtet werden sollten, wenn gefordert ist, eine Nachhaltigkeit zu ermöglichen und zu sichern, die darauf ausgerichtet ist, möglichst frühzeitig Fehlentwicklungen zu erkennen und daraufhin Korrekturen einzuleiten und deren Wirksamkeit zu überprüfen. Dadurch könnte ermöglicht werden, dass Verbraucherinteressen *unmittelbar* und *stetig* Eingang in den politischen Willensbildungs- und Entscheidungsprozeß finden könnten und dass so sowohl den Hersteller- und Verkäuferinteressen als auch den Politikerinteressen ein Allgemeininteresse entgegen gestellt werden könnte. Jedenfalls dürfte, wenn schon eine Interessenorientierung aller Politik zu unterstellen ist, in einer Gesellschaft relativ problemlos kaum ein umfassenderes Interesse als das Verbraucherinteresse zurechenbar sein. Zwar ist auch das Verbraucherinteresse in differenzierten Ausprägungen vorauszusetzen, jedoch kann ein allgemeines Alltagsinteresse unterstellt werden, das von der Vorsorge der Individuen bzw. Bürger beschickt und getragen wird, von unmittelbaren Umweltbelastungen (also Belastungen des Alltagsgeschehens) möglichst weitgehend verschont zu werden. An diese Einstellung könnte die Politik anknüpfen; sie könnte allgemeine Standards setzen und für deren Einhaltung allgemeine Anreize und Sanktionen festlegen und so Nachhaltigkeit mit Flexibilität verknüpfen.

---

[25] Dieser Hinweis soll lediglich daran erinnern, dass Selbstverwaltungsrechte zur Wahrung eigener Interessen schon seit langem anerkannt und akzeptiert sind. Die Einrichtung von Verbraucherschutzkammern könnte jedoch Anlass dazu sein, Status und Rechte der genannten Kammern zu überprüfen und neu zu definieren.

[26] Die Finanzierung über allgemeine Steuermittel dürfte wahrscheinlich günstiger sein, wenn die bisher für den Verbraucherschutz aufgewendeten Mittel den Verbraucherschutzkammern zur Bewirtschaftung zugewiesen würden.

3. Planens/Veralltäglichens

Ganz allgemein kann festgestellt werden, dass die Politik, die in vielfacher und vielfältiger Weise den Bürger (und insgesamt die Gesellschaft) mit zwingenden Planungsvorgaben überzieht, anerkennen und hinnehmen muss, dass sie sich ihrerseits entsprechenden Vorgaben aus der gesellschaftlichen Umwelt stellen muss. Die Souveränität der Entscheider der Politik muss unmittelbarer und nachhaltiger mit der Souveränität der Bürger verknüpft werden. Man könnte – salopp formuliert – auch sagen, dass die viel zitierte Abgehobenheit der Politiker durch die Einbindung des Alltags der Bürger in den politischen Willensbildungs- und insbesondere Entscheidungsprozess in die Realität zurückgeholt werden könnte.

Allerdings gilt auch hier, was bereits am Ende des vorausgehenden Abschnitts (IV/2) festgestellt wurde, dass die nur umrisshaft angesprochenen Überlegungen tief greifende Veränderungen des herkömmlichen Regierungssystems implizieren. Auch hier ist festzuhalten, dass die Erwartungen zumindest auf den Beginn solcher Veränderungen als äußerst niedrig anzusetzen sind. Einen – wenn auch diffusen – Ansatz für solche Erwartungen hätte man finden können, wenn dem vom Bundestag eingesetzten Untersuchungsausschuss (dem sogenannten „Lügenausschuss") ein Untersuchungsauftrag zugewiesen worden wäre, der wenigstens dazu auffordert, *strukturelle* Vorschläge zu erarbeiten dazu, wie in Zukunft jedenfalls ein solcher „Wählerbetrug" (wie er im Untersuchungsauftrag umschrieben ist) verhindert werden könnte.[27] – Offenbar muss man nachhaltig zur Kenntnis nehmen: Auch wenn die Politik Eigenverantwortung, Einstellungsänderungen, Umstellungen, Flexibilität usw. von den Bürgern bzw. ihrer gesellschaftlichen Umwelt fordert und dazu zwingende Vorgaben (Gesetze und Rechtsvorschriften) setzt, so impliziert das zwangsläufig nicht – auch nicht in schwierigen Zeiten –, dass die Politik für sich selbst die Bedingungen schafft, damit jenes gelingen kann. Diese Kenntnisnahme hat, damit ein Gewinn sich einstellen kann, die allgemeine Erkenntnis zur Voraussetzung: Die Zeitlichkeit der Politik der Gesellschaft ist eine spezifisch andere als die Zeitlichkeit ihrer gesellschaftlichen Umwelt bzw. der Antipolitik.

---

[27] Die endgültige Fassung des Untersuchungsauftrages lässt jedenfalls keine Vorschläge dieser Art erwarten.

Nachwort

Die Frage nach der Zeit ist ebenso alt wie z.B. die nach dem Leben, folglich auch das Bemühen, eine Antwort darauf zu finden. Demnach sind viele Ansätze und Möglichkeiten vorauszusetzen, sich mit dieser Frage zu beschäftigen, die bisherigen Bemühungen dazu aufzuzeigen, sie nachzuvollziehen, sie zu kommentieren und insbesondere auch weitere Überlegungen dazu anzustellen. – Damit befassen sich die vorstehenden Überlegungen jedoch durchweg nicht; sie unterstellen Leistungen zur Verzeitlichung der Zeit unter Verwendung von zeitlichen Markierungen, die durch Tätigwerden/Geschehenlassen erfasst und bestimmt werden, und versuchen, unter Verwendung dieser zeitlichen Markierungen die Frage zu klären, unter welchen Bedingungen die Politik hiermit wie umgeht, um ihre gesellschaftliche Funktion der Herstellung gesamtgesellschaftlich verbindlicher und bindender Entscheidungen zu bedienen.

Spezifische Bedingung für Politik, um zeitliche Markierungen setzen und bestimmen zu können, ist Aktualität. Es handelt sich um eine Aktualität, die die Politik selbst beschreibt und festlegt. Diese Aktualität trifft auf unterschiedliche Aktualitätsbedarfe und -anforderungen der gesellschaftlichen Umwelt. Zwangsläufig entstehen, ohne auf eine gemeinsame Versozialisierung von Gemeinsinn verweisen zu können, Gleichzeitigkeiten, die wegen unterschiedlicher Aktualitäten die Frage nach einer gemeinsamen Aktualität stellen. Diese Frage wird – kurz gesagt – thematisiert als eine Frage nach dem Verhältnis von Politik/Antipolitik. Entschieden wird diese Frage bzw. ist vorentschieden durch die der Politik zugewiesene gesamtgesellschaftliche Entscheidungskompetenz. Dennoch können, ungeachtet der Frage nach Legitimitätsstatus und Sanktionsmöglichkeiten, durch die gesellschaftliche Umwelt funktional äquivalente Bindungswirkungen bewirkt werden. Dadurch wird die Frage nach Tätigwerden/Geschehenlassen für die Politik zu einer höchst verwickelten Herausforderung. Insofern wird verständlich, dass die Politik ständig mit ihrem eigenen Leistungsdefizit und einem entsprechenden Vorwurf, nämlich subaktuell zu sein, konfrontiert wird.

Das Optimum an Aktualität, das die Politik erreichen könnte, wäre – so könnte man geneigt sein anzunehmen –, das Tätigwerden einzustellen und dem Geschehenlassen eine ausschließliche Präferenz zuzuweisen. Insoweit würde jedenfalls eine Aktualität möglich, die sich jeweils nicht von dem Zwang nach Gemeinsamkeiten leiten lassen müsste. Das aber wäre das Ende von Politik. Daher muss, wenngleich dies die Bedingung für ihr eigenes Leistungsdefizit ist, die vorherrschende Präferenz von Politik das Tätigwerden sein und bleiben. Auf die Frage nach dem durch die Politik aufgrund ihrer spezifischen Verzeitlichung der Zeit durch Versozialisierung von Gemeinsinn erreichbaren Optimum an Aktualität kann es keine allgemein akzeptierte Antwort geben. Auf diese Frage Antworten zu finden, gehört zu den Bedingungen von Politik. Erstaunlich ist, wie wenig und dazu noch relativ vordergründig die Politik – und die Wissenschaft von der Politik – sich mit dieser Frage beschäftigt.

Literaturverzeichnis

Assmann, Aleida: Zeit und Tradition. 1999, Köln, Weimar, Wien.

Becker, Christoph: Verantwortung und Verantwortungsbewusstsein. 2001, Köln.

Benford, Gregory: Deep Time: how humanity communicates across millenia. 1999, New York.

Berger, Peter L. (Hrsg.): Die Grenzen der Gemeinschaft. 1997, Gütersloh.

Bergmann, Werner: Die Zeitstrukturen sozialer Systeme. 1981, Berlin.

Bulletin des Presse- und Informationsamtes der Bundesregierung Nr. 103 vom 29.12.1998. S. 1323–1324.

Bußhoff, Heinrich: Systemtheorie als Theorie der Politik. 1975, Pullach bei München.

– Der politische Code. 1980, Stuttgart.

– Komplementarität und Politik. 1990, Würzburg.

– Der Staat als politisches System – Überlegungen zu einem (möglichen) Testfall für die Systemtheorie, in: Voigt, Rüdiger (Hrsg.): Abschied vom Staat – Rückkehr zum Staat? 1993, Baden-Baden. S. 121–142.

– Politische Repräsentation. 1999, Baden-Baden.

– Gemeinwohl als Wert und Norm. 2001, Baden-Baden.

Cohen, Daniel: Unsere modernen Zeiten. 2001, Frankfurt am Main.

Davies, Paul: Die Unsterblichkeit der Zeit. 1995, Berlin, München, Wien.

Dienel, Peter: Die Planungszelle. 2002, Wiesbaden.

Di Fabio, Udo: Am demographischen Abgrund, in: FAZ Nr. 237/2002, S. 7.

Ebner, Elke: Die Zeit des politischen Entscheidens. 2000, Wiesbaden.

Gambetta, Diego: Kann man dem Vertrauen vertrauen?, in: Hartmann, Martin/Offe, Claus (Hrsg.): Vertrauen. 2001, Frankfurt am Main/New York. S. 204–237.

Gerhards, Jürgen: Der Aufstand des Publikums, in: Zeitschrift für Soziologie, Heft 3, 2001, S. 163–184.

Graf, Friedrich Wilhelm: Was kann die Politik dafür? Das Volk will getäuscht werden, in: FAZ Nr. 300 vom 27.12.2002. S. 33.

Hondrich, Karl Otto: Der Neue Mensch. 2001, Frankfurt am Main.

Jasay, Anthony de: Liberalismus neu gefaßt. 1995, Frankfurt am Main.

Kramer, Ralf: Phänomen Zeit. 2000, Berlin.

Luhmann, Niklas: Temporalisierung von Komplexität. Zur Semantik neuzeitlicher Zeitbegriffe, in: Ders.: Gesellschaftsstruktur und Semantik. Band 1. 1980, Frankfurt am Main, S. 235–300.

– Die Lebenswelt – nach Rücksprache mit Phänomenologen, in: Archiv für Rechts- und Sozialphilosophie, 1986, S. 176–194.

– Gleichzeitigkeit und Synchronisation, in: Ders.: Soziologische Aufklärung 5. Konstruktivistische Perspektiven, 1990. Opladen.

– Organisation und Entscheidung. 2000a, Wiesbaden.

– Die Politik der Gesellschaft. 2000b, Frankfurt am Main.

Maturana, Humberto R./*Varela,* Francisco J.: Der Baum der Erkenntnis. Die biologischen Wurzeln des menschlichen Erkennens. 2. Aufl. 1987, Bern.

Milling, Peter (Hrsg.): Entscheiden in komplexen Systemen. 2002, Berlin.

Münkler, Herfried/*Bluhm,* Harald (Hrsg.): Gemeinwohl und Gemeinsinn. Band 1. 2001, Berlin.

Münkler, Herfried/*Bluhm,* Harald/*Fischer,* Karsten (Hrsg.): Gemeinwohl und Gemeinsinn. Band 2. 2002, Berlin.

Nassehi, Armin: Die Zeit der Gesellschaft. 1993, Opladen.

Offe, Claus: Vox Populi und die Verfassungsökonomik, in: Grözinger, Gerd/Panther, Stephan (Hrsg.): Konstitutionelle Politische Ökonomie. 1998, Marburg. S. 81–89.

Primas, Hans: Verschränkte Systeme und Komplementarität, in: Kanitscheider, Bernulf (Hrsg.): Moderne Naturphilosophie. 1984, Würzburg. S. 243–260.

Prodoehl, Hans Gerd: Theorie des Alltags. 1983, Berlin.

Putnam, Robert D. (Hrsg.): Gesellschaft und Gemeinsinn. 2001, Gütersloh.

Riescher, Gisela: Zeit und Politik. 1997, Baden-Baden.

Rüther, Günter (Hrsg.): Repräsentative oder plebiszitäre Demokratie – eine Alternative? 1996, Baden-Baden.

Schmied, Gerhard: Soziale Zeit. 1985, Berlin.

Schröder, Hermann-Dieter (Hrsg.): Entwicklung und Perspektiven der Programmindustrie. 1999, Baden-Baden.

Stanko, Lucia/*Ritsert,* Jürgen: Zeit als Kategorie der Sozialwissenschaften. 1994, Münster.

Sachregister

Absorption 105 f.
Aktualisierung 26, 35, 37, 55, 68, 188 f., 155, 159
Aktualitätssystem 14, 18 ff., 31 ff., 56, 67 f., 73 f., 80 f., 132, 155
Akzeptanz 85, 87, 98 f., 116, 118 f., 155, 159
Allgemeininteresse 140 f., 198
Amt/Mandat 33, 82, 93 f., 108 ff., 137
Anfang/Ende 6, 10 ff., 25, 36, 42 ff., 58, 60, 72, 74, 86, 93 f., 115, 132, 134, 145, 148, 150, 156 f., 170 ff., 176, 178, 187, 199 f.
Anonymisierung 102, 108 ff., 122
Anschlussfähigkeit 11, 18, 114 f., 187, 189 f.
Argumente axiomatische 166 f.
Autopoiese 13, 15, 30 f., 40, 48, 69

Beobachter/Regler/Wandler 70 ff., 95, 116, 120, 123, 137, 143 ff., 150, 152, 154, 173 ff., 178 ff., 185, 191 ff.
Bestand, Bestandserhaltung 9, 14, 42, 49, 182, 192
Bundeskanzler 59, 67, 72 f., 77, 89, 188
Bundesverfassungsgericht 43, 71, 92, 143, 196
Bürger, Mitbürger 44 f., 47 f., 56, 67, 77 ff., 83 f., 86 ff., 102 f., 105, 110 f., 117, 119, 124 ff., 129, 137, 144, 148, 154, 185, 191 ff.
Bürgerentscheid, Plebiszit 37 f., 41 ff., 94, 96 f., 171
Bürgerrecht 93, 128, 160
Bürgerstatus 78 ff.

Dauerpräsenz 20, 24, 27 f., 31 f., 46, 48 f., 52 ff., 60 ff., 118 ff., 128, 135, 147, 158 ff., 165, 173, 175, 189, 194 f.
Demokratie 43 f., 64 f., 71 f., 94, 111, 115, 141 f., 149, 166, 193
Differenzierung 14, 19, 25 ff., 39, 43 f., 46, 48, 50 ff., 92, 98 ff., 105, 111, 151 f., 196
Doppelte Staatsbürgerschaft 54 ff.
Dringlichkeit 16, 119, 162, 165, 176 f., 181 ff., 197

Effektivität 61 f.
Effizienz 62 f., 65
Ehrenamt 47 f., 77, 79 f., 82 ff., 91 f., 120 f., 141
Eigenverantwortung, Verantwortung 44, 47 f., 77, 79 f., 83, 90 ff., 133, 152, 185 f., 199
Eigenzeit/Systemzeit 9, 11, 13, 29, 47, 50, 110, 112, 114, 173 f.
Enquetekommission 74 ff.
Entscheiden/Nichtentscheiden 75, 88 ff., 99 ff., 103, 147 ff., 172, 177, 178 f.
Entscheidungskompetenz 25 f., 31, 43, 54, 56, 63, 66, 69, 73 ff., 87, 105, 131, 135, 139, 141, 143 f., 146, 148, 140 f., 153 ff., 178, 181, 183 f., 194, 198, 200
Entscheidungssystem 21 ff., 25 f., 31 ff., 37 f., 41 ff., 56 ff., 60, 132
Erinnern/Vergessen 144 ff.
Ethikrat 72 ff., 89, 144
Elektorat 105 f.
Ende/Anfang 6, 10 ff., 25, 36, 42 ff., 58, 60, 72, 74, 86, 93 f., 115, 132, 134, 145, 148, 150, 156 f., 170 ff., 176, 178, 187, 199 f.

Sachregister

Entzeitlichung/Verzeitlichung 6, 30 f., 47, 57, 60 64 ff., 95 ff., 116 ff., 123 f., 128 ff., 149, 156, 158, 161, 166 ff., 172 ff., 178 ff., 189, 192 f., 196 f., 200 f.

Evolution/Revolution 49, 51, 76, 81, 150 f., 168

Exklusion/Inklusion 32 f., 37, 41, 86, 148, 160, 162 f., 180, 183 f., 190

Fahrplan 186, 190 ff.

Fernsehen, Fernsehformat 125, 185, 196 f.

Fusion 63, 70 f.

Gegenwart/Vergangenheit/Zukunft 13, 17, 35, 49, 53 f., 107 f., 121, 143, 146 ff., 156, 163, 168 ff., 176, 183 ff., 194 ff.

Geheimhaltung 25, 32 f., 106, 111 f., 115

Geheimnis soziales 33 f., 39, 81, 84 f., 88 f., 91 f., 100, 103

Geltung 22, 24, 66 f., 73, 135, 149, 154, 160 ff., 197

Geltungsakzeptanz 85, 100

Geltungsanspruch 96, 166 f.

Gemeinsinn 31, 33, 44 ff., 51 f., 66 ff., 95 ff., 113 ff., 132, 134, 137, 140, 147, 160 f., 167, 167 f., 173, 180 ff., 189, 192 f., 195 f., 200 f.

Gemeinwohl (allgemein/partikulär) 24, 43 f., 47, 52 f., 66, 68, 77, 79 ff., 95 ff., 102, 136, 140 ff., 148 f., 152, 155, 165 f.

Gemeinwohlorientierung 52, 83, 87, 89, 95 ff., 142, 153

Generationengerechtigkeit 183 f., 186, 195

Generationenkammer 183, 185

Genforschung 28

Geschlossenheit operative 13, 21 f., 25, 31 ff., 37 ff., 56, 69

Gesellschaft 23 f., 27, 37, 42 ff., 48 ff., 64 ff., 88, 92, 95 ff., 99 ff., 116 ff., 129, 132 ff., 148, 150, 154, 160 f., 180 ff., 191 ff.

Gesetz 161, 192, 196

Gewissensentscheidung 86 ff., 108, 123, 185

Gleichheit/Ungleichheit 12, 50, 92, 116, 123, 127 ff., 148 f., 160 ff., 181, 184

Gleichzeitigkeit 10 ff., 26, 31, 35, 39 f., 67, 81, 156 ff., 184, 190, 193, 200

Grundgesetz 174

Hartz-Konzept 188

Individualisierung 47, 61 f., 77, 82, 108, 112 ff.

Individuum 47 f., 50, 56, 77 ff., 90 f., 95, 97, 102, 111 ff., 117, 120, 127, 160

Inklusion/Exklusion 86, 148, 160, 162, 180, 183, 190

Interessen, Allgemeininteressen, Eigeninteressen, Fremdinteressen 22 ff., 59, 70, 76, 83 ff., 87 ff., 93, 97, 106, 111, 113 140 ff., 146, 152 ff., 165 ff., 174, 197 f.

Irreversibilität/Reversibilität 10, 14, 17, 21, 176

Kandidat 105 ff., 183

Knappheit 10, 13 ff., 25, 27, 75, 81, 142

Kollektiv 86, 105, 122 ff.

Kollektiventscheidung 33, 86 f., 123 f.

Kollektivieren/Privatisieren 128 ff.

Kollektivität 121 ff., 128, 130, 133, 135

Kommunikation 14, 18, 20, 23 f., 30, 74, 145, 153, 191, 193

Kompetenz 13, 23, 25 ff., 43, 45, 54, 72, 74, 80, 86 f., 89, 91 ff., 107, 139 f., 151, 181 f., 188, 194, 198

Komplementarität 12, 14, 34, 40, 124, 137, 141 f., 151

Kompromiss   65 f., 69 ff., 74 f., 173
Konkurrenz   38, 70 f., 108, 110, 173 ff., 178, 180
Konsens   65 f., 70, 72 ff., 100, 146, 148, 192
Konsensgesellschaft   100
Kontinuität   176
Koordination   152 f.
Korruption   115 f., 174
Kultur   22, 98, 143, 146

Laufzeit   132
Legislative   182
Legitimität   75, 119, 128 ff., 148, 200
Leistungsgerechtigkeit   195
Leistungsprinzip   160 f.
Logik/Autologik (Systemlogik)   61, 79, 82, 136, 146, 164, 169, 175, 179, 197
Lügenausschuss   199

Management   59, 152 ff.
Mandat/Amt   33, 82, 93 f., 108 ff., 137
Mehrheit/Minderheit   73, 76, 100, 105, 192
Mehrheitsregel   73 f., 99 f., 107
Menschenrecht   90, 128, 138, 166
Menschenwürde   73 f., 89 f., 95 ff., 102
Minderheitenrechte   98 ff.
Mitglieder   34, 39, 51, 72, 74, 78, 86 ff., 103, 105 f., 109 ff., 132 f., 154, 160 ff., 178 ff., 190 f., 194
Mitgliedschaft   37, 41, 54, 77, 106, 110 ff., 115, 122 f., 126, 129, 133, 153 f., 160 f., 180, 182, 190 f., 193
Mündigkeit   180, 184

Nachhaltigkeit   20, 24, 27 f., 46, 48, 52, 55, 60 ff., 75, 78, 99 ff., 113 f., 120, 128, 135 f., 147, 1578 ff., 165, 175 f., 183, 185, 188 f., 198

Nichtentscheiden/Entscheiden   75, 88 ff., 99 ff., 103, 147 ff., 172, 177, 178 f.
Nichtverantwortlichkeit/Verantwortlichkeit   24, 79 f., 90 ff., 122, 184 ff.
Normen   22, 121, 149

Offenheit operative   23, 34, 37, 39 ff.
Öffentlichkeit   23, 36 ff., 41, 47, 63 ff., 76, 82, 88 f., 105 f., 110 ff., 119 f., 126, 131, 155, 176, 178 ff.
Öffentlichkeitssystem   24 f.
Operationen kommunikative   23, 30, 60, 78, 153
Opportunismus   148, 187 f.
Opportunität   79, 179, 187 f.
Opposition   59, 63, 101
Organisation   12, 14, 21, 30, 40 f., 56, 59, 114, 152 ff., 162, 164

Prozessorientierung   24, 100
Parlament   33 f., 36, 41 ff., 74, 86 ff., 96 ff., 101, 105, 184, 195 f.
Parlamentsentscheid   96 f.
Partikularinteresse   24, 141 f., 148 f., 152 f., 155, 165 f.
Person   32, 111 ff., 117 ff., 124, 173, 181 f., 184 f., 189 f.
Personal   21 f., 106 f., 175
Personalisierung   105 ff., 122
Plan   186, 188 ff.
Planungszellen   193 f.
Plebiszit, Bürgerentscheid   37 f., 41 ff., 94, 96 f., 171
Pluralität   66 ff., 72, 141
Politik/Antipolitik/Nichtpolitik   6, 9 f., 18, 24, 27 f., 30, 33, 43 ff., 59, 62 f., 68 ff., 80 ff., 88 ff., 99 ff., 115 ff., 196 ff.
Politiker (Politikerstatus)   44 ff., 57, 77 ff., 110 f., 117, 119 ff., 125 f., 141, 144, 148, 181, 193, 199
Politisches System   28, 30, 41 ff., 48, 52, 55 f., 102, 119 f., 132, 135 f., 139 ff., 145 ff., 166

Sachregister

Politisierung/Entpolitisierung 28, 43 f., 46, 48 f., 52 ff., 65 ff., 65, 118, 135, 163
Politizität 81, 88, 95 f.
Privatisieren/Kollektivieren 128 ff.
Privatisierung 64, 118, 122 f., 127 f., 134
Privatperson 124
Professionalisierung/Entprofessionalisierung 80, 88
Prognose 171, 178, 180, 189, 193
Programm 172 f., 174 ff., 182, 188 f., 191 f.
Prominenz 108, 117
Pünktlichkeit 192
Punktualisieren 11, 18, 20, 61, 73 f., 85, 101, 104, 110 f., 132, 136 f., 144 f., 150, 156

Quotenregelungen 183

Regierung 38, 58, 63, 101, 172, 179, 183
Regler/Beobachter/Wandler 70 ff., 95, 116, 120, 123, 137, 143 ff., 150, 152, 154, 173 ff., 178 ff., 185, 191 ff.
Reisen 189 ff.
Relevanz 33, 63, 75, 135, 160, 175
Repräsentation 42, 86, 94, 171, 193, 195
Repräsentativorgan 96 f.
Ressource 9 f., 20 ff., 31 ff., 38, 44 ff., 51 ff., 57, 81, 87, 101 f., 104, 112, 114, 127 ff., 131, 194
Reversibilität/Irreversibilität 10, 14, 17, 21, 176
Risiko 17, 21, 26, 53, 58, 133, 147
Rücktritt 114, 141

Sanktion 82, 123 ff., 138, 141 f., 149, 195 f., 198, 200
Selbstorganisation 61, 139, 141, 165
Selbstpersonalisierung 112, 117 ff.
Selbstreferenz 34 ff.

Selbststilisierung 117 ff.
Semantik 81 ff., 92
September 11. 59 f., 68
Sicherheit/Unsicherheit 51, 53 f., 56, 62 f., 68, 88, 100, 103 ff., 130 f., 153, 169 f., 172, 175, 179 f., 192
Stammzellen 72 f., 89, 123
Status, Statuszurechnung 10, 16, 21, 27, 37, 43 f., 50, 52, 74, 77 ff., 84 ff., 97, 118, 121 ff., 129, 139 ff., 148, 153, 161, 165 ff., 174 f., 186 ff., 191, 197 ff.
Symbolische Politik 118
Synchronisation 158 ff., 176
System, Systemisierung 11 ff., 71, 81, 100 ff., 107, 111 ff., 119, 130 ff., 135 ff., 158 ff., 166 ff., 173 ff., 180, 182, 184
System-/Umweltverhältnis 13 f., 53 ff., 143 ff.
Systemtheorie 11, 13, 15, 49 f.
Systemzeit/Eigenzeit 9, 11, 13, 29, 47, 50, 110, 112, 114, 173 f.
Systemzwang 46, 136, 140 ff., 145 f., 148

Termine 28, 60, 63, 101, 104, 132, 157, 196
Toleranz 99 f., 103, 138
Trittbrettfahrerproblem 129, 149, 162, 174

Überfluss 10, 15, 20, 31
Überlagerung 62 f., 67 ff.
Überlebensgesellschaft 50 f., 68, 102
Unsicherheit/Sicherheit 51, 53 f., 56, 62 f., 68, 88, 100, 103 ff., 130 f., 153, 169 f., 172, 175, 179 f., 192
Unsichtbare Hand 81 ff., 92

Veralltäglichung 188 ff.
Verantwortlichkeit/Nichtverantwortlichkeit 24, 79 f., 90 ff., 122, 184 ff.

Verantwortung, Eigenverantwortung 44, 47 f., 77, 79 f., 83, 90 ff., 133, 152, 185 f., 199

Verbraucherschutz 197 f.

Vereinfachung 37, 67 ff., 100, 174

Verfallsdaten 101, 115, 195 f.

Verhandlungsdemokratie 64 f., 71 f.

Verschiedenheit 11 f., 16 ff., 26, 31, 36, 41 f., 98 f., 169 f., 180 f., 184

Verschränktes System 13 f., 16 ff., 34 ff.

Versozialisierung 30 f., 44, 47, 55, 57 f., 60, 69 ff., 78 ff., 95 ff., 114, 116, 118, 132, 134, 137, 140, 147, 160 f., 167 f., 180 f., 184, 189, 192 f., 200 f.

Vertrauensfrage/Vertrauen/Misstrauen 59 f., 64, 117, 134, 182

Verzeitlichung/Entzeitlichung 6, 30 f., 47, 57, 60 64 ff., 95 ff., 116 ff., 123 f., 128 ff., 149, 156, 158, 161, 166 ff., 172 ff., 178 ff., 189, 192 f., 196 f., 200 f.

Wahl 105, 108, 110, 115, 124, 193

Wähler 37 f., 57, 104, 107 ff., 117, 124, 158, 182, 197

Wahlentscheidung 89, 105 ff., 124, 157, 159, 172

Wahlkampf 54, 63, 158

Wahlrecht 54, 78, 110, 125, 168, 182 f.

Wahlverfahren 106

Wandler/Beobachter/Regler 70 ff., 95, 116, 120, 123, 137, 143 ff., 150, 152, 154, 173 ff., 178 ff., 185, 191 ff.

Weltgesellschaft 167

Werte 22, 51, 60 f., 69 ff., 76, 89, 100 ff., 140, 143, 146, 153, 160 f., 165, 177, 192, 196

Wertorientierung 24, 52 ff., 60 ff., 70 ff., 76, 78 ff., 89, 95 ff., 107, 109, 113, 118, 122, 133, 149, 152, 155, 178, 180 f., 184, 192, 194 ff.

Zeitlosargument 162, 164 ff.

Zeitmangel 118

Zeitnotstand 16 ff.

Zeittod 16 ff., 26

Zufall 148, 156 ff., 176, 187 f., 196

Zufallsgenerator 106

Zufallsprinzip 108 ff.

Zukunft/Gegenwart/Vergangenheit 13, 17, 35, 49, 53 f., 107 f., 121, 143, 146 ff., 156, 163, 168 ff., 176, 183 ff., 194 ff.

Zukunftssicherung 169, 172

Zwang 25 ff., 75, 120, 122, 132, 145 ff., 168 f., 172, 179 ff., 188, 190 ff.